山东耕地质量评价与应用丛书

# 商河耕地

周道德　丁俊兴
李　涛　吴　兵　主编



山东大学出版社

**图书在版编目(CIP)数据**

商河耕地/周道德等主编. —济南:山东大学出版社,2014.1
ISBN 978-7-5607-4991-4

Ⅰ. ①商…
Ⅱ. ①周…
Ⅲ. ①耕地资源—资源评价—商河县
Ⅳ. ①F323.211

中国版本图书馆 CIP 数据核字(2014)第 016608 号

责任策划:赵　岩
责任编辑:宋亚卿
封面设计:张　荔

出版发行:山东大学出版社
社　址　山东省济南市山大南路 20 号
邮　编　250100
电　话　市场部(0531)88364466
经　销:山东省新华书店
印　刷:山东鸿杰印务集团有限公司
规　格:787 毫米×1092 毫米　1/16
10.25 印张　12 插页　251 千字
版　次:2014 年 1 月第 1 版
印　次:2014 年 1 月第 1 次印刷
定　价:42.00 元

# 《商河耕地》编辑委员会

主　　任　李东武

副 主 任　李法涛　丁俊兴

委　　员　张晓鑫　徐　涛　刘新亭　孙丰礼　王登良
　　　　　王在利　王安华　刘玉文　薛光山

主　　编　周道德　丁俊兴　李　涛　吴　兵

副 主 编　张晓鑫　宋景祥　孙丰礼　王春丽

编　　者　周道德　丁俊兴　张晓鑫　宋景祥　孙丰礼
　　　　　王春丽　高俊峰　王登良　张钰芳　薛光山
　　　　　刘树震　江　媌　张　健　刘建国　孙　丽
　　　　　刘　真

# 序　言

土壤不仅是人类赖以生存的物质基础和宝贵财富的源泉，又是人类最早开发利用的生产资料。在人类历史上，土壤质量衰退曾给人类文明和社会发展留下了惨痛的教训。因此，保护土壤，特别是保护耕地土壤数量和质量，成为了国家的一项重要措施。

新中国成立以来，商河县先后于1958年和1983年开展了两次土壤普查，1990年又对全县土地利用现状进行了详查，基本摸清了全县土壤类型、分布、土壤理化性状及土地利用现状，为农业结构调整、农产品产量及质量的提高以及指导农民科学合理施肥提供了依据。但限于当时条件，在样品采集、化验条件、分析方法等方面存在较大差异，特别是近20年来，随着经济社会的不断演化，耕作方式、施肥习惯、种植制度、农田养分状况发生了巨大的变化，原来的资料已不能反映耕地的现状。

2007年起，商河县实施了财政部、农业部测土配方施肥项目，对目前耕地地力与质量进行了全面深入的调查分析，进一步查清了耕地质量、生产能力、土壤肥力状况、环境质量状况及土壤障碍因素，对加强耕地的维护，制定农业安全生产规划、农业结构调整规划、农业可持续发展规划及耕地质量维护、耕地的改良与利用、耕地分等定级、建档等提供了科学依据；同时对指导农业结构调整，确保农业可持续发展，加快农业新品种、新技术的推广利用，提高农产品产量，改善农产品品质，防治土壤污染，优化农业生产环境，降低农业生产成本，提高农业生产效益，增加农民收入，具有十分重要的作用。

《商河耕地》参考了《商河县土壤志》《商河县统计年鉴》《商河县志》等历史资料，大量应用了测土配方施肥的数据，对商河县农业自然资源、农村经济概况、种植业发展历史与现状、耕地保养与地力评价、耕地土壤属性、耕地立地条件与农田基础设施建设、耕地环境质量、耕地利用现状与合理利用、耕地土壤改良与培肥进行了系统的论述，为指导商河农业结构战略性调整、科学合理施肥，加强耕地保养管理，提高耕地生产潜力具有较强的指导意义。

商河县农业局局长

2013年7月

# 目 录

## 第一篇 商河县耕地地力评价

# 第一篇　商河县耕地地力评价

## 第一章　自然条件与农业生产概况

### 第一节　自然条件

#### 一、地理位置与行政区划

商河县地处鲁北平原腹地，行政隶属济南市，县城距济南市 75km。商河县的地理位置为北纬 37°06′32″～37°32′10″，东经 116°58′31″～117°26′18″。东靠惠民县、阳信县，西与临邑县毗邻，南邻济阳县，北与乐陵市接壤，呈菱形，南北最长为 46.6km，东西最宽为 41.2km，总面积为 1162.7$km^2$。

商河县辖许商 1 个街道办事处，孙集、韩庙、沙河、张坊 4 个乡，殷巷、玉皇庙、郑路、白桥、龙桑寺、贾庄、怀仁 7 个镇，共 963 个行政村(居)，总人口为 61.8 万，农业人口为41.03万。

#### 二、地形地貌

商河县是华北平原的一部分，属于海河流域徒骇河水系，总体地貌为平原型。地形自西南向东北缓缓倾斜，地面坡度为 1/10000～1/5000，呈西南高、东北低之势，最高点为贾庄镇的小寺村，其海拔高度为 17.1m，最低点位于韩庙乡大屯洼村，海拔高度为 8.7m。由于历史上黄河屡次漫溢溃决、改道及洪流的侵蚀和淤淀不均，形成高、坡、洼三种地形，大小洼地遍布全县，素有“商河 72 洼”之称。根据地形地貌形态特征、成因、地面组成物质及人类生产活动的影响，商河县大致可分为以下 6 种微地貌类型(见表 1-1)。

表 1-1 商河县微地貌类型表

| 微地貌类型 | 面积(hm²) | 占总面积比例(%) | 分布 |
| --- | --- | --- | --- |
| 河滩高地 | 8361.97 | 7.19 | 主要分布在徒骇河、土马河沿线的郑路镇、白桥镇、玉皇庙镇、孙集乡及沙河故道和朱家河沿线的许商街道办事处、贾庄镇、怀仁镇、殷巷镇、沙河乡 |
| 高坡地 | 27679.1 | 23.8 | 主要分布在徒骇河、土马河沿线的郑路镇的南部、白桥镇的北部、玉皇庙镇的南部和西部、孙集乡的东部和南部、怀仁镇的大部分、贾庄镇的西部、殷巷镇的东北部、龙桑寺镇、韩庙乡的中部、许商街道办事处的东北和东南部 |
| 平坡地 | 43461.31 | 37.37 | 主要分布在全县各个乡、镇(街道办事处) |
| 洼坡地 | 22713.39 | 19.53 | 遍布各乡、镇(街道办事处) |
| 浅平洼地 | 11397.4 | 9.8 | 主要集中在沙河乡、龙桑寺镇、许商街道办事处、贾庄镇、张坊乡、郑路镇、孙集乡 |
| 砂质河槽地 | 2686.53 | 2.31 | 主要分布在沙河故道和朱家河故道 |
| 合计 | 116299.7 | 100 | |

(一)河滩高地

河滩高地由古河道漫滩沉积而成,因沉积条件不同,可分为开阔河滩高地和垄岗河滩高地两种形态。河滩高地的地形部位相对较高,较其两侧高 0.5～1m,地面坡降较大,地表和地下水径流畅通,潜水埋藏较深,一般在 3m 以下,土壤水分运动以下渗形式为主,土壤形成和发育受地下水的影响较弱,土壤类型为褐土化潮土和典型潮土。

(二)高坡地

高坡地由泛滥漫流沉积而成,位于河滩高地下端,地面坡降较大,一般在 1/3000 左右,地段中有微高地隆起,潜水埋深在 3m 左右,地下水流出较弱,土壤类型以典型潮土为主。

(三)平坡地

平坡地主要位于高坡地下端,高坡地与洼坡地之间,地面坡降在 1/3000 左右,潜水埋深为 2～3m,土壤类型以典型潮土为主,夹杂着零星的盐化潮土。

(四)洼坡地

洼坡地处于平坡地的下端,浅平洼地的边缘,地势较平,地面坡降为 1/7000～1/5000,潜水埋深为 1.5～2m,土壤类型以典型潮土、盐化潮土为主,有涝灾威胁,丰水年份注意排涝。

(五)浅平洼地

浅平洼地由泛滥尾间或静水沉积而成,潜水埋深较浅,为 1～1.5m,地势低洼,土质较重,通透性差,排水不畅,汛期易积水,土壤类型以盐化潮土、湿潮土为主,亦有一部分白潮盐土,对农业生产影响较大。

(六)砂质河槽地

砂质河槽地在河滩高地中部,经过多年的淤积和农田基本建设形成了断断续续明显或不明显的槽状洼地,土壤质地多为砂质,潜水埋深较浅,有的甚至积水。

## 三、母岩和成土母质

商河县土壤的成土母质是第四纪黄河冲积物,由黄河泛滥和决口所携带的大量泥沙在水流的分选作用下沉积而成。一般在河槽中水流急处多为松散的砂质沉积,决口扇形地及河道附近的沉积物,多为质地较轻的沙壤和轻壤质沉积物,决口末端及河道较远处多为质地较重的中壤和重壤。即所谓"紧砂、慢淤、不紧不慢出两合"。

商河县沉积母质在 0～1.5m 土体内有紧砂土、沙壤土、轻壤土、中壤土、重壤土和黏土 6 种质地。由于成土母质是黄河泛滥的多次冲积物,所以质地层次多而明显,土体构造复杂。因其质地层次各异,其理化性状、肥力水平、水盐运行等特征亦不相同,对农业生产的影响也有明显差异。

## 四、农业自然资源

(一)气候资源

商河县属暖温带半湿润季风气候,四季分明,春季干旱多风,夏季炎热多雨,秋季天高气爽,冬季干冷雨量稀少。光、热资源比较丰富。

1.光照

年均日照时数为 4434.1h,日平均为 12.1h,光能资源与作物需光要求配合较好,作物生长季节,日照时间长且照度强,日照时数可满足作物一年两熟要求。

2.热量

年平均气温为 12.6℃,最高月均气温出现在 7 月,为 21.17℃,极端最高气温为 41.6℃;高于 33℃的高温期平均为 12.9 天,高于 40℃的极热期平均为 0.2 天。最低气温出现在 1 月,平均为－2.8℃,极端最低气温出现在 12 月,为－22.1℃。初霜期(低于 0℃)的平均日期为 10 月 18 日,最早是 9 月 20 日,最晚是 11 月 30 日。终霜期(高于 0℃)最早是 2 月 26 日,最晚是 4 月 15 日。无霜期为 173～217 天,平均为 193 天。日平均气温高于 15℃的时间长达 160.7 天。不低于 0℃的年积温为 4836.1℃,不低于 12℃的年积温为 4230.4℃。

3.降水与蒸发

常年平均降水量为 611.5mm,丰水年达 990.3mm,少水年份仅为 329.4mm。雨季的起止日期一般在 6 月下旬至 8 月下旬,计 70 天左右,降水量平均为 389.1mm,占全年降水量的 63.9%。商河县历年平均月降水量如表 1-2 所示。

**表 1-2　　商河县历年平均月降水量(1951～2008 年)**

| 月份 | 1 | 2 | 3 | 4 | 5 | 6 | 7 | 8 | 9 | 10 | 11 | 12 | 全年 |
|---|---|---|---|---|---|---|---|---|---|---|---|---|---|
| 降水量(mm) | 3.4 | 6.9 | 9.1 | 34.1 | 30 | 66.7 | 207.2 | 143.6 | 53.6 | 34.7 | 16.5 | 5.6 | 611.5 |

年蒸发量(水面)平均为2052.77mm,最大蒸发量在6月,为353.44mm;最小蒸发量在12月,为49.06mm。4、5、6三个月蒸发量为952.56mm,占全年蒸发量的47.0%。此期降水稀少,地面蒸发量大,土壤毛管水上升强烈,是土壤返盐的高峰时期。

4.风

商河县最多的风是西南风,其次是东北风,年平均风速是3.4m/s,最大风速是20m/s。每年不低于8级大风的次数平均为23.2次。每年5月下旬至6月上旬常出现干热风天气,对小麦灌浆不利。

5.地温

常年封冻日期一般在12月下旬,最早为12月6日,最晚为1月12日。地面极端最低温度为-28.6℃,最大冻土深度可达59cm。5cm地温稳定超过5℃的日期是3月13日至11月16日,历时249天;稳定超过14℃的日期始于4月15日。商河县历年地温月平均值如表1-3所示。

表1-3 商河县历年地温月平均值(1958~2008年) 单位:℃

| 土深 \ 温度 \ 月份 | 3 | 4 | 5 | 6 | 7 | 8 | 9 | 10 | 11 | 12 |
|---|---|---|---|---|---|---|---|---|---|---|
| 5cm | 7.2 | 14.5 | 22.4 | 26.7 | 28.1 | 27.3 | 21.9 | 14.6 | 6.3 | 0.3 |
| 10cm | 7.1 | 14 | 21.3 | 26 | 27.5 | 27 | 21.9 | 15 | 7 | 0.9 |
| 15cm | 7 | 13.7 | 20.7 | 25.5 | 27.1 | 26.8 | 22 | 15.9 | 7.6 | 1.3 |
| 20cm | 6.8 | 13.4 | 20.2 | 25.1 | 26.8 | 26.6 | 22.1 | 15.6 | 8.1 | 2 |

综上所述,商河县农业气象特点是:光照充足,降水量少而集中,蒸发量大,干燥度高,以旱情较为多见,涝灾较少,干热风多,积温能满足一年两熟的要求,但个别年份也会受到冷冻和冰雹危害。春季干旱多风,蒸发量大,气候干燥,土壤返盐严重;有的年份受晚霜危害影响小麦和春播作物生长。初夏蒸发量大,相对湿度较低,常有干热风发生;雨季降雨集中,气温较高,适宜农作物生长,但低洼处易涝。秋季天高气爽,适于作物收获,但有时出现早霜危害,影响棉花和其他秋收作物正常成熟;季末降水较少,常出现干旱、土壤失墒快,不利于小麦播种。冬季干冷,雨量稀少,地温低,一般大地封冻在12月初,低温年份易使小麦等越冬作物遭受冻害。

(二)地面水和地下水

1.河流水文特征

商河县属海河流域徒骇河水系,县内河网密布,沟渠纵横。东西流向主要河流有徒骇河、土马河、备战河、沙河(黄河故道)和德惠新河。南北流向河流有临商河、商中河、改碱河、商东河和丰收河等。常年引黄水量为$7.5\times10^7m^3$,是全县农业灌溉的主要来源之一。

2.地下水

(1)地下水储量。商河县地下水资源较为丰富,据初步测算,大气降水径流总量为

$6.867\times10^7m^3$，内河、沟渠和坑塘拦蓄库容为 $5.228\times10^7m^3$。全县淡水蕴藏量为 $2.27\times10^7m^3$，且埋藏较浅，较易农田灌溉，可利用量为 $1.1763\times10^8m^3$。鉴于以上条件，全县水浇地面积达到 $6.41\times10^4hm^2$，占全县耕地总面积的93.3%。

(2)地下水的埋深及矿化度。全县潜水埋深一般为2～4m，最浅为1m，最深为5.5m。全县地下水矿化度为0.5～5g/L，大部分集中于1～2.5g/L，矿化度较重。

(3)层间水资源的数量与质量。全县50m以上的浅层地下水埋藏水量为 $4.547\times10^8m^3$，淡水储量为 $2.272\times10^8m^3$，地下水资源主要来源于降水和引黄河水补给。全县地下水可分为两个区，即淡水区和咸水区。

淡水区：浅层淡水厚度一般为5～30m，岩性为粉沙、粉细沙和细沙，含盐量小于2g/L。根据水源和分布位置不同，淡水区分为三个区：一是引黄灌区，面积为 $237.5km^2$，淡水储量为 $9.428\times10^7m^3$；二是井河并用灌区，面积为 $157.3km^2$，淡水储量为 $1.023\times10^7m^3$；三是排涝改碱灌区，面积为 $95.88km^2$，淡水储量为 $3.066\times10^7m^3$。

咸水区：咸水区可采砂层总厚度较薄，小于8m，水文条件复杂，含盐量高，矿化度在2g/L以上，在上述三个淡水区中相间分布，总面积为 $672.02km^2$，主要集中在排涝改碱灌区、井河并用灌区和引黄灌区。

3.地表水

商河县地表水的来源主要为降雨径流拦蓄和外引河水两部分。年降水量平均为611.5mm，主要集中在夏季，为417.5mm，因处于汛期，河、沟拦蓄径流为 $4.844\times10^6m^3$，拦蓄较少。外引河水主要是引黄，可用量为 $7.5\times10^6m^3$。

4.水文地质条件对土壤的影响

潜水埋藏深度及水位升降的变化是土壤形成和演变的重要条件之一，如河滩高地水以下渗为主，土壤向褐土化方向发展；浅平洼地潜水上升以土壤毛管作用上升为主，水分被蒸发，盐分不断聚集地表，而形成盐化潮土或盐土；潜水位为2～3m的缓坡地上易形成潮土，地面长期积水或季节性积水，易形成湿潮土，长期灌溉高矿化度的层间水，土壤也会次生盐渍化，形成盐化潮土或盐土。水文地质条件与土壤形成的关系如表1-4所示。

**表1-4　水文地质条件与土壤形成的关系**

| 潜水埋深(m) | 矿化度(g/L) | 地貌类型 | 土壤类型 | 排水条件 | 分布 |
|---|---|---|---|---|---|
| <1 | 3.299 | 浅平洼地 | 湿潮土<br>盐化潮土 | 不畅 | 各大洼地 |
| 1～2 | 2.343 | 浅平洼地<br>洼坡地 | 盐化潮土<br>典型潮土 | 较畅 | 商中、商北各乡、镇(街道办事处) |
| 2～3 | 2.070 | 平坡地 | 典型潮土<br>盐化潮土 | 良好 | 全县各乡、镇(街道办事处) |
| 3～4 | 1.487 | 高坡地 | 褐土化潮土<br>典型潮土 | 良好 | 商南、商西北各乡、镇(街道办事处) |
| >4 | 1.07 | 河滩高地 | 褐土化潮土 | 良好 | 许商街道办事处、怀仁镇部分村 |

### 五、植物资源

由于受人类活动的影响，原有植被遭人为破坏，现有林果、农作物均为次生植被，主要林木有：杨树、柳树、榆树、刺槐、国槐、泡桐、椿树及梧桐、白腊、侧柏等绿化树种，果树种类有：枣、苹果、梨、柿子、桃、杏、葡萄等；主要农作物有：小麦、玉米、棉花、大豆、高粱、马铃薯；主要蔬菜有：大蒜、辣椒、黄瓜、冬瓜、南瓜、芹菜、白菜、萝卜、芫荽、油菜、甘蓝、番茄、茄子、豇豆、芸豆、莲藕、山药等；瓜类主要有：西瓜、甜瓜等；主要杂草有：马唐、虎尾草、狗尾草、画眉、芦苇、茅草、牛筋草、雀麦、节节麦、蒲公英、刺耳菜、豚草、猪毛蒿、苦苣菜、黄花蒿、打碗花、播娘蒿、荠菜、灰绿藜、车前、马齿苋等。

## 第二节　农业经济与农业生产情况

### 一、农业经济情况

商河县是农业大县，耕地总面积为 $6.87\times10^4 hm^2$。2009 年实现农业总产值 59 亿元，全年农作物播种面积为 $1.341\times10^5 hm^2$，比上年增加 3.2%。其中粮食为 $1.05\times10^5 hm^2$，增加 7.3%；蔬菜为 $1.87\times10^4 hm^2$，减少 5.8%；油料为 $110hm^2$，增加 0.3%；棉花为 $9.7\times10^3 hm^2$，减少 16%；瓜类为 $730hm^2$；其他为 $140hm^2$。造林绿化取得积极成果，完成造林合格面积为 $4.2\times10^3 hm^2$，全县森林覆盖率达到 30.1%。

新农村建设扎实突进，民生状况逐步改善。2009 年全县 50 个示范村建设进展顺利，基本达到了新农村建设的总体要求，较好地发挥了示范带动作用。全县农村道路改造工程共投入 1500.2 万元，实现了村村通沥青路。农村通自来水入户率达到 98.4%；沼气池个数达到 9678 个；安装太阳能 21384 个；人居卫生环境大大改观。各项惠农措施全面落实，全年发放粮食直补、良种补贴、农资综合直补、农机购置补贴资金 9439.6 万元，比上年增长 30.5%。投资 5091.9 万元完成了 51 个农村中小学校舍升级改造工程；完成了 256 所村卫生室的标准化建设，农村医疗服务功能得到了有效加强。

### 二、农业生产现状

2009 年全年农作物播种面积为 $1.341\times10^5 hm^2$，全县粮食总产量为 74.5 万吨，比上年增长 7.3%，总产量再创历史新高，粮食单产达到 $7095kg/hm^2$，与上年基本持平。棉花总产量为 1.1 万吨，蔬菜总产量为 90.8 万吨。

畜牧业生产形势良好。2009 年末全县存栏猪 36.6 万头、牛 9.4 万头、羊 13.9 万只、家禽 367.4 万只；出栏猪 66.2 万头、牛 6.4 万头、羊 17.9 万只、家禽 919.8 万只，分别比去年同期增长 5.7%、9.5%、1.4%和 4.1%。肉类总产量达到 8 万吨，禽蛋产量达到 3.3 万吨，奶类产量达到 0.5 万吨，水产品产量达到 0.9 万吨。

2009 年农牧产品产量及增幅的具体情况如表 1-5 所示。

表 1-5　　2009 年主要农牧产品产量及增幅表

| 产品名称 | 单位 | 产量 | 比 2008 年增长(%) |
|---|---|---|---|
| 粮食 | 万吨 | 74.5 | 7.3 |
| 夏粮 | 万吨 | 30.8 | 10.6 |
| 秋粮 | 万吨 | 43.7 | 5 |
| 棉花 | 万吨 | 1.1 | －18.6 |
| 油料 | 万吨 | 0.1 | －16 |
| 蔬菜 | 万吨 | 90.8 | 4.9 |
| 肉类 | 万吨 | 8 | 0.8 |
| 猪牛羊肉 | 万吨 | 6.3 | 0.7 |
| 禽肉 | 万吨 | 1.7 | 1.4 |
| 禽蛋 | 万吨 | 3.3 | 4.2 |
| 奶类 | 万吨 | 0.5 | －2.6 |

## 第三节　农业基础设施情况

农业机械化程度进一步提高，农村生产条件日益改善。2009 年末农业机械总动力为 $8.58\times10^5$kW，比上年增长 2.3%。其中：农用排灌机械动力为 $3.03\times10^5$kW，与去年基本持平；农用拖拉机田间作业配套机械拥有量为 1.7 万台；机耕作业面积为 $6.81\times10^4$hm²；机播、机收作业面积分别为 $1.11\times10^5$hm²、$5.77\times10^4$hm²，分别增长 6%和 8.4%。农田水利设施更加完善，全县灌溉面积达到 $6.41\times10^4$hm²，有效灌溉面积为 $5.966\times10^4$hm²，节水灌溉面积为 $9.35\times10^3$hm²。全县主要河流总长度为 308km，引水干渠长度为 1062km，拥有平原水库 2 座，总蓄水量为 $6.5\times10^7$m³；现有大型水利控制型工程 5 处，扬水站 19 座，机井 10282 眼，流动提水设备 24920 台，初步实现了农业水利化(见表 1-6)。

表 1-6　　2009 年商河县水利基本情况

| 类型 | 计量单位 | 总计 |
|---|---|---|
| 年末总灌溉面积 | $\times10^4$hm² | 6.41 |
| 有效灌溉面积 | $\times10^4$hm² | 5.966 |
| 林地、果园灌溉面积 | $\times10^3$hm² | 4.32 |
| 当年实灌面积 | $\times10^4$hm² | 5.57 |
| 机械提灌面积 | $\times10^4$hm² | 3.705 |
| 节水灌溉面积 | $\times10^3$hm² | 9.35 |
| 旱涝保收面积 | $\times10^4$hm² | 4.758 |
| 扬水站 | 座 | 19 |
| 机井 | 眼 | 10282 |
| 流动提水设备 | 台(套) | 24920 |

# 第二章　土壤与耕地资源状况

农业土壤是一个独立的历史自然体，是人类生产活动的产物。商河县土壤是第四纪黄河冲积物，黄河水携带着黄土高原的大量土粒冲到本县，在生物、气候、地形等因素的长期作用下，由母质演化成土壤。商河县的土壤类型为潮土，是受潜水作用而形成的。由于黄河多次改道的冲积及流水的分选作用，形成的土壤类型较复杂，耕层质地和土地构型差异较大。又因土壤所处的地形部位的差异，从而形成了属性不同、肥力水平不一的土壤。

## 第一节　耕地土壤类型与分布

### 一、土壤分类的原则和依据

根据土壤形成因素和人类生产活动系统地、科学地区分各类土壤。土壤普查所采用的土壤分类是依据土壤发生学分类原则，采用土类、亚类、土属、土种四级分类制。

（一）土类

土类是高级分类单元，它是在一定的生物、气候条件下，产生的独特的成土过程，或者在某些自然因素和人为因素作用的强烈影响下，阻止或延缓其他成土过程，甚至产生另一个主要成土过程，并产生与之相适应属性的一群土壤。每一土类的土壤具有相似的剖面结构、相应的生产属性，并具有适种的作物群。

（二）亚类

亚类是在土类范围内，在主导成土过程以外，还有一个或数个附加的成土过程，使土类属性发生了很大的变化，但同一土类的亚类，成土的总趋势是一样的。

（三）土属

土属是土类或亚类范围内的土壤发育或熟化程度更趋一致的土壤组合。在土壤发生和分类上，它具有承上启下的特点。它既是亚类的续分，又是土种的归纳。土属是根据母质类型或地方因子来划分的。

（四）土种

土种是基层分类的基本单元。它是发育在相同母质上，具有相似的发育程度和剖面层次排列的一种比较稳定的土壤类型。土种是非一般耕作措施在短期内所能改变的。同一土种，主要的土体构型基本相似。在黄泛冲积平原上，同一剖面，往往有几个不同质地的层次排列，但在土种划分时，主要考虑土壤水盐运行及生产性能进行适当的归纳。根据夹层出现的部位和厚度，土种可分为 21 种土体构型。商河有 11 种土体构型。

## 二、土壤的形成及演变

土壤是一个独立的历史自然体，是人类生产活动的产物。商河县的土壤是黄河的河水携带着黄土高原大量的土粒冲到本县，在生物、气候、地形、时间等因素的长期综合作用下，由母质转变而来的。各类土壤在自然和人类社会条件的作用下不断发生变化。商河县的土壤大多数为潮土，是受潜水作用而形成的。当潜水条件存在差异时，便形成许多亚类，如褐土化潮土、典型潮土、盐化潮土、湿潮土。当潜水作用强烈时，便向盐渍化方向发展，反之便向褐土化方向发展。

## 三、土壤类型与分布

由于受母质、地形、气候、水文条件、农业生产等因素的影响，土壤的分布既有一定的规律性，又存在各种差异。商河县的土壤类型及分布与流水速度、地形地貌、潜水埋深密切相关。白桥镇、玉皇庙镇全部，郑路镇、许商街道办事处南部的河滩高地和高坡地，耕层质地为中壤和轻壤，潜水埋深一般为 3～4m，水分以下渗为主，淋溶作用较强，土壤受潜水作用较弱，土壤类型为典型潮土和褐土化潮土。贾庄镇、怀仁镇、张坊乡、殷巷镇沙河的河滩高地，耕层质地多为轻壤和沙壤，潜水埋深一般为 2.5～4m，水分以下渗为主，淋溶作用较强，土壤的形成受潜水作用较弱，心土层有明显的假菌丝体，底层土有锈纹、锈斑，土壤类型以褐土化潮土为主。全县大部分高坡地、平坡地、洼坡地，潜水埋深为 1.5～2.5m，底层土有锈纹、锈斑出现，但较褐土化潮土出现部位高，说明土壤形成受潜水作用较强，耕层质地多为轻壤，土壤类型为典型潮土和一部分盐化潮土。遍布全县的 72 洼，潜水埋深较浅，为 1～1.5m，土壤形成受潜水作用较强，耕层质地为轻壤和沙壤及少部分中壤，土壤类型为盐化潮土、湿潮土和潮盐土。

根据全国第二次土壤普查结果，商河县土壤分为 3 个土类、6 个亚类、12 个土属、94 个土种(见表 2-1)。土类有潮土、盐土、风沙土。

表 2-1　　　　商河县土壤类型表

| 土类 | 亚类 | 土属 | 土种 | | |
|---|---|---|---|---|---|
| | | | 土体构型 | 盐化程度 | 表层质地 |
| | 褐土化潮土 | 砂质褐土化潮土 | 1. 薄砂心 | | |
| | | 壤质褐土化潮土 | 2. 厚砂心 | | |
| | | 砂质潮土 | 3. 薄砂腰 | (一)轻度 | 2. 紧砂 |
| | 潮土 | 壤质潮土 | 4. 厚砂腰 | 缺苗 1～2 成 | (砂土) |
| | | 黏质潮土 | 5. 薄砂底 | | |
| | | 砂质盐化潮土 | 6. 厚砂底 | | 3. 沙壤 |
| 潮土 | 盐化潮土 | | 7. 薄壤心 | | (白砂土) |
| | | 壤质盐化潮土 | 8. 厚壤心 | | |
| | | | 9. 薄壤腰 | | 4. 轻壤 |
| | | | 10. 厚壤腰 | | (白土) |
| | | 砂质冲积黑 | 11. 薄壤底 | (二)中度 | |
| | | | 12. 厚壤底 | 缺苗 2～3 成 | 5. 中壤 |
| | 湿潮土 | | 13. 薄黏心 | | (两合土) |
| | | 壤质冲积黑 | 14. 厚黏心 | | |
| | | | 15. 薄黏腰 | | 6. 重壤 |
| | | | 16. 厚黏腰 | | (小红土) |
| | | 砂质白潮盐土 | 17. 薄黏底 | | |
| 盐土 | 潮盐土 | | 18. 厚黏底 | (三)重度 | 7. 黏土 |
| | | 壤质白潮盐土 | 19. 均质砂 | 缺苗 4～5 成 | (黑红土) |
| 风沙土 | 固定风沙土 | 固定风沙土 | 20. 均质壤 | | |
| | | | 21. 均质黏 | | |

注：心、腰、底系指土壤夹层出现部位。心为 20～60cm，腰为 60～100cm，底为 100～150cm。夹层厚度大于 30cm 为"厚"，10～30cm 为"薄"。剖面夹层质地分为 3 种：砂质(松砂、紧砂、沙壤)、壤质(轻壤、中壤)、黏质(重壤、黏土)。

第二次土壤普查以来近三十年间，农业生产形式发生了深刻的变化，以家庭联产承包为主体的生产责任制调动了广大农民土壤改良的积极性；工农业生产的发展导致了水资源的日趋紧缺，地下水的开采直接导致了地下水位的下降；农业工程措施的实施改变了微地貌类型。上述因素导致了县域土壤类型的变化。截至目前，潮土土类面积有所增加，盐土面积大幅减少，风沙土土类已不复存在。在潮土土类中，盐化潮土面积下降明显，湿潮土面积降幅较大，褐土化潮土及典型潮土面积显著增加。

按山东省土肥站要求，2011 年春，商河县选择有代表性的 120 点对盐化潮土和盐土的土壤盐分进行化验，根据化验结果，对盐碱地面积及土种进行了调整。盐土面积由 1985 年的 1731.24hm$^2$ 减少为 577.08hm$^2$，由占全县耕地面积的 2.21％降至 0.84％；盐化潮土面积从 1985 年的 18143.67hm$^2$ 降至 2009 年的 11822.43hm$^2$，由占全县耕地面积的 23.12％降至 17.21％。由于地下水位的下降，湿潮土面积亦有大幅降低，由 2411.37hm$^2$降至 953hm$^2$，由占耕地面积的 3.51％降至 1.39％。同时，褐土化潮土面积大幅增加，由 4080.78hm$^2$ 增至 5532.28hm$^2$，占耕地面积的比例由 5.94%增至 8.05%。典型潮土的面积由 1985 年的 42332.94hm$^2$ 增加为 49815.21hm$^2$，由占全县耕地面积的 61.62%增加为 72.51%(见表 2-2)。沙壤质轻度盐化厚砂底白砂土、沙壤质中度盐化厚砂底白砂土、沙壤质中度盐化厚黏底白砂土、轻壤质轻度盐化厚黏心白土、轻壤质中度盐化厚黏底白土、中壤质中度盐化厚砂底两合土、轻壤质重度盐化厚砂底白土 7 个土种已经过种植改良划归为潮土。其中，沙壤质轻度盐化厚砂底白砂土、沙壤质中度盐化厚砂底白砂土两个土种归入沙壤质均质砂白砂土土种；沙壤质中度盐化厚黏底白砂土归入沙壤质均质黏白砂土土种；轻壤质轻度盐化厚黏心白土归入轻壤质厚黏心白土；轻壤质中度盐化厚黏底白土归入轻壤质均质黏白土；中壤质中度盐化厚砂底两合土归入中壤质均质壤两合土；轻壤质重度盐化厚砂底白土归入轻壤质均质砂白土。盐土的轻壤质白潮盐土均质砂白土、轻壤质白潮盐土均质壤白土、中壤质白潮盐土厚砂底两合土 3 个土种经过改良变为盐化潮土。其中，轻壤质白潮盐土均质砂白土归入轻壤质轻度盐化均质砂白土；轻壤质白潮盐土均质壤白土归入轻壤质轻度盐化均质壤白土；中壤质白潮盐土厚砂底两合土归入中壤质轻度盐化厚砂底两合土。沙壤质冲积黑厚黏底白砂土、轻壤质冲积黑厚砂底白土、轻壤质冲积黑厚黏心白土、轻壤质冲积黑均质黏白土、中壤质冲积黑厚黏心两合土这 5 个土种经过多年改良成了潮土。其中，沙壤质冲积黑厚黏底白砂土归入沙壤质均质黏白砂土土种；轻壤质冲积黑厚砂底白土归入轻壤质均质砂白土；轻壤质冲积黑厚黏心白土归入轻壤质厚黏心白土；轻壤质冲积黑均质黏白土归入轻壤质均质黏白土；中壤质冲积黑厚黏心两合土归入中壤质厚黏心两合土。紧砂质重度盐化均质砂砂土经改良归入沙壤质重度盐化均质砂白砂土；紧砂质冲积黑均质砂砂土经改良归入沙壤质冲积黑均质砂白砂土。

经过土壤类型调整，全县土壤共有 2 个土类，5 个亚类，11 个土属，75 个土种，与第二次土壤普查时相比，土类减少了 1 个，亚类减少了 1 个，土属减少了 1 个，土种减少了 19 个(见表 2-3)。

表 2-2　　商河县耕地土壤类型及面积统计表

| 土类 | | | 亚类 | | |
|---|---|---|---|---|---|
| 名称 | 面积(hm$^2$) | 占耕地面积比例(%) | 名称 | 面积(hm$^2$) | 占耕地面积比例(%) |
| 潮土 | 68122.92 | 99.16 | 褐土化潮土 | 5532.28 | 8.05 |
| | | | 典型潮土 | 49815.21 | 72.51 |
| | | | 盐化潮土 | 11822.43 | 17.21 |
| | | | 湿潮土 | 953 | 1.39 |
| 盐土 | 577.08 | 0.84 | 潮盐土 | 577.08 | 0.84 |

表 2-3 商河县耕地土种面积统计表

| 土类 | 亚类 | 土种代号 | 土壤名称 | 面积($hm^2$) | 占耕地面积比例(%) |
|---|---|---|---|---|---|
| 潮土 | 褐土化潮土 | $Ca1_1\frac{3}{2}$ | 沙壤质褐土化厚砂心白砂土 | 27.05 | 0.039 |
| | | $Ca1_1\frac{3}{14}$ | 沙壤质褐土化厚黏心白砂土 | 36.71 | 0.053 |
| | | $Ca1_1\frac{3}{16}$ | 沙壤质褐土化厚黏腰白砂土 | 405.62 | 0.59 |
| | | $Ca1_1\frac{3}{19}$ | 沙壤质褐土化均质砂白砂土 | 514.35 | 0.749 |
| | | $Ca1_1\frac{3}{20}$ | 沙壤质褐土化均质壤白砂土 | 58.94 | 0.086 |
| | | $Ca1_2\frac{4}{4}$ | 轻壤质褐土化厚砂腰白土 | 925.37 | 1.347 |
| | | $Ca1_2\frac{4}{16}$ | 轻壤质褐土化厚黏腰白土 | 1298.64 | 1.89 |
| | | $Ca1_2\frac{4}{20}$ | 轻壤质褐土化均质壤白土 | 2069.2 | 3.012 |
| | | $Ca1_2\frac{5}{13}$ | 轻壤质褐土化薄黏心两合土 | 68.7 | 0.1 |
| | | $Ca1_2\frac{5}{14}$ | 轻壤质褐土化厚黏心两合土 | 49.4 | 0.072 |
| | | $Ca1_2\frac{5}{16}$ | 轻壤质褐土化厚黏腰两合土 | 78.3 | 0.114 |
| | 典型潮土 | $Ca2_1\frac{3}{2}$ | 沙壤质厚砂心白砂土 | 20.15 | 0.029 |
| | | $Ca2_1\frac{3}{4}$ | 沙壤质厚砂腰白砂土 | 42.06 | 0.061 |
| | | $Ca2_1\frac{3}{16}$ | 沙壤质厚黏腰白砂土 | 2055.48 | 2.992 |
| | | $Ca2_1\frac{3}{19}$ | 沙壤质均质砂白砂土 | 1983.35 | 2.887 |
| | | $Ca2_1\frac{3}{20}$ | 沙壤质均质壤白砂土 | 41.69 | 0.061 |
| | | $Ca2_1\frac{3}{21}$ | 沙壤质均质黏白砂土 | 63.85 | 0.093 |
| | | $Ca2_2\frac{4}{2}$ | 轻壤质厚砂心白土 | 26.88 | 0.039 |
| | | $Ca2_2\frac{4}{4}$ | 轻壤质厚砂腰白土 | 4956.2 | 7.214 |
| | | $Ca2_2\frac{4}{14}$ | 轻壤质厚黏心白土 | 105.61 | 0.154 |
| | | $Ca2_2\frac{4}{15}$ | 轻壤质薄黏腰白土 | 32.5 | 0.047 |
| | | $Ca2_2\frac{4}{16}$ | 轻壤质厚黏腰白土 | 17525.3 | 25.51 |
| | | $Ca2_2\frac{4}{19}$ | 轻壤质均质砂白土 | 102.37 | 0.149 |
| | | $Ca2_2\frac{4}{20}$ | 轻壤质均质壤白土 | 14996.63 | 21.829 |

续表

| 土类 | 亚类 | 土种代号 | 土壤名称 | 面积(hm²) | 占耕地面积比例(%) |
|---|---|---|---|---|---|
| 潮土 | 典型潮土 | $Ca2_2\frac{4}{21}$ | 轻壤质均质黏白土 | 90.9 | 0.132 |
| | | $Ca2_2\frac{5}{13}$ | 中壤质薄黏心两合土 | 60.33 | 0.088 |
| | | $Ca2_2\frac{5}{14}$ | 中壤质厚黏心两合土 | 3358.49 | 4.889 |
| | | $Ca2_2\frac{5}{16}$ | 中壤质厚黏腰两合土 | 85.03 | 0.124 |
| | | $Ca2_2\frac{5}{20}$ | 中壤质均质壤两合土 | 66.09 | 0.096 |
| | | $Cb2_2\frac{5}{21}$ | 中壤质均质黏两合土 | 4161.5 | 6.057 |
| | | $Cb2_3\frac{6}{14}$ | 重黏质厚黏心小红土 | 40.8 | 0.059 |
| | 盐化潮土 | $Cc5_1\frac{3(一)}{4}$ | 沙壤质轻度盐化厚砂腰白砂土 | 870.36 | 1.267 |
| | | $Cc5_1\frac{3(一)}{16}$ | 沙壤质轻度盐化厚黏腰白砂土 | 72.14 | 0.105 |
| | | $Cc5_1\frac{3(一)}{18}$ | 沙壤质轻度盐化厚黏底白砂土 | 33.21 | 0.048 |
| | | $Cc5_1\frac{3(一)}{19}$ | 沙壤质轻度盐化均质砂白砂土 | 58.6 | 0.085 |
| | | $Cc5_1\frac{3(二)}{4}$ | 沙壤质中度盐化厚砂腰白砂土 | 49.68 | 0.072 |
| | | $Cc5_1\frac{3(二)}{19}$ | 沙壤质中度盐化均质砂白砂土 | 477.29 | 0.695 |
| | | $Cc5_1\frac{3(三)}{6}$ | 沙壤质重度盐化厚砂底白砂土 | 19.6 | 0.029 |
| | | $Cc5_1\frac{3(三)}{19}$ | 沙壤质重度盐化均质砂白砂土 | 42.2 | 0.061 |
| | | $Cc5_2\frac{4(一)}{4}$ | 轻壤质轻度盐化厚砂腰白土 | 3565.18 | 5.189 |
| | | $Cc5_2\frac{4(一)}{6}$ | 轻壤质轻度盐化厚砂底白土 | 27.24 | 0.04 |
| | | $Cc5_2\frac{4(一)}{16}$ | 轻壤质轻度盐化厚黏腰白土 | 1994.37 | 2.903 |
| | | $Cc5_2\frac{4(一)}{17}$ | 轻壤质轻度盐化薄黏底白土 | 42.36 | 0.062 |
| | | $Cc5_2\frac{4(一)}{18}$ | 轻壤质轻度盐化厚黏底白土 | 26.35 | 0.038 |
| | | $Cc5_2\frac{4(一)}{19}$ | 轻壤质轻度盐化均质砂白土 | 126.53 | 0.184 |
| | | $Cc5_2\frac{4(一)}{20}$ | 轻壤质轻度盐化均质壤白土 | 169.07 | 0.25 |
| | | $Cc5_2\frac{4(一)}{21}$ | 轻壤质轻度盐化均质黏白土 | 46.23 | 0.067 |
| | | $Cc5_2\frac{5(一)}{4}$ | 中壤质轻度盐化厚砂腰两合土 | 26.27 | 0.038 |

续表

| 土类 | 亚类 | 土种代号 | 土壤名称 | 面积($hm^2$) | 占耕地面积比例(%) |
|---|---|---|---|---|---|
| 潮土 | 盐化潮土 | $Cc5_2\frac{5(一)}{6}$ | 中壤质轻度盐化厚砂底两合土 | 39.89 | 0.058 |
| | | $Cc5_2\frac{5(一)}{14}$ | 中壤质轻度盐化厚黏心两合土 | 55.26 | 0.08 |
| | | $Cc5_2\frac{5(一)}{16}$ | 中壤质轻度盐化厚黏腰两合土 | 90.7 | 0.132 |
| | | $Cc5_2\frac{5(一)}{20}$ | 中壤质轻度盐化均质壤两合土 | 22.48 | 0.033 |
| | | $Cc5_2\frac{4(二)}{4}$ | 轻壤质中度盐化厚砂腰白土 | 42.05 | 0.061 |
| | | $Cc5_2\frac{4(二)}{6}$ | 轻壤质中度盐化厚砂底白土 | 2981.36 | 4.34 |
| | | $Cc5_2\frac{4(二)}{14}$ | 轻壤质中度盐化厚黏心白土 | 25.9 | 0.038 |
| | | $Cc5_2\frac{4(二)}{16}$ | 轻壤质中度盐化厚黏腰白土 | 47.8 | 0.07 |
| | | $Cc5_2\frac{4(二)}{19}$ | 轻壤质中度盐化均质砂白土 | 36.47 | 0.053 |
| | | $Cc5_2\frac{4(二)}{20}$ | 轻壤质中度盐化均质壤白土 | 22.9 | 0.033 |
| | | $Cc5_2\frac{4(三)}{4}$ | 轻壤质重度盐化厚砂腰白土 | 25.5 | 0.037 |
| | | $Cc5_2\frac{4(三)}{18}$ | 轻壤质重度盐化厚黏底白土 | 19.8 | 0.029 |
| | | $Cc5_2\frac{4(三)}{19}$ | 轻壤质重度盐化均质砂白土 | 20.26 | 0.029 |
| | | $Cc5_2\frac{4(三)}{20}$ | 轻壤质重度盐化均质壤白土 | 682.38 | 0.99 |
| | | $Cc5_2\frac{4(三)}{21}$ | 轻壤质重度盐化均质黏白土 | 26.3 | 0.038 |
| | | $Cc5_2\frac{5(三)}{4}$ | 中壤质重度盐化厚砂腰两合土 | 36.7 | 0.053 |
| | 湿潮土 | $Ce8_1\frac{3}{6}$ | 沙壤质冲积黑厚砂底白砂土 | 23.63 | 0.034 |
| | | $Ce8_1\frac{3}{19}$ | 沙壤质冲积黑均质砂白砂土 | 55.51 | 0.081 |
| | | $Ce8_2\frac{4}{4}$ | 轻壤质冲积黑厚砂腰白土 | 189.22 | 0.275 |
| | | $Ce8_2\frac{4}{16}$ | 轻壤质冲积黑厚黏腰白土 | 362.08 | 0.527 |
| | | $Ce8_2\frac{4}{18}$ | 轻壤质冲积黑厚黏底白土 | 6.96 | 0.01 |
| | | $Ce8_2\frac{4}{20}$ | 轻壤质冲积黑均质壤白土 | 335.94 | 0.489 |
| | | $Ce8_2\frac{5}{21}$ | 中壤质冲积黑均质黏两合土 | 2.59 | 0.004 |

续表

| 土类 | 亚类 | 土种代号 | 土壤名称 | 面积($hm^2$) | 占耕地面积比例(%) |
|---|---|---|---|---|---|
| 盐土 | 潮盐土 | $Dal_1\frac{3}{6}$ | 沙壤质白潮盐土厚砂底白砂土 | 13.27 | 0.019 |
| | | $Dal_1\frac{3}{19}$ | 沙壤质白潮盐土均质砂白砂土 | 99.26 | 0.144 |
| | | $Dal_2\frac{4}{4}$ | 轻壤质白潮盐土厚砂腰白土 | 118.3 | 0.172 |
| | | $Dal_2\frac{4}{6}$ | 轻壤质白潮盐土厚砂底白土 | 346.25 | 0.504 |

(一)潮土土类与分布

1.潮土的形成

潮土是发育在黄河冲积物上受潜水作用形成的一类土壤。成土物质颗粒粗细不仅在平面分布上有分选差异,而且在剖面中也有不同质地层次的排列。潜水位的不断升降引起土壤水分的变化,使土体内处于干湿交替和氧化还原状态,从而促进了铁、锰在土体内的淋溶淀积,因此,在土壤剖面中下部土层中形成明显的锈纹、锈斑或细小的铁锰结核。碳酸钙淋溶淀积形成小砂姜或假菌丝体等,土壤呈中性或微碱性。

2.潮土亚类与分布

潮土是商河县第一大土类,面积为68122.92$hm^2$,占耕地面积的99.16%。根据潮土受潜水作用的程度及盐化程度的不同,将其分为4个亚类,即褐土化潮土亚类、典型潮土亚类、盐化潮土亚类和湿潮土亚类。

(1)褐土化潮土亚类,面积为5532.28$hm^2$,占耕地面积的8.05%。褐土化潮土受潜水作用较弱,并附加一个褐土化过程的潮土,潜水埋深平均为2.9m,变幅为1.67~5m,矿化度平均为1.4g/L。根据表层质地不同,褐土化潮土亚类又分为3个土属。商河县只有砂质褐土化潮土和壤质褐土化潮土2个土属,共11个土种,主要分布于沙河两岸徒骇河北岸及贾庄镇北部、玉皇庙镇中部、许商街道办事处西部、孙集乡西南部。主要土种有:沙壤质褐土化厚黏腰白砂土,面积为405.62$hm^2$,占耕地面积的0.59%;沙壤质褐土化均质砂白土,面积为514.35$hm^2$,占耕地面积的0.75%;轻壤质褐土化厚黏腰白土,面积为1298.64$hm^2$,占耕地面积的1.89%;轻壤质褐土化均质壤白土,面积为2069.2$hm^2$,占耕地面积的3.01%。

(2)典型潮土亚类,面积为49815.21$hm^2$,占耕地面积的72.51%。典型潮土主要分布在高坡地、平坡地上,剖面中下部有锈纹、锈斑,在全县范围内广泛分布。典型潮土亚类分为砂质潮土土属、壤质潮土土属和黏质潮土土属3个土属,共20个土种。主要土种有:沙壤质厚黏腰白砂土,面积为2055.48$hm^2$,占耕地面积的2.99%,主要分布在怀仁镇东南部、龙桑寺镇西部、贾庄镇西北部;沙壤质均质砂白砂土,面积为1983.35$hm^2$,占耕地面积的2.89%,主要分布在龙桑寺镇南部、沙河故道、许商街道办事处东部、贾庄镇西部、怀仁镇西部;轻壤质厚砂腰白土,面积为4956.2$hm^2$,占耕地面积的7.21%,主要分布在怀仁镇东南部和西北部、殷巷镇西部、韩庙乡南部、龙桑寺镇西部、沙河乡东部、孙集乡北部、许商街道办事处东南部和西部;轻壤质厚黏腰白土,面积为17525.3$hm^2$,占耕地面积的25.5%,主要集中在沙河、孙集、怀仁、玉皇庙、郑路和白桥等乡、镇;轻壤质均质壤白土,面积为14996.63$hm^2$,占耕地面积的21.83%,主要分布在许商、怀仁、孙集、龙桑寺、沙河、韩庙、殷巷、张坊、贾庄、玉皇庙、郑路、白桥等乡、镇(街道办事处);中壤质均质黏两合土,面积为4161.5hm²,占耕地面积的6.06%,主要分布在玉皇庙镇东部、许商街道办事处南部、白桥乡西部、郑路镇东南部。

(3)盐化潮土亚类,面积为11822.43hm²,占耕地面积的17.21%,多分布于大型洼地边缘、缓平坡地中下段和洼坡地带及水位较高的河流两侧或小型洼地上,潜水位为0.5~2.7m,土层含有可溶性盐分较多,地表有盐斑,表层多为轻质土壤。商河县有砂质盐化潮土和壤质盐化潮土2个土属,共33个土种。盐化潮土由于盐化程度的不同,土壤分类较为复杂,各土种面积较小,主要分布在许商、殷巷、贾庄、韩庙、沙河、龙桑寺、郑路、孙集等乡、镇(街道办事处)。主要土种有:沙壤质轻度盐化厚砂腰白砂土,面积为870.36hm²,占耕地面积的1.27%,主要分布在贾庄、龙桑寺、孙集、韩庙等乡、镇,轻壤质中度盐化厚砂底白土,面积为2981.36hm²,占耕地面积的4.34%,主要分布在张坊、孙集、龙桑寺、玉皇庙、贾庄、郑路等乡、镇,轻壤质轻度盐化厚黏腰白土,面积为1994.37hm²,占耕地面积的2.9%,主要分布在许商、韩庙、沙河、郑路等乡、镇(街道办事处);轻壤质重度盐化均质壤白土,面积为682.38hm²,占耕地面积的0.99%,主要分布在孙集乡寨子村,殷巷镇田滑村、广平店村、小屯村。

(4)湿潮土亚类,面积为953hm²,占耕地面积的1.39%,主要分布在商河县清水洼、铁匠洼、白集洼、左牛峰洼、大仉洼、大屯洼、广平店洼等几个大型洼地的洼底,是在较长期或季节性积水和较高潜水位条件下附加沼泽化成土作用的一种潮土。土壤剖面上部色泽较深暗,土质较黏重,底土可出现潜育层,呈灰色或蓝灰色。湿潮土潜水埋藏较深,平均为1.08m,变幅为0.45~2m,潜水矿化度平均为3.12g/L,变幅为0.8~7.6g/L。湿潮土在商河县分布面积较少,有2个土属,即砂质冲积黑潮土土属和壤质冲积黑潮土土属,共7个土种。

(二)盐土土类与分布

1.盐土的形成

盐土是地表或接近地表含有大量可溶性盐类的一类土壤。盐类严重地影响植物从土壤中吸收水分和养分,有的盐类对植物有毒害作用,致使一般植物不能正常生长。在未改良前,盐土不能种植作物。

2.盐土亚类与分布

根据所处的环境条件、地理位置的差异,盐土分为2个亚类。商河县只有1个潮盐土亚类,4个土种,面积为577.08hm²,占耕地面积的0.84%。潮盐土潜水埋深平均为1.6m,变幅为1.3~1.9m,潜水矿化度为8.2g/L,变幅为3.24~15.9g/L。

商河县盐土主要分布在龙桑寺镇的东高、碱场洼,韩庙乡的唐家营、东小庄、朱家林村东南,郑路镇的褚家集东南,沙河乡的碱场王、大仉家村、新徐村,贾庄镇的王洼村、后垤道村西南、刘染坊村和殷巷镇的小屯、广平店村。

## 二、土壤类型的特征及主要生产性能

(一)潮土土类的特征及主要生产性能

潮土土类在人类多年的垦殖、耕作、施肥等影响下,提高了肥力和熟化程度,活土层增厚，结构改善，从而改变了土壤水、肥、气、热条件而成为农业土壤。

1. 褐土化潮土亚类的结构特征及主要生产性能

商河县有砂质褐土化潮土和壤质褐土化潮土 2 个土属，11 个土种，面积为 5532.28hm$^2$，占耕地面积的 8.05%。根据土体构型的差异，砂质褐土化潮土土属有 5 个土种，壤质褐土化潮土土属有 6 个土种。主要土种有：

(1)沙壤质褐土化厚黏腰白砂土，面积为 405.62hm$^2$，占耕地面积的 0.59%。代表剖面位于怀仁镇卜家村正西 100m，高坡地，耕层 0～18cm 质地为沙壤，20～60cm 为中壤，60～116cm 处有一黏土层，116～150cm 为重壤。该土种土壤耕性好，宜耕期较长，土壤容重较小，水、肥、气、热状况较协调，肥劲足而长，土性发暖，既发小苗又发老苗，适宜种植粮食和经济作物。该土种 60cm 以下为黏土层，能起到保水、保肥作用，因这层重壤土出现的部位较深，不影响作物根系下扎，作物营养面积大，产量高，耐涝、耐旱性都较强，是商河县较好的一种土壤，可建立高产稳产田。

(2)沙壤质褐土化均质砂白砂土，面积为 514.35hm$^2$，占耕地面积的 0.749%。代表剖面位于张坊乡白集村正东 900m，高坡地，耕层 0～17cm 质地为沙壤，26～65cm 为沙壤，70～150cm 为紧砂土。该土种土壤耕性好，容重较小，但全剖面为通体砂，保肥性能差，漏水、漏肥，土壤速效养分含量较低，潜在的肥力低，发小苗不发老苗。因此，应增施有机肥，培肥地力，增加土壤养分储备，保证作物高产稳产。化肥要少施勤施。该土种宜种植棉花、花生、果树。

(3)轻壤质褐土化厚黏腰白土，面积为 1298.64hm$^2$，占耕地面积的 1.89%。代表剖面位于沙河乡烟墩村东偏南 770m，高坡地，耕层 0～17cm 质地为轻壤，25～70cm 为中壤，70～120cm 处有重壤质土层。该土种耕层质地较为适中，耕作性能好，宜耕期较长，土壤容重较小，土壤中水、肥、气、热状况较协调，土壤发暖，既发小苗又发老苗，适宜各种作物生长。该土种 70cm 以下为重壤，保水、保肥，耐涝、耐旱性较强，属高产蒙金型土壤。但有机肥缺乏，在利用上应注意有机肥和无机肥配合，氮、磷、钾协调，培肥地力，建成高产稳产田。

(4)轻壤质褐土化均质壤白土，面积为 2069.2hm$^2$，占耕地面积的 3.012%。代表剖面位于贾庄镇泉家村正北 230m，高坡地，耕层 0～17cm 质地为轻壤，17～95cm 为轻壤，95～150cm 为沙壤。该土种耕层质地较为适中，耕作性能好，宜耕期长，土壤容重小，土壤水、肥、气、热状况较协调。全剖面为壤质，保水、保肥能力较强，表层养分含量较高，比较耐涝、耐旱，产量高，可建高产稳产田。

(5)轻壤质褐土化厚砂腰白土，面积为 925.37hm$^2$，占耕地面积的 1.347%。代表剖面位于郑路镇小张家村正西 900m，高坡地，耕层 0～17cm 质地为轻壤，30～60cm 为中壤，60～115cm 处有一紧砂层，115～150cm 为黏土。该土种耕层质地较为适中，耕作性能好，宜耕期长，物理性状好，水、肥、气、热状况较协调。60～115cm 处出现 47cm 砂质夹层，漏水、漏肥，全剖面有机质含量较低。该土种土性较温暖，早春地温回升较快，发小苗，作物生长后期常表现肥力不足，易使作物早衰，因此，应种植根系较深的棉花和果树。在水肥管理上，应以增施有机肥培肥地力为重点，速效肥的施用应少量多次，小畦灌溉，合理用水。

2.典型潮土亚类的结构特征及主要生产性能

潮土亚类又按母质来源、潜水状况、分布的地理位置划分为3个土属:砂质潮土土属、壤质潮土土属、黏质潮土土属,面积为49815.21$hm^2$,占耕地面积的72.51%。商河县砂质潮土土属有6个土种,壤质潮土土属有13个土种。主要土种有:

(1)沙壤质厚黏腰白砂土,面积为2055.48$hm^2$,占耕地面积的2.992%。代表剖面位于贾庄镇范家村东南170m,平坡地,耕层0～18cm质地为沙壤,30～60cm为轻壤,60～150cm为黏土。该土种耕作性能较好,宜耕期较长,水、肥、气、热状况较协调,肥劲足而长,土性发暖,既发小苗又发老苗,适宜种植粮食和经济作物。该土种60～150cm为黏土,能起到保水、保肥作用。这层黏土层出现的部位较深,不影响作物根系下扎,作物营养面积大,产量较高,耐涝、耐旱性都较强,是商河县较好的一种土壤,可建高产稳产田。

(2)沙壤质均质砂白砂土,面积为1983.35$hm^2$,占耕地面积的2.887%。代表剖面位于沙河乡大胡村西北1400m,浅平洼地,耕层0～18cm质地为沙壤,耕层以下通体为紧砂土。该土种耕作性能较好,宜耕期较长,土壤疏松,便于田间管理。但通体为紧砂土,粒间孔隙大,漏水、漏肥,养分含量低,往往在作物生长后期出现脱肥现象。砂土地漏水现象严重,易发生干旱;土壤松散,升温快,适宜作物苗期发育;在干旱多风的条件下,小苗易受砂打砂灼。在改良上,应增施有机肥料,以培肥地力;在化肥施用上,要注意少量多次。

(3)轻壤质厚砂腰白土,面积为4956.2$hm^2$,占耕地面积的7.214%。代表剖面位于龙桑寺镇李官庄村西北55m,高坡地,耕层0～17cm质地为轻壤,27～53cm为轻壤,53～90cm为沙壤,90～150cm为紧砂。该土种质地适中,通气性强,物理性状好,耕作性能好,宜耕期长。53～150cm为砂质土,保水、保肥能力较差,通气性较好,适宜多种作物生长。该土种在排水不畅、地下水位较高的地方,盐化威胁较大。在改良利用上,应注意合理灌溉,排灌结合,以防止返盐。同时要增施有机肥,合理施用化肥,提高土壤肥力。

(4)中壤质厚黏心两合土,面积为3358.49$hm^2$,占耕地面积的4.889%。代表剖面位于玉皇庙镇王相村西150m,平坡地,耕层0～20cm质地为中壤,20～80cm有重壤层,80～140cm为轻壤。该土种宜耕期短,保肥、保水,土壤中水、肥、气、热状况较协调,心土层出现大于30cm的重壤土,粒间孔隙小而紧实,对耕层养分和水分的下渗起到阻碍作用。全剖面养分含量较高,肥劲足而长,但由于通透性较差,保肥能力强,供肥能力低,表现为发老苗不发小苗;同时由于重壤土出现部位较高,影响作物根系下扎,因而造成作物营养面积较小。虽然土壤中养分含量较高,但产量仍较低。该土种在大雨或大水漫灌后,遇排水不畅的情况,易造成泥涝。因此要建立健全排灌系统,合理用水,加深耕作层,扩大作物营养面积。

(5)轻壤质厚黏腰白土,面积为17525.3$hm^2$,占耕地面积的25.51%。代表剖面位于玉皇庙镇道口村北100m,高坡地,耕层0～17cm质地为轻壤,30～60cm为中壤,60～105cm有一黏土层,105～120cm为重壤,120～150cm为黏土层。该土种物理性状较好,耕层质地较为适中,耕作性能好,宜耕期较长,水、肥、气、热状况较协调,土性发暖,适宜各种作物生长,是较好的一种土壤,可建高产稳产田。该土种在60cm以下是黏质夹层,能起到保水、保肥作用,但全剖面养分含量不高,代换量小。在改良利用上,应增施有机肥,合理施用化肥,实行秸秆还田,培肥地力。

(6)轻壤质均质壤白土,面积为 14996.63hm²,占耕地面积的 21.829%。代表剖面位于贾庄镇马集村东南 1100m,平坡地,耕层 0～18cm 质地为轻壤,18～48cm 为轻壤,48～95cm 为中壤,95～150cm 为轻壤。该土种质地适中,耕性好,宜耕期长,土壤容重小,水、肥、气、热状况较协调,土性发暖,既发小苗又发老苗,适宜各种作物生长。全剖面养分含量适中,但土层质地好,有利于作物根系下扎,植物营养面积大,耐涝、耐旱性能较强,是商河县较好的土壤,可建高产稳产田。

(7)中壤质均质黏两合土,面积为 4161.5hm²,占耕地面积的 6.057%。代表剖面位于玉皇庙镇小仁河村北 200m,平坡地,耕层 0～17cm 质地为中壤,30～50cm 为重壤,50～109cm 为黏土,109～150cm 为重壤。该土种耕性差,适耕期短,30～150cm 为黏质夹层,有利于保水、保肥,养分含量较高。但由于黏质夹层出现部位较高,影响作物根系下扎,作物营养面积小,高产地块少。该土壤在大雨后,水分下渗较慢,易泥涝。在利用上应加深耕作层,扩大根系范围,促进作物高产。

3.盐化潮土亚类的结构特征及主要生产性能

盐化潮土根据表层质地差异分为 3 个土属,商河县有 2 个土属,即砂质盐化潮土土属和壤质盐化潮土土属,面积为 11822.43hm²,占耕地面积的 17.21%。其中,砂质盐化潮土土属有 8 个土种,壤质盐化潮土土属有 25 个土种。主要土种有:

(1)沙壤质轻度盐化厚砂腰白砂土,面积为 870.36hm²,占耕地面积的 1.267%。代表剖面位于龙桑寺镇王皮玄村正东 500m,平坡地,耕层 0～18cm 质地为沙壤,28～96cm 有一沙壤层,96～116cm 为重壤,116～150cm 为沙壤。该土种宜耕期较长,土壤容重较小,毛管作用强,盐分易上升。0～96cm 为沙壤,土壤粒间孔隙大,吸附能力差,漏水、漏肥,养分含量较低。土性较温暖,早春地温回升快,有利于发小苗;作物生长后期,肥力不足,作物易早衰。在肥水管理上,应以增施有机肥培肥地力,以改良盐碱为重点;化肥应少施勤施,并注意及时中耕划锄,减少地面蒸发。

(2)沙壤质中度盐化均质砂白砂土,面积为 477.29hm²,占耕地面积的 0.695%。代表剖面位于龙桑寺镇小张家村正北 150cm,平坡地,耕层 0～18cm 质地为沙壤,18～51cm 为沙壤,51～150cm 为紧砂。该土种土壤疏松,耕作性能好,宜耕期较长,通体为砂质土壤,粒间孔隙大,易漏水、漏肥,盐分易上升。因此,要增施有机肥,改善土壤结构,化肥应少施勤施;种植耐盐作物,增加地面覆盖,并注意及时中耕划锄,减少地面蒸发。

(3)轻壤质轻度盐化厚砂腰白土,面积为 3565.18hm²,占耕地面积的 5.189%。代表剖面位于郑路镇后郑家村正北 350m,洼坡地,耕层 0～17cm 质地为轻壤,22～66cm 为中壤, 66～91cm 为沙壤层,91～150cm 为紧砂。该土种耕层质地较为适中,耕作性能较好,宜耕期较长,但物理性状较差,土壤容重偏大,总孔隙度小,通气性较差,水、肥、气、热状况不协调。66cm 以下为沙壤土,土层粒间孔隙大,漏水、漏肥,盐分易上升。在改良利用上,首先要灌排配套,降低地下水位,消除盐碱危害;其次要增施有机肥料,培肥地力,改善土壤结构,协调土壤中水、肥、气、热状况,化肥要少施勤施。

(4)轻壤质中度盐化厚砂底白土,面积为 2981.36hm²,占耕地面积的 4.34%。代表剖面位于许商街道办事处陈家村西北 105m,平坡地,耕层 0～17cm 质地为轻壤,30～81cm 为中壤,81～150cm 为紧砂层。该土种耕层质地较为适中,耕作性能较好,宜耕期较长，在35～81cm出现中壤，有一定的保水、保肥性能。该剖面物理性状差，土壤容重大，总孔隙度小，通气性差，水、肥、气、热状况不协调，全剖面养分含量低，代换量小。在改良利用上，首先要排管配套，降低地下水位，消除盐碱危害；其次要增施有机肥，实行秸秆还田，培肥地力，协调土壤中水、肥、气、热状况，化肥要少施多次。

(5)轻壤质轻度盐化厚黏腰白土，面积为1994.37hm$^2$，占耕地面积的2.903%。代表剖面位于怀仁镇接骨孙村正南180m，洼坡地，耕层0～17cm质地为轻壤，30～65cm为轻壤，65～110cm有一黏土层，110～150cm为沙壤。该土种耕层质地较为适中，耕作性能较好，宜耕期较长。在65～110cm处出现45cm厚的黏土，对防止上层养分下渗和下层盐分上升有一定的作用。该黏土层较厚，有一定的托盐作用。在改良利用上，应采用大水压盐、开沟排盐等措施，同时增施有机肥，改善土壤理化性状。返盐季节应及时中耕划锄，切断表层毛细管，减少水分蒸发，防止返盐。

(6)轻壤质重度盐化均质壤白土，面积为682.38hm$^2$，占耕地面积的0.99%。代表剖面位于殷巷镇小屯村正北300m，耕层0～17cm质地为轻壤，17～119cm为轻壤，119～150cm为中壤。该土种质地适中，突出矛盾是表层含盐量高，不适宜种植农作物，应综合规划改良。首先，利用工程措施，降低地下水位；其次，灌排配套，深沟排碱，降低含盐量，消除盐碱危害；第三，在改良的基础上，种植耐盐作物。

4.湿潮土亚类的结构特征及主要生产性能

商河县有2个湿潮土土属，即砂质冲积黑潮土土属和壤质冲积黑潮土土属，面积为953hm$^2$，占耕地面积的1.39%。其中，砂质冲积黑潮土土属有2个土种，壤质冲积黑潮土土属有5个土种。主要土种有：

(1)沙壤质冲积黑均质砂白砂土，面积为55.51hm$^2$，占耕地面积的0.081%。代表剖面位于许商街道办事处侯坊村西南450m，浅平洼地，土壤0～70cm质地为沙壤，70～150cm为紧砂，85cm处出现褐色潜育层。该土种质地偏砂，耕作性能较好；全剖面为均质砂，漏水、漏肥，剖面养分含量低；物理性状差，土壤容重大，孔隙度小，通气性差。该土种生产上存在的问题是季节性积水，需实行排水治理后，方能利用。

(2)沙壤质冲积黑厚砂底白砂土，面积为23.63hm$^2$，占耕地面积的0.034%。代表剖面位于龙桑寺镇高明吴村西北300m，耕层0～18cm质地为沙壤，34～76cm为中壤，76～150cm为紧砂，76cm处出现黑色潜育层。该土种表层质地偏砂，耕作性能较好，34～76cm为中壤，具有一定的保水、保肥性能。但76～150cm为紧砂，粒间孔隙大，漏水、漏肥，物理性状差，土壤容重大，通气性差。在农业生产利用上，应增施有机肥料，种植绿肥，改善土壤结构，实行灌排配套的综合农业措施。

(3)轻壤质冲积黑厚黏腰白土，面积为362.08hm$^2$，占耕地面积的0.527%。代表剖面位于许商街道办事处西双庙村西南300m，浅平洼地，耕层0～17cm质地为轻壤，25～50cm为中壤，50～92cm处有一重壤层，90cm处出现黑色潜育层，92～140cm为沙壤。该土种土壤耕层质地较为适中，耕作性能较好，宜耕期较长。50～92cm为重壤，保水、保肥，但该剖面物理性状差，容重大，通气性差，水、肥、气、热状况不够协调，地下水位高，丰水年易泥涝。在农业生产利用上，要灌排配套，深沟排水，增施有机肥料，种植绿肥，培肥地力，改善土壤的理化性状，提高农作物产量。

(4)轻壤质冲积黑均质壤白土,面积为 355.94hm$^2$,占耕地面积的 0.489%。代表剖面位于殷巷镇狗皮李村正北 400m,浅平洼地,耕层 0～17cm 质地为轻壤,28～100cm 为中壤,65cm 处出现黑色潜育层。该土种耕层质地较为适中,耕作性能较好,宜耕期较长。28～100cm 为中壤,具有保水、保肥性能,但物理性状差,容重大,通气性差,水、肥、气、热状况不够协调,地下水位高,易发生泥涝。在农业生产利用上,要搞好农田基本建设,挖沟排水,降低地下水位,增施有机肥料,培肥地力,改善土壤的理化性状。

(二)盐土土类的特征及主要生产性能

商河县只有 1 个潮盐土亚类,根据盐分的组成和表层质地的差异,又分为砂质白潮盐土和壤质白潮盐土 2 个土属,面积为 577.08hm$^2$,占耕地面积的 0.84%。其中,砂质白潮盐土土属有 2 个土种,壤质白潮盐土土属有 2 个土种。主要土种有:

(1)沙壤质白潮盐土均质砂白砂土,面积为 99.26hm$^2$,占耕地面积的 0.144%。代表剖面位于龙桑寺镇碱场王西南 150m,浅平洼地,耕层 0～18cm 质地为沙壤,40～50cm 为轻壤,50～150cm 为紧砂。该土种耕层质地偏砂,耕作性能较好,51～150cm 为砂质土壤,土壤粒间孔隙大,漏水、漏肥,盐分易上升,土壤容重大,水、肥、气、热不协调。盐类组成以硫酸盐为主。

(2)轻壤质白潮盐土厚砂底白土,面积为 346.25hm$^2$,占耕地面积的 0.504%。代表剖面位于龙桑寺镇东高村正东 200m,平坡地,耕层 0～17cm 质地为轻壤,30～55cm 为中壤,55～105cm 为轻壤,105～150cm 为紧砂。该土种耕层质地较为适中,但物理性状差,土壤容重大,通透性差,水、肥、气、热不协调,毛管作用强,盐分易上升。30～55cm 为中壤,具有一定的保水、保肥性能,但 105～150cm 为紧砂,土壤粒间孔隙大,吸附能力差,漏水、漏肥,养分含量低。盐分组成以硫酸钾钠为主。因此,这种土壤的改良应以蓄淡排盐的水利工程为主,开沟排盐,经过改良排盐后,方能开发利用。

(三)不同土壤类型的理化性状

不同土壤类型的理化性状如表 2-4 所示。

表 2-4　不同土壤类型的理化性状

| 土类 | 潮土 | | | | 盐土 |
|---|---|---|---|---|---|
| 亚类 | 褐土化潮土 | 潮土 | 盐化潮土 | 湿潮土 | 潮盐土 |
| 层次(cm) | 0～20 | 0～20 | 0～20 | 0～20 | 0～20 |
| pH | 8.2 | 8.2 | 8.2 | 8.2 | 8.2 |
| 有机质(g/kg) | 13.5 | 14.1 | 13.5 | 14.7 | 13 |
| 全氮(g/kg) | 0.74 | 0.77 | 0.76 | 0.62 | 0.73 |
| 有效磷(mg/kg) | 22.1 | 23 | 20.9 | 20.1 | 22.5 |
| 缓效钾(mg/kg) | 829 | 870 | 849 | 891 | 780 |
| 速效钾(mg/kg) | 120 | 126 | 122 | 148 | 117 |
| 有效锌(mg/kg) | 1.11 | 1.03 | 0.99 | 1.12 | 0.94 |

续表

| 土类 | 潮土 | | | | 盐土 |
|---|---|---|---|---|---|
| 水溶态硼(mg/kg) | 1.02 | 1.09 | 1.09 | 1.1 | 1.07 |
| 有效硅(mg/kg) | 122.3 | 127.3 | 121.1 | 136.6 | 128.1 |
| 有效钼(mg/kg) | 0.13 | 0.13 | 0.12 | 0.13 | 0.13 |
| 有效铜(mg/kg) | 1.25 | 1.34 | 1.19 | 1.45 | 1.25 |
| 有效锰(mg/kg) | 7.63 | 7.85 | 7.82 | 7.86 | 7.7 |
| 有效铁(mg/kg) | 11.96 | 12.14 | 11.87 | 12.03 | 11.74 |
| 交换性钙(mg/kg) | 7042 | 7449 | 7744 | 7497 | 8021 |
| 交换性镁(mg/kg) | 419 | 415 | 405 | 412 | 353 |
| 有效硫(mg/kg) | 44.7 | 44.5 | 59.4 | 59.9 | 81.1 |
| 水解性氮(mg/kg) | 70 | 75 | 74 | 72 | 78 |
| 容重($g/cm^3$) | 1.25 | 1.32 | 1.31 | 1.33 | 1.28 |
| 总孔隙度(%) | 50.3 | 50.6 | 51.3 | 50.1 | 52.8 |
| 非毛管孔隙度(%) | 12.6 | 12 | 14.1 | 9 | 13 |
| 毛管孔隙度(%) | 37.5 | 38.4 | 37.1 | 40.9 | 39.5 |

## 第二节　土地利用现状

### 一、土地利用现状

1988年以来，由于城镇建设的加快，交通、居民及工矿用地的增加以及农村产业结构的调整，土地利用类型发生了明显变化。根据商河县国土局提供的资料，2009年，全县土地总面积为1162.7$km^2$，其中已利用土地面积为$1.081\times10^5hm^2$，占总面积的93%；未利用土地面积为$8.17\times10^3hm^2$，占总面积的7%。

(一)耕地

耕地包括灌溉水田、水浇地、旱地、菜地等。2009年，全县耕地面积为$6.87\times10^4hm^2$，占全县土地总面积的59.08%。

(二)林地

林地包括园林、林地、灌木林、乔木林、未成林林地、苗圃。2009年，全县林地面积为$4.3\times10^3hm^2$，占全县土地总面积的3.7%。

(三)牧草用地

牧草用地的面积为600$hm^2$，占全县土地总面积的0.52%。

(四)其他农用地

其他农用地包括乡村道路、养殖小区等,面积为 $1.21\times10^4 hm^2$,占全县土地总面积的 10.41%。

(五)居民用地

居民用地包括建制镇用地、村庄用地、特殊用地。2009 年,全县居民用地面积为 $1.24\times10^4 hm^2$,占全县土地总面积的 10.66%。

(六)交通用地

交通用地包括省级公路、高速路和铁路用地。2009 年,全县交通用地面积为 $700hm^2$,占全县土地总面积的 0.6%。

(七)水利建设用地

水利建设用地包括河流、水库、坑塘水面以及苇地、滩涂、沟渠、水工建筑物。2009 年,全县水域沟渠面积为 $9.3\times10^3 hm^2$,占全县土地总面积的 8%。

(八)未利用土地

未利用土地包括撂荒地、沙地等。

## 二、土地利用程度和复种指数情况

随着耕地面积的减少,土地利用程度和复种指数进一步提高,土地生产能力得到进一步增强,促进了农业可持续发展,实现了农业由数量型向效益型、由粗放型向集约型的转变。

1984 年的第二次土壤普查统计,商河县耕地面积为 $7.17\times10^4 hm^2$,农作物播种面积为 $9.42\times10^4 hm^2$。其中,粮食作物播种面积为 $6.43\times10^4 hm^2$,夏粮播种面积为 $3.24\times10^4 hm^2$,秋粮播种面积为 $3.19\times10^4 hm^2$,棉花播种面积为 $2.64\times10^4 hm^2$,油料作物播种面积为 $30hm^2$,蔬菜、瓜类播种面积为 $1.7\times10^3 hm^2$,其他播种面积为 $1.77\times10^3 hm^2$,粮经比例为 2.2∶1,复种指数为 131%。

随着改革开放和经济建设的快速发展,种植业结构得到进一步调整和优化,开始依靠科技进步,发展振兴农业。棉花面积的减少和粮食、蔬菜面积的增加使耕地利用率大幅提高。到 2009 年底,全县耕地面积为 $6.87\times10^4 hm^2$,农作物播种面积为 $1.341\times10^5 hm^2$。其中,夏粮播种面积为 $4.77\times10^4 hm^2$,秋粮播种面积为 $5.73\times10^4 hm^2$,棉花播种面积为 $9.7\times10^3 hm^2$,油料作物播种面积为 $110hm^2$,蔬菜播种面积为 $1.87\times10^4 hm^2$,瓜类播种面积为 $700hm^2$,粮经比例为 3.6∶1,复种指数为 195%。与第二次土壤普查后的 1984 年相比,耕地面积减少了 $3\times10^3 hm^2$,农作物播种面积增加了 $3.99\times10^4 hm^2$。其中,夏粮播种面积增加了 $1.53\times10^4 hm^2$,秋粮播种面积增加了 $2.54\times10^4 hm^2$,棉花播种面积减少了 $1.67\times10^4 hm^2$,油料作物播种面积增加了 $80hm^2$,蔬菜、瓜类播种面积增加了 $1.87\times10^4 hm^2$;复种指数由 131%增加到 195%,提高 64 个百分点。农业、种植业内部结构更加优化、高效。

间作套种、立体种植及一年两收、三作三收等高产高效栽培模式的推广应用,使耕地得到充分利用,复种指数有了显著提高。特别是作物优良品种,农业新技术、新成果在生产上的应用和农业产业化的发展,极大地提高了土地的生产能力,粮食产量和农业经济效益都较之前有了大幅提高。但是，随着城市化进程的加快和经济建设的快速发展，城市建设、工矿企业用地，交通建设、水利设施占地不断增加，耕地面积逐年减少，农业生产可利用面积逐渐萎缩变小，发展空间受到限制。因此，加大种植制度改革和种植业内部结构调整力度，推选多档多茬、立体栽培的种植模式，最大限度地发挥土地的生产潜力，向土地要产量，要效益，提高土地实际利用率，是现代农业发展的必由之路。

## 第三节　耕地利用与管理

### 一、耕地保养利用与管理概况

新中国成立以来，商河县共进行了两次土壤普查工作。第一次土壤普查于 1958 年进行，在对全部耕地进行全面调查分析的基础上，对耕地的各种土壤类型、面积、分布、生产性状及利用状况进行了全面、客观的定位和评价。在全面总结当时农业生产先进经验的同时，制定了土壤改良利用的总体规划，对推动当时土地平整、水利基础设施和氮素化肥的推广应用起到了积极的推动作用，奠定了农业发展和粮食产量提高的基础。

1983～1986 年，根据国务院[1979]111 号文件精神以及全国土壤普查办公室和山东省土壤普查办公室的统一部署，按照《全国第二次土壤普查暂行技术规程》和《山东省土壤工作分类暂行方案》要求，商河县进行了第二次土壤普查。测量村庄 1016 个，量算沟、渠、路$9.9\times10^3$ $hm^2$，共挖剖面 5891 个、打钻孔 18000 个，采集土样标本盒 5891 个、剖面化验样 120 个、农化样 705 个、土壤养分速测样 870 个、物理诊断样 370 个，提取潜水水样 2891 瓶，共化验测定 37148 项次。根据上述有关资料，结合商河县的地形地貌、水文条件、成土因素和土壤的生产属性，各乡、镇都编绘了土壤图、土地利用现状图、地貌图、土地评级图、土壤改良利用分区图、潜水埋深及矿化度图、耕层质地及土体构型图、盐碱地分布图等 8 种1∶10000的成果图幅。县级除绘制以上几种图幅外，还编绘了土壤有机质含量分布图、土壤全氮及碱解氮分布图、土壤速效磷分布图、土壤速效钾分布图等 13 种 1∶50000 的成果图幅，并编写了《商河县土壤志》。

第二次土壤普查科学、系统地分析论述了自然条件和人为生产活动对土壤生成、发育的影响，各类土壤的生成、发育、特性、分类及分布；全面评述了土壤的肥力状况和生产性能，对土壤资源进行了科学的质量评价；分析了存在的问题，制定了土壤改良利用分区规划和土壤改良培肥的措施；并认真总结了形成高产田的土壤条件，为其后磷肥的大面积推广应用、氮磷配合施用、配方施肥和秸秆还田技术的推广应用提供了科学依据。

自 20 世纪 80 年代以来，商河县逐年加大对农业生产的投入，先后实施了黄淮海中低产田开发项目，世行贷款一期、二期项目，标准粮田开发建设项目等，被批复为国家优质棉生产基地县和粮食生产基地县。通过项目的实施，结合农民自身投入，实行沟、渠、林、田、路统一规划，综合治理，农业、水利、林业、科技、生物措施组装配套，资金、物资、劳力和科技综合投入，各种生产要素有机结合，经济、社会和生态三方面综合效益高度统一的开发模式，粮食产量稳步增长。近年来，通过粮棉基地建设，国家农业综合开发及世行加强农业灌溉项目的实施，平原地区达到田成方、林成网、路相通、渠相连，沟、渠、田、林、路统一规划，旱、涝、风、沙、碱综合治理的要求；基本实现了农田水利化，农业生态环境趋于良好，田间小气候得到改善。

## 二、耕地利用现状

1949 年，商河县农作物播种面积为 $1.322\times10^5hm^2$，其中粮食播种面积为 $1.144\times10^5hm^2$，占播种面积的 87%；棉花播种面积为 $1.3\times10^4hm^2$，占播种面积的 9.83%。到 2009 年，商河县耕地面积为 $6.87\times10^4hm^2$，农作物播种面积为 $1.341\times10^5hm^2$，其中粮食播种面积为 $1.05\times10^5hm^2$，占播种面积的 78.2%；油料作物播种面积为 $110hm^2$，占播种面积的 0.08%；棉花播种面积为 $9.7\times10^3hm^2$，占播种面积的 7.2%；蔬菜播种面积为 $1.87\times10^4hm^2$，占播种面积的 13.9%；果用瓜类播种面积为 $700hm^2$，占播种面积的 0.55%。

商河县小麦的种植面积先是有大幅度的提高，然后又有小幅度的降低，但种植面积一直占很大的比例；玉米的种植面积则是逐年增加，到 2009 年玉米的种植比例占农作物播种面积的 42.13%。2009 年，小麦和玉米的种植面积从 1949 年占农作物播种面积的 31.08%提高到 77.7%。这说明小麦和玉米成为商河县最主要的粮食作物。商河县历年来农作物种植结构、主要社会经济指标、总产量情况及单产情况分别如表 2-5 至表 2-8 所示。

表 2-5　　1949～2009 年商河县农作物面积结构表

| 项目＼年度 | 1949 | | 1969 | | 1989 | | 1999 | | 2009 | |
|---|---|---|---|---|---|---|---|---|---|---|
| | 面积($\times10^5hm^2$) | 比例(%) | 面积($\times10^5hm^2$) | 比例(%) | 面积($\times10^5hm^2$) | 比例(%) | 面积($\times10^5hm^2$) | 比例(%) | 面积($\times10^5hm^2$) | 比例(%) |
| 农作物播种面积 | 13.22 | 100 | 11.29 | 100 | 9.96 | 100 | 12.53 | 100 | 13.41 | 100 |
| 小麦 | 3.34 | 25.26 | 3.92 | 34.72 | 3.86 | 38.76 | 4.81 | 38.39 | 4.77 | 35.57 |
| 玉米 | 0.77 | 5.82 | 2.15 | 19.04 | 2.58 | 25.9 | 4.39 | 35.04 | 5.65 | 42.13 |
| 甘薯 | 0.013 | 0.1 | 0.49 | 4.34 | 0.004 | 0.04 | 0.021 | 0.17 | 0.01 | 0.07 |
| 大豆 | 2.52 | 19.06 | 0.77 | 6.82 | 0.264 | 2.65 | 0.21 | 1.68 | 0.06 | 0.45 |
| 高粱 | 2.11 | 15.96 | 0.96 | 8.5 | 0.014 | 0.14 | 0.063 | 0.5 | — | — |
| 其他杂粮 | 2.69 | 20.35 | 0.6 | 5.31 | 0.068 | 0.68 | 0.055 | 0.44 | — | — |
| 棉花 | 1.3 | 9.83 | 1.58 | 13.99 | 2.83 | 28.41 | 1.21 | 9.66 | 0.97 | 7.23 |
| 露天蔬菜 | — | — | — | — | 0.23 | 2.31 | 1.57 | 12.56 | 1.768 | 13.14 |
| 设施蔬菜 | — | — | — | — | — | — | 0.05 | 0.37 | 0.102 | 0.08 |
| 其他经济作物 | 0.477 | 3.61 | 0.82 | 7.26 | 0.11 | 1.1 | 0.151 | 1.21 | 0.08 | 0.6 |
| 复种指数 | 132.6 | | 144.5 | | 144.2 | | 189.2 | | 195.2 | |
| 粮经比 | 6.44∶1 | | 3.7∶1 | | 2.14∶1 | | 3.2∶1 | | 3.59∶1 | |

表 2-6 1969～2009 年商河县主要社会经济指标

| 年份 | 1969 | 1989 | 1999 | 2005 | 2006 | 2007 | 2008 | 2009 | 2010 |
|---|---|---|---|---|---|---|---|---|---|
| 总人口(万) | — | 53.39 | 57.99 | 60.22 | 60.73 | 60.98 | 61.4 | 61.81 | 62.04 |
| 农业人口(万) | 40.7 | 49.81 | 52.28 | 52.52 | 53 | 41.26 | 41.51 | 41.03 | 41.24 |
| 社会总产值(万元) | 3119 | 83246 | 486449 | 542051 | 593948 | 578898 | 714217 | 787045 | 973811 |
| 农业总产值(万元) | 2886 | 34395 | 231206 | 263804 | 300257 | 299330 | 315450 | 344102 | 411499 |

表 2-7 1949～2009 年商河县农作物总产量结构表

| 项目＼年份 | 1949 | | 1969 | | 1989 | | 1999 | | 2009 | |
|---|---|---|---|---|---|---|---|---|---|---|
| | 总产（万吨） | 比例（%） | 总产（万吨） | 比例（%） | 总产（万吨） | 比例（%） | 总产（万吨） | 比例（%） | 总产（万吨） | 比例（%） |
| 粮食总产量 | 10.69 | 100 | 9.24 | 100 | 35.85 | 100 | 63.27 | 100 | 74.46 | 100 |
| 小麦 | 1.85 | 17.31 | 2.14 | 23.16 | 18.15 | 50.63 | 30.9 | 48.84 | 30.78 | 41.34 |
| 玉米 | 0.7 | 6.55 | 3.16 | 34.2 | 16.71 | 46.61 | 31.24 | 49.38 | 43.4 | 58.29 |
| 甘薯 | 0.028 | 0.28 | 1.37 | 14.83 | 0.02 | 0.06 | 0.15 | 0.24 | 0.11 | 0.15 |
| 大豆 | 1.9 | 17.77 | 0.4 | 5.3 | 0.55 | 1.53 | 0.51 | 0.81 | 0.17 | 0.23 |
| 高粱 | 1.92 | 17.96 | 1.12 | 12.12 | 0.02 | 0.06 | 0.32 | 0.51 | — | — |
| 其他杂粮 | 0.14 | 40.13 | 0.09 | 10.39 | 0.4 | 1.12 | 0.14 | 0.22 | — | — |
| 棉花 | 0.32 | | 0.47 | | 2.9 | | 1.33 | | 1.12 | |
| 露天蔬菜 | — | | — | | 7.09 | | 60.64 | | 78.57 | |
| 设施蔬菜 | — | | — | | — | | 6.1 | | 12.24 | |
| 蔬菜 | — | | — | | — | | 66.74 | | 90.81 | |
| 其他经济作物 | — | | — | | 0.86 | | 4.1 | | 3.9 | |

表 2-8 1949～2009 年商河县农作物单产统计情况表 单位:kg/hm$^2$

| 项目＼年份 | 1949 | 1969 | 1989 | 1999 | 2009 |
|---|---|---|---|---|---|
| 粮食单产 | 934.2 | 1038.9 | 5279.85 | 6625.8 | 7098.15 |
| 小麦 | 553.95 | 545.85 | 4702.05 | 6424.05 | 6452.85 |
| 玉米 | 909.15 | 1469.7 | 6476.7 | 7116.15 | 7681.35 |
| 甘薯 | 2307.75 | 2795.85 | 4999.95 | 7142.85 | 10999.95 |
| 大豆 | 753.9 | 636.3 | 2083.35 | 2428.5 | 2833.35 |
| 高粱 | 909.9 | 1166.7 | 1428.6 | 5079.3 | — |
| 其他杂粮 | 1594.8 | 1600.05 | 5882.4 | 2545.5 | — |
| 棉花 | 246.15 | 297.45 | 1024.8 | 1099.2 | 1154.7 |
| 露天蔬菜 | — | — | 30826.05 | 38623.5 | 44440.5 |
| 设施蔬菜 | — | — | — | 121999.5 | 124510.5 |
| 蔬菜 | — | — | — | 41197.5 | 48561.45 |
| 其他经济作物 | — | — | 7818.15 | 27152.25 | 48750 |

近年来，全县土地政策稳定，政府对农业的扶持力度和资金投入不断加大，提高了农民的生产积极性，使耕地利用情况日趋合理。一是耕地产出率提高。2009 年粮食总产量为 74.46 万吨，单产为 7098kg/$hm^2$。二是耕地利用率高。随着新品种的不断引进，间作、套作等耕作方式的合理运用，设施农业快速发展，反季节栽培技术大力推广，耕地复种指数不断提高，2009 年复种指数达到 195%。三是水利条件有较大的改善。全县水浇田面积达到 $6.41\times10^4$ $hm^2$，占全县耕地面积的 93.3%。

## 三、土壤障碍因素分析

(1)部分土壤养分偏低。据此次调查，全县有机质平均含量为 13.9g/kg，最低值为 4.14g/kg，属 3 级水平，低于全国平均值 18g/kg，与欧美等发达国家和地区的 25～40g/kg 相比更是相差甚远；全氮平均含量为 0.76g/kg，最低值为 0.17g/kg，属 4 级水平；碱解氮平均含量为 74mg/kg，属 5 级水平；有效磷平均含量为 22.3mg/kg，最低值为 3.7mg/kg，属 5 级水平；速效钾平均含量为 125mg/kg，最低值为 40mg/kg，属 4 级水平。从以上数据看，全县土壤养分属中等偏低水平，部分土壤养分缺乏严重，制约着农作物产量的进一步提高。

(2)耕层浅。随着农村联产承包责任制的实行，农村一家一户经营土地，大型深耕机械被旋耕机械取而代之，造成耕作层变浅。据调查，商河县目前耕作层一般为 15～17cm，作物根系下扎受困，严重影响了作物对养分的吸收，应大力提倡深翻改土，打破犁底层，扩大根系吸收范围。

(3)个别土体构型不良。据统计，全县均质砂型、厚砂心型等不良构型耕地面积为 $4.3\times10^3$ $hm^2$，占全县土壤面积的 6.3%。这部分耕地砂层孔隙大，漏水、漏肥，易造成作物后期早衰及春季盐碱。

(4)盐碱。据第二次土壤普查统计，全县盐碱地总面积为 $2.4\times10^4$ $hm^2$，占全县土壤总面积的 28.35%。其后 20 多年来，虽经过多方改良，目前仍有 $1.24\times10^4$ $hm^2$ 盐碱地，占全县耕地面积的 18.3%以上。

(5)部分土壤质地较重，不利于耕作。

(6)少量土壤排水不畅，易发生洪涝灾害。

## 四、影响农业生产的土壤物理性状

土壤物理性状通常指质地、土体构型以及孔隙度、容重等。它们既相互联系，又各自对土壤肥力有独特的影响。土壤物理性状对土壤养分含量和相互转化以及对土壤保肥供肥性能都有直接或间接的影响，它是评价土壤水、肥、气、热四大肥力因素协调状况的重要指标。

商河县土壤土体构型主要有厚黏腰型、均质壤型、厚黏心型、均质砂型、均质黏型、厚砂底型、厚砂腰型。其中，以厚黏腰型、均质壤型、厚黏心型、均质砂型居多，除均质砂型漏水、漏肥外，其余类型均较为理想。土壤耕层质地分为沙壤、轻壤、中壤、重壤 4 级，其中，轻壤和中壤面积占土壤总面积的 85%以上，沙壤面积占 12%，其余为重壤。全县平均土壤容重为 1.35g/$cm^3$，土壤平均孔隙度为 50.9%，毛管孔隙度为 38.1%，通气孔隙度平均为 12.8%。

## 五、耕地施肥状况分析

### (一)有机肥料施用现状

有机肥料是农村中利用动植物残体、人畜粪便、生活垃圾等有机物质，就地积造或直接耕埋施用的一种自然肥料，习惯上也称作农家肥料。有机肥资源用之为宝，弃之为害。有机肥作为重要的农业生产肥源之一，在提高农产品质量方面具有特殊重要的作用。合理开发和利用有机肥资源，不仅能够变废为宝，适应当前有机食品、绿色食品和无公害食品发展的要求，而且还可以降低有机肥资源对环境的污染。自实行农业联产承包责任制以来，由于化学肥料的方便、简洁、速效等性能及其他多方面的原因，部分农民放弃了农家肥料的施用。随着农村生活环境、生活条件和生活方式的改变，有机肥施肥量连年下降，只能从秸秆还田中补充。而耕地土壤有机质含量普遍偏低，会导致土壤板结，通透性差，生物活性降低，制约着作物质量、产量的进一步提高和农村经济的发展。

1. 有机肥源现状

有机肥料种类很多，其中最主要的是人畜禽粪尿和作物秸秆。全县现有耕地面积为 $6.87\times10^4 hm^2$，粮食作物播种面积为 $1.05\times10^5 hm^2$，每年产生的秸秆约 100 万吨。全县拥有 62 万人口，大牲畜存养量 9.52 万头、当年出栏量 6.44 万头；猪存养量 36.56 万头、出栏量 66.17 万头；羊存养量 9.37 万只、出栏量 17.92 万只；禽类存养量 367.35 万只、出栏量 919.8 万只；兔存养量 1.7 万只、出栏量 3.03 万只。产生的排泄物总量达 24.5 万吨。全县的有机肥料是一项数量巨大的资源，而且是每年持续不断地生产出来的，是发展农业生产的重要物质保证。

2. 有机肥施用现状

商河县农民施用有机肥历史悠久，截至改革开放前，有机肥的施用仍占主导地位。改革开放后，随着化肥工业的迅速发展，化肥施用量增加，有机肥施用量呈逐年下降趋势。进入 20 世纪 90 年代中期后，下降速度尤为明显。导致有机肥施用量下降的主要原因有：一是秸秆还田面积的增加。1994 年商河县秸秆还田面积仅为 $2.3\times10^3 hm^2$，2009 年上升到 $8.2\times10^4 hm^2$，2/3 的农作物秸秆用于直接还田，客观上减少了有机肥的资源量。二是随着农业机械化水平的提高，作为役蓄的大牲畜存栏量大幅减少，导致厩肥数量的下降。三是劳动力成本的上升和种粮比较效益的低下，致使农民不愿投入更多的人力施用有机肥。

2009 年全县有机肥施用量为 29.56 万吨，面积为 $2.83\times10^4 hm^2$，占耕地面积的 41.2%。其中，商品有机肥施用量为 0.95 万吨，施用面积为 $5.4\times10^3 hm^2$；人粪尿施用量为 4.86 万吨，施用面积为 $6.4\times10^3 hm^2$；禽畜粪尿施用量为 23.75 万吨，施用面积为 $1.65\times10^4 hm^2$。1994～2009 年，商河县有机肥施用变化情况如表 2-9 所示。

表 2-9　　1994～2009 年商河县主要作物的有机肥施用量　　单位：吨/$hm^2$

| 作物＼年份 | 1994 | 1999 | 2004 | 2009 |
| --- | --- | --- | --- | --- |
| 小麦 | 33.6 | 22.3 | 18.2 | 17.4 |
| 玉米 | 12.7 | 12.2 | 11.6 | 10.1 |
| 棉花 | 32.4 | 32.3 | 21.4 | 20.6 |
| 露天蔬菜 | 38.2 | 37.3 | 37.1 | 37.5 |
| 设施蔬菜 | — | 63.1 | 61.8 | 61.5 |

根据农户施肥情况调查表数据(见表 2-10)，小麦调查户数 3181 户，施有机肥户数 1205 户，占总户数的 37.9%，平均施肥量为 17.4 吨/$hm^2$。玉米调查户数 3455 户，施有机肥户数 304 户，占总户数的 8.8%，平均施肥量为 10.1 吨/$hm^2$。棉花调查户数 918 户，施有机肥户数 537 户，占总户数的 58.8%，平均施肥量为 20.6 吨/$hm^2$。露天蔬菜和设施蔬菜调查户数 400 户，有机肥施用率 100%，施用量分别为 37.5 吨/$hm^2$ 和 61.5 吨/$hm^2$。

表 2-10　　农户有机肥施用情况调查表

| 作物 | 调查户数(户) | 施用户数(户) | 不施用户数(户) | 施用户数占总户数的比例(%) | 平均施用量(吨/$hm^2$) |
| --- | --- | --- | --- | --- | --- |
| 小麦 | 3181 | 1205 | 1976 | 37.9 | 17.4 |
| 玉米 | 3455 | 304 | 3351 | 8.8 | 10.1 |
| 棉花 | 918 | 537 | 381 | 58.8 | 20.6 |
| 露天蔬菜(瓜类) | 298 | 298 | 0 | 100 | 37.5 |
| 设施蔬菜 | 102 | 102 | 0 | 100 | 61.5 |

从表 2-10 可看出，商河县小麦施用有机肥的比例占 37.9%；玉米施用有机肥的比例最低，仅占 8.8%；棉花施用有机肥的比例占 58.8%；露天蔬菜和设施蔬菜施用有机肥的比例为 100%。

3. 有机肥利用的途径

(1)秸秆还田。秸秆直接还田是最有效的利用方式。2009 年全县秸秆还田面积为 $8.2\times10^4hm^2$，占粮食播种面积的 78.1%。其中，小麦秸秆还田面积为 $4.42\times10^4hm^2$，还田量为 46.38 万吨；玉米秸秆还田面积为 $3.78\times10^4hm^2$，还田量为 31.2 万吨。农作物秸秆直接粉碎还田在培肥地力、降低成本、增加产量、保护环境等方面作用明显。①培肥地力，改善土壤理化性状。作物秸秆的秆、叶、根中含有氮、磷、钾、钙、硫等农作物必需的主要营养元素，是丰富的肥料资源。根据有关资料显示：玉米秸秆中含氮 0.5%、五氧化二磷0.38%、氧化钾 1.52%，即每吨玉米秸秆含纯氮 5kg、磷 3.8kg、钾 15.2kg，相当于 10kg 尿素+9kg 磷酸二铵+30.4kg 硫酸钾。此外，农作物秸秆粉碎还田翻耕后，在分解过程中进行矿质化，释放养分，同时进行腐殖质化，使一些有机质化合物缩合脱水，形成更复杂的腐殖质，从而改善土壤的结构，提高保水、保肥、保温、保气的能力，土壤有机质含量增加，养分结构、物理结构趋于合理。秸秆还田后的土壤因还田年数不同，有机质可增加0.025%～0.15%，土壤容重降低0.057%～0.167%，孔隙度增加2%～6%，土质疏松，通气性提高，犁耕比阻减小，储存水分、养分能力增强。②提高产量和质量。土壤肥力的提高、理化性能的改善，为农作物产量的提高打下了坚实的基础。根据有关试验证明：无论是单季秸秆直接还田还是双季秸秆直接还田，与作物产量均呈正相关。③省工、省力、抢农时。秸秆机械化直接还田省去秸秆砍、捆、堆、运等多个环节，减少工序，减轻劳动强度，节省劳力，提高了生产效率。④秸秆还田还是补充微量和中量营养元素的重要途径。有机肥和秸秆中的养分，主要来自土壤，通过还田使之得到循环利用。

(2)过腹还田。商河县每年有35万吨粮食和10.15万吨秸秆用作食物和饲料，通过过腹还田是有机肥资源在更高层次上的循环利用，既发展了畜牧业，又得到了大量的优质肥料，有效地提高了有机肥资源的使用价值，其经济效益、社会效益和生态效益十分显著。

(3)大力发展农村沼气事业。充分利用国家政策和本地养殖业发达的优势，大力发展农村沼气事业。截至2009年，商河县农村沼气池达到9678个，大中型沼气工程1处，生态家园示范村50个，每年产生优质有机肥0.65万吨。沼气池的建设，既解决了农户日常所需能源，又为农业提供了优质清洁肥料，还改善了农村的人居环境。

(二)化学肥料施用现状

1.化肥施用量的演变及对粮食产量的影响

据有关资料分析，在农业生产诸多要素中，化肥对农业生产的贡献率最高，约占农作物增产量的40%。因此，施用化肥对现代农业生产起着举足轻重的作用。

商河县在20世纪50年代末开始施用化肥，当时的品种仅有被称作“肥田粉”的硫酸铵，20世纪60年代中期以后化肥施用量逐渐增加，到20世纪70年代中后期，随着一批小氮肥企业的建成，碳铵、尿素等氮素化肥被大量施用。实行家庭联产承包责任制后，开始施用磷、钾肥。进入20世纪90年代后，随着生产的发展和作物产量的提高，逐渐重视氮、磷、钾肥的配合及微量元素肥料的施用，单位面积化肥施用量亦在逐年增加。商河县历年来肥料投入情况如表2-11所示，肥料投入变化趋势如图2-1所示。

表2-11 商河县历年来肥料投入情况表(折纯)

| 年份 | 合计(吨) | 氮肥(吨) | 磷肥(吨) | 钾肥(吨) | 复合肥(吨) |
|---|---|---|---|---|---|
| 1994 | 32618 | 20568 | 6932 | 109 | 5009 |
| 1995 | 46008 | 29912 | 8472 | 118 | 7806 |
| 1996 | 47998 | 30213 | 9110 | 74 | 8601 |
| 1997 | 51215 | 32284 | 11143 | 75 | 7713 |
| 1998 | 49997 | 32783 | 10726 | 393 | 6095 |
| 1999 | 48155 | 32326 | 10541 | 420 | 4870 |
| 2000 | 53436 | 36033 | 11539 | 641 | 5223 |

续表

| 年份 | 合计(吨) | 氮肥(吨) | 磷肥(吨) | 钾肥(吨) | 复合肥(吨) |
|---|---|---|---|---|---|
| 2001 | 49431 | 28176 | 8023 | 6001 | 7231 |
| 2002 | 64498 | 30393 | 16005 | 1187 | 16213 |
| 2003 | 55083 | 27401 | 11695 | 2094 | 13893 |
| 2004 | 59603 | 24874 | 14282 | 2632 | 17815 |
| 2005 | 61139 | 23162 | 14007 | 3113 | 20252 |
| 2006 | 59091 | 23322 | 13991 | 2428 | 19350 |
| 2007 | 60630 | 20863 | 13217 | 6820 | 19730 |
| 2008 | 63230 | 24151 | 12142 | 3307 | 23630 |
| 2009 | 69382 | 22337 | 12239 | 3163 | 31643 |

从表 2-11 可看出,进入 20 世纪 90 年代以后,化肥施用量增加较快,且化肥施用种类、比例也发生了较大的变化。1994 年全县化肥施用量折纯为 32618 吨,其中氮肥占 63%,磷肥占 21.3%,钾肥占 0.3%,复合肥占 15.4%;2001 年全县化肥施用量折纯为 49431 吨,其中氮肥占 57%,磷肥占 16.23%,钾肥占 12.14%,复合肥占 14.63%;2004 年全县化肥施用量折纯为 59603 吨,其中氮肥占 41.73%,磷肥占 23.96%,钾肥占 4.42%,复合肥占 29.89%;2009 年全县化肥施用量折纯为 69382 吨,其中氮肥占32.19%,磷肥占 17.64%,钾肥占 4.56%,复合肥占 45.61%。从以上数据可以看出,氮肥、磷肥的施用量先是有所增加而后又有所下降,最后趋于稳定;钾肥的施用量先是有所增加,后又逐渐稳定;复合肥的施用量则是大幅度地增加。这说明农民的施肥观念正在转变,不再偏重施用氮肥。

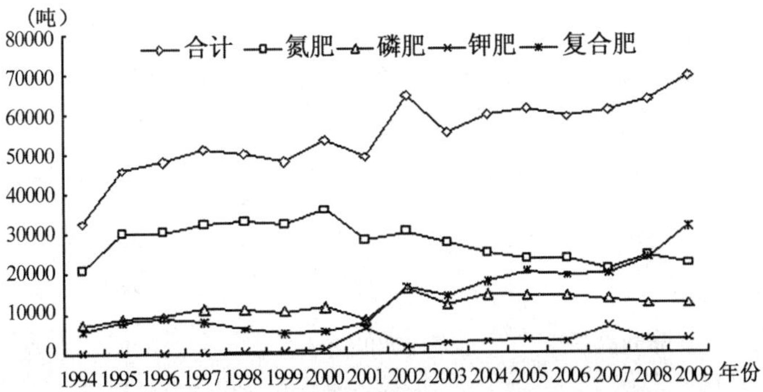


图 2-1　商河县历年来肥料用量变化趋势

由图 2-1 可看出,商河县的化肥施用量 1995 年有了一个较大增加,之后逐渐趋于稳定,到 2002 年,化肥施用量又出现一个高峰期,在 2003 年降低之后,在平稳中逐年增加。氮肥施用量在 1995 年急剧增加之后逐渐稳定,在 2001 年有所降低之后,在平稳中下降。

磷肥施用量在1994年至2000年一直比较稳定，在2001年出现一个低峰期，而后在2002年出现一个高峰期，从2003开始磷肥施用量趋于稳定。1994年至1997年钾肥不被重视，施用量较少，从1998年之后有所增加，在2001年出现一个施用高峰期，在2002年下降后施用量在稳定中有所增加。从1994年到2001年复合肥施用量一直比较稳定，从2002年之后逐年增加。

随着化肥施用量的增加，农作物复种指数不断地提高，2009年农作物播种面积为134138hm$^2$、粮食的播种面积为104951hm$^2$、总产为744610吨、单产为7089.2kg/hm$^2$，比1994年农作物播种面积106002hm$^2$、粮食的播种面积79219hm$^2$、总产449415吨、单产5673kg/hm$^2$ 分别增加了28136hm$^2$、25732hm$^2$、295195吨、1425.2kg/hm$^2$，增加比例分别为26.54%、32.48%、65.68%、25.12%。这说明化学肥料的施用确实对农业生产起到了极大的促进作用。商河县历年来农作物播种面积及粮食产量如表2-12所示，历年来农作物播种面积及粮食播种面积变化趋势如图2-2所示，历年来粮食总产变化趋势如图2-3所示，历年来粮食单产变化趋势如图2-4所示。

表2-12 商河县历年来农作物播种面积及粮食产量情况

| 年份 | 农作物播种面积(hm$^2$) | 粮食播种面积(hm$^2$) | 粮食总产(吨) | 粮食单产(kg/hm$^2$) |
|---|---|---|---|---|
| 1994 | 106002 | 79219 | 449415 | 5673 |
| 1995 | 104065 | 81519 | 490793 | 6021 |
| 1996 | 108720 | 87816 | 583046 | 6639 |
| 1997 | 113255 | 85736 | 496261 | 5788.5 |
| 1998 | 124640 | 94846 | 603307 | 6361.5 |
| 1999 | 125273 | 95524 | 632659 | 6622.5 |
| 2000 | 124421 | 85396 | 496255 | 5811 |
| 2001 | 125315 | 83083 | 502770 | 6051 |
| 2002 | 125506 | 82317 | 482528 | 5862 |
| 2003 | 122558 | 76080 | 464716 | 6108 |
| 2004 | 126220 | 80440 | 534773 | 6648 |
| 2005 | 132384 | 89186 | 609156 | 6829.5 |
| 2006 | 134587 | 91446 | 638686 | 6984 |
| 2007 | 126893 | 92957 | 653974 | 7035 |
| 2008 | 129951 | 97824 | 694274 | 7095 |
| 2009 | 134138 | 104951 | 744610 | 7098.2 |

图 2-2 商河县历年来农作物播种面积及粮食播种面积变化趋势

由图 2-2 可看出，农作物播种面积自 1994 年后逐年增加，到了 1998 年趋于稳定，从 2005 年有了小幅度的增加，2007 年有所下降，而后每年都有小幅度的增加。粮食播种面积自 1994 年到 1999 年逐年增加，而后逐年减少，在 2003 年降到最低点之后逐年增加。

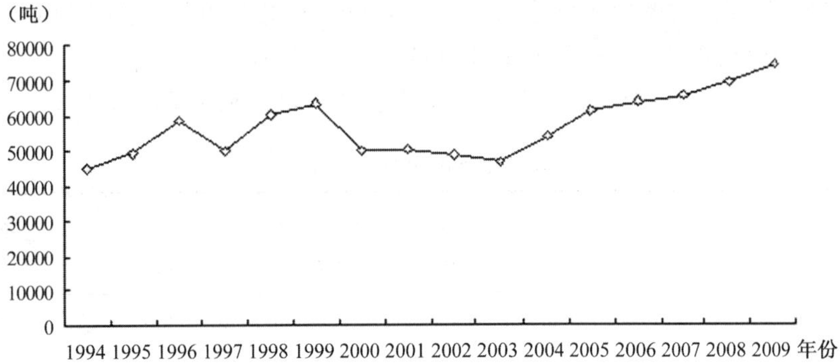


图 2-3 商河县历年来粮食总产变化趋势

由图 2-3 可看出，除 1997 年由于棉花种植面积的增加，粮食总产量有大幅度的降低外，自 1994 年至 1999 年，粮食产量逐年增加。到 2000 年，由于粮食播种面积的减少，粮食总产有所下降，在 2003 年降到最低点后，随着粮食面积及粮食单产的逐年增加，粮食总产逐年增加。

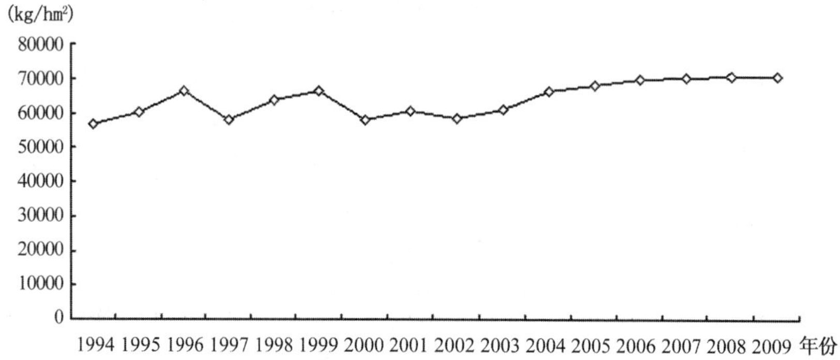


图 2-4 商河县历年来粮食单产变化趋势

由图 2-4 可看出，除 1997 年因遇大旱，粮食单产受到严重的影响外，粮食单产随着化肥施用量的增加、灌溉条件的改善及新品种、新技术的推广而逐年提高。

2. 化肥施用现状

2009 年全县农作物播种面积为 $1.314\times10^5hm^2$，化肥施用量(折纯)为 6.94 万吨，其中，氮肥 2.23 万吨、磷肥 1.22 万吨、钾肥 0.32 万吨、复混肥 3.17 万吨。

根据对 4580 户农户的调查，商河县主要农作物的化肥施用情况如表 2-13 所示。

表 2-13 农户化肥施用情况调查表

| 作物 | 调查户数(户) | N ($kg/hm^2$) | $P_2O_5$ ($kg/hm^2$) | $K_2O$ ($kg/hm^2$) | 合计 ($kg/hm^2$) | 施用比例 ($N:P_2O_5:K_2O$) |
|---|---|---|---|---|---|---|
| 小麦 | 3181 | 367.5 | 232.5 | 55.5 | 655.5 | 1∶0.63∶0.15 |
| 玉米 | 3455 | 237 | 52.5 | 69 | 358.5 | 1∶0.19∶0.29 |
| 棉花 | 918 | 228 | 87 | 90 | 405 | 1∶0.38∶0.39 |
| 大蒜 | 207 | 577.5 | 186 | 241.5 | 1005 | 1∶0.33∶0.42 |

从表 2-13 可看出，小麦平均化肥施用量为 $655.5kg/hm^2$，$N:P_2O_5:K_2O$ 为 1∶0.63∶0.15；玉米平均化肥施用量为 $358.5kg/hm^2$，$N:P_2O_5:K_2O$ 为 1∶0.19∶0.29；棉花平均化肥施用量为 $405kg/hm^2$，$N:P_2O_5:K_2O$ 为 1∶0.38∶0.39；大蒜平均化肥施用量为 $1005kg/hm^2$，$N:P_2O_5:K_2O$ 为 1∶0.33∶0.42。从整体情况可看出，化肥施用较为充足，施用比例渐趋合理。

(三)施肥实践过程中存在的主要问题

1. 有机肥投入不足

有机肥投入不足主要表现在以下两个方面：一方面，当前有机肥施肥量严重不足。2009 年，商河县有机肥施用量为 29.56 万吨，施用面积为 $2.83\times10^4hm^2$，占耕地面积的 41.2%。施用分布严重不平衡，蔬菜等作物重视程度高，施用量大，大田作物重视程度低，施用量少。小麦施用有机肥的比例占 37.9%，玉米仅占 8.8%，且仍有继续下降的趋势。

另一方面，大量有机肥资源未能充分利用。农作物秸秆废弃现象普遍存在，焚烧秸秆现象时有发生；生活垃圾、城市污泥、企业的有机废弃物尚未得到充分利用。这不仅浪费了资源，还加剧了环境污染。上述情况若不及时得到遏制，长此以往，势必影响到耕地地力的稳步提高和农业生产的持续发展。

2.化肥利用率偏低

2009年，商河县化肥施用量（折纯）为69382吨，氮、磷、钾施用比例为1∶0.54∶0.14，虽然施用比例较为合理，但个别乡、镇（街道办事处）个别农户仍存在着重氮肥，轻磷、钾肥的现象。在小麦、大蒜等越冬作物追肥上，撒施情况普遍存在，造成了肥料浪费和面源污染。受文化水平和认识程度的限制，部分农户对主要元素的营养特性和农作物的需肥规律缺乏了解，在化肥投入比例、施用量、施用时期和施用方法上存在误区和盲点。配方施肥工作虽已开展多年，但受到人员、体制和农民认识程度的制约，技术的到位率和入户率有待进一步提高，个性化服务工作需进一步加强。

3.科学施肥知识普及不足

随着生活水平的提高，人们对由于施肥给食品安全和环境质量带来的影响给予高度的关注。由于许多人对植物营养的基本原理和肥料的基本知识缺乏了解，认识上存在诸多误区，影响肥料科学的普及和科学施肥的实现。社会上和宣传中常见的误解包括：一是把有机肥与化肥对立起来，认为有机肥生产的农产品一定好于化肥生产的农产品。实际上，有机肥和化肥都是重要养分资源，只要应用合理，均可以提高产量、改善品质、提高土壤肥力和生产力、改善环境；如果应用不合理，有机肥同样可以减少产量和收益、降低农产品品质、影响土壤和环境质量。二是把铵态氮、硝态氮和尿素态氮对立起来，认为施用硝态氮一定会加重蔬菜硝酸盐含量和引起地下水硝酸盐污染。实际上，在旱田通气条件下，施入土壤的硝态氮、尿素氮，甚至以有机肥形式施入的氮都会转化为铵态氮。所以无论以什么形式施入氮肥，旱地耕层土壤氮的主要营养形态就是铵态氮。因此，认为施用硝态氮必定引起蔬菜和地下水硝酸盐提高，限制施用硝态氮肥甚至硝酸磷肥的做法是错误的。三是认为化肥使用造成土壤板结和生产力下降。目前有科学根据的可以造成土壤板结的化肥只有含有硫酸根的肥料，如硫酸铵等。这种肥料如果大量用于含活性钙较多的土壤上，可以生成硫酸钙，引起土壤板结。其他肥料均不存在土壤板结的问题。生产实际已经证明，科学施用化肥与有机肥一样可以提高土壤肥力，改善农产品品质。

（四）提高肥料资源利用率的对策建议

1.加强宏观调控，建立提高肥料利用率组织体制

科学施肥、提高肥料资源利用率是一项系统工程。各级党和政府应充分认识其在促进粮食增产、农业增效、农民增收以及改善生态环境、提高农产品质量、促进农业可持续发展中的重要作用，必须从源头抓起，加强宏观调控。协调、组织财政、科技、农业、环保、销售等部门力量，制定提高肥料利用率的行动计划和方案。在优质复混肥、配方专用肥料方面，做好生产、科研、销售、示范推广等方面的组织工作，一抓到底。改变过去部门、系统条块分割状况，加强各方面工作的协调配合，解决肥料利用率不高的问题。

2.完善基础设施，扎实推进测土配方施肥技术工作

党中央、国务院领导多次作出批示，要把科学施肥作为提高农业综合生产能力，促进

农业增效、农民增收的重大措施来抓。实践证明，测土配方施肥是推进科学施肥的突破口，使用配方肥，既能满足生产的需要，又能降低生产成本，还能减少氮肥过量施用，有效缓解当前化肥供需矛盾，缓解化肥涨价的压力，减少农业面源污染，促进生态环境保护。针对测土配方施肥中测土、配方、施肥技术指导等环节的公益性和配方肥生产、供应等环节的经营性，应建立测土配方施肥技术研发体系、示范推广体系、生产供应体系和指导服务体系。建立"测、配、产、供、施"一条龙的科学施肥服务体系，提高肥料利用率，降低生产成本，惠及广大农民。

3.大力推广有机肥料资源高效利用技术

针对规模化畜禽养殖业的迅速发展和作物秸秆的过剩，利用"3S"应用信息和数据库等技术，构建数字化有机肥资源、分布管理和面源污染监测平台，形成有机肥科学施用决策系统和环境评估预警系统；推广规模化养殖场畜禽粪便无害化、资源化与产业化技术；建立有机肥料商品化生产和施用质量标准体系；综合利用农作物秸秆，实现有机养分再循环及实现有机废料资源的科学管理与合理高效使用，减轻对环境的压力。

4.加快新型缓/控释肥料研制与示范推广

加快低成本、高性能包膜材料研制和高效缓/控释作物型专用肥料研制，制定缓/控释肥料环境评价和质量标准；在肥料浪费比较严重的地区和作物上推广新型缓/控释肥料生产和施用技术，实现节本增效，为无公害农业的可持续发展提供技术支撑。

5.集成和提升优势农作物高效和环保施肥技术

在商河县主要优势农作物(小麦、玉米、棉花等)产区，制定和推广优质高效持续高产和环保的养分资源精准管理战略；推广集成和提升的优势农作物优质高效持续高产和环保的施肥技术，以及适合优势农产品主产区的作物专用肥生产技术。

6.推广减少环境污染的合理施肥技术

科学施用氮肥、磷肥的目的是减少氮素、磷素损失，控制可能造成的环境面源污染。加大科学施肥技术普及培训力度，提高农民科学种田水平，推广氮肥深施技术，提高氮肥利用率；推广磷肥和有机肥配合施用、氮肥和磷肥混合集中施用技术，节约磷肥资源，提高磷肥的利用率，达到增产效果。

7.建立土壤肥料资源高效利用基地网络

加强和完善商河县土壤肥力监测基地建设，实时掌握全国和各主要农区主要作物对氮、磷、钾和中微量元素肥料的需求和施肥的经济效益。借助于信息技术、数据库技术、网络技术等，逐步建立地方不同级别的土壤肥力和肥料资源监测管理网络和全县土壤肥料信息化管理数据库和信息管理中心，形成县域土壤肥料信息交流和管理信息系统。

8.建立农田养分信息化决策系统和精准平衡施肥技术体系

应用信息技术，实现土壤肥料和植物营养状况等信息的快速采集、传输、处理和应用；明确不同经营方式和不同种植制度下土壤养分变异规律及其对作物产量、品质及其单位面积产出率的影响；结合实际情况，应用 GIS、GPS、RS 等技术，在充分了解土壤养分变异的情况下，因地制宜地根据田间每一操作单元的具体情况，精细准确地调整各种养分的投入量，针对规模经营和分散经营两种基本经营模式，分别建立切实可行的养分精准管理和精准平衡施肥技术，实现肥料资源最大限度的合理施用和有限耕地资源生产潜力的最大发挥，获取最大的经济效益，改善环境质量，保持农业可持续发展。

商河县是一个农业大县，同时也是化肥用量大县，化肥的施用对农业生产的贡献是不可质疑的。近年来，随着农产品价格的不断上涨，化肥用量仍有明显的上升趋势，特别是大蒜、设施蔬菜等高效作物，化肥施用量大。若施用不当，不仅造成资源的浪费，还会造成农产品品质的下降及环境污染。

种植业首先依赖土壤，土壤的质量和肥力在很大程度上决定了种植业效果。施肥以及其他提高土壤肥力的技术措施就是为增加土壤库中的物质和能量基础。由于农产品的重复收获造成土壤库养分亏损，合理的施肥方式，不仅可以提高作物的产量和品质，还可以不断培肥地力，达到高产稳产的目的。长期以来，由于有机肥的投入不足，使土壤有机质含量常年维持在一个较低水平；而化肥的大量施用，导致土壤板结，通透性差，生物活性低，已经严重影响土壤环境的改良，制约了作物质量、产量的进一步提高和农村经济的发展。因此，改变耕地培肥模式，按测土配方合理施肥、大力提倡使用有机肥是一项保持地力、提高土壤有机质含量、修复农业生态环境的有效措施。

# 第三章 样品采集与分析

土壤样品的采集是耕地地力评价的一个重要环节，采集有代表性的样品，是如实反映土壤地力客观情况的先决条件。因此，应选择有代表性的种植区域和有代表性的土壤进行采样，并根据不同分析项目采用相应的采样和处理方法。为保证土壤样品的代表性，必须采取一定的技术措施控制采样误差。

## 第一节 土壤样品的布点与采集

### 一、布点原则

商河县耕地地力评价土壤样品共计1920个，在土壤样品点分布上遵循具有广泛的代表性、均匀性、典型性、可比性，点面结合，与地理位置、地形部位相结合的原则。

### 二、布点方法与采集

(一)采样单元

将土壤图、基本农区保护规划图、土地利用现状和行政区域图叠加，形成采样单元布点草图。根据不同土壤类型、不同利用现状和不同产量水平，确定采样单元的面积大小和采样单元个数，并在图上标注编号。经统计，每一采样单元代表面积为35.78$hm^2$。

(二)采样田块

根据采样单元确定采样点的位置，每个采样单元保证有点，大的单元增加点数，力求点位均匀分布。然后根据布点图到野外确定实际的采样点位置，在采样单元内，选取标注点附近的典型具体地块为采样地块，面积为0.067～0.67$hm^2$。当实际采样点与室内标注点有出入时，要对原点位进行修正。

(三)采样时间

总体要求在前茬作物成熟或收获后，下茬作物尚未施用底肥前采集。小麦、玉米一年两作的耕地在秋季采样；棉花、甘薯等在春季采样；蔬菜地是在主导蔬菜收获后在凉棚间采样。一些特殊要求的土样采集根据目的而定，如了解作物生长周期肥力变化，在作物收获后采样；了解土壤养分变化和作物丰产规律，在各物候期定期采样；解决生产过程中所出现的问题则随时采样。

(四)采样深度

大田作物根系主要分布在耕层的作物,采取耕作层,耕作层和心土层区分不明显,采样深度为 0～20cm;蔬菜地取样深度为 0～25cm。研究养分在土体中的分布规律,采用分层取样。

(五)取样点数

通常化验样品是少量的,而化验结果是要反映大面积土壤情况的,如果所采的样品没有代表性,即使化验再准确也无使用价值。因此不能在采样地块中单一点取样,必须多点取样,混合均匀。采样点数数量,根据地形地貌、肥力均衡性和采样地块的大小而定。地形地貌较复杂的地块要多采些,肥力差异较大的地块相应要比肥力均匀的地块多采一些,地块大的要比地块小的多采一些。一般地块取 15～20 个采样点。

(六)取样点分布

取样点的取样原则是分布均匀,不能过于集中,要避开田边、路边、沟边、肥堆边和前茬作物施肥处等特殊部位。根据地块大小、地形地势、肥力均匀等因素来布点,分对角线、棋盘式和蛇形三种方法(见表 3-1)。

表 3-1　不同布点法的适用情况

| 方法 | 地块大小 | 采样点数 | 地势 | 地形 | 肥力均匀 |
|---|---|---|---|---|---|
| 对角线 | 小 | 少 | 平 | 端 正 | 匀 |
| 棋盘式 | 中 | 较多 | 较平 | 较整齐 | 较匀 |
| 蛇形 | 大 | 多 | 不平 | 不规则 | 不匀 |

(七)采样

每个采样点的取土深度及采样量应均匀一致,土样上层与下层的比例要相同,取样工具应垂直于地面入土,深度应相同。若选用小铁铲取土,先挖成一个与铁铲一样宽、与耕作层或取样要求深度相同的土坑,将土坑一面铲成垂直面,然后从垂直一面铲取 1～2cm 厚的土样。特别注意的是,如测定微量元素的样品,必须用不锈钢或非金属取土工具采样。

(八)样品重量

样品最终重量要求在 1kg(试验用的样品 2kg)左右。在采样过程中,采取的混合样一般都大于该质量,所以要去掉部分样品。将所有采样点的样品摊在塑料布上,除去动植物残体、石砾等杂质,将大块的样品整碎、混匀,摊成圆形,中间画十字分成四份,然后对角线去掉两份,若样品还多,将样品再混合均匀,再反复应用四分法,直至样品最终质量达到所需要的 1kg 左右为止。

土壤四分法示意图如图 3-1 所示。

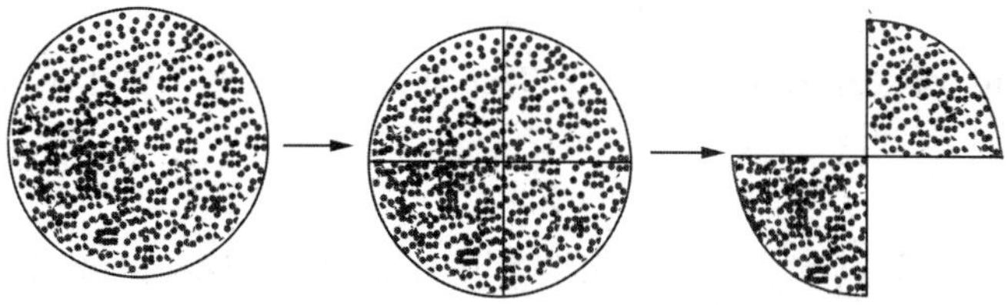

图 3-1　土壤四分法示意图

（九）装袋

采集的样品放入统一的样品袋，用铅笔写好标签，内外各一张。标签内容包括样品编号、采样地点[包括乡、镇（街道办事处）、村庄]、地块位置（与村庄的距离、位置、GPS 定位的经纬度）、土壤名称、采样深度、取土作物（前茬作物）、采样深度、农户名称、采样人、采样时间等。

（十）区间基本情况调查

每一个采样地块都详细填写一份《采样基本情况调查表》，目的是为正确地作出地力评价提供依据。

（1）地理位置：省、市、县、乡、村组名称，邮政编码，农户名称，地块名称，地块位置，距村距离，经度，纬度，海拔高度。

（2）自然条件：地貌类型、地形部位、地面坡度、坡向、通常底下水位、最高底下水位、最深底下水位、常年降雨量、常年有效积温、常年无霜期。

（3）生产条件：农田基础设施、排水能力、灌溉能力、水源条件、输水方式、灌溉方式。

（4）土壤情况：土类、亚类、土属、土种、俗名、成土母质、土体构型、土壤质地、土壤结构、障碍因素、侵蚀程度、耕层厚度、采样深度、地块面积、代表面积。

（5）生产性能：历年种植作物、采用品种、历年施肥水平、生理性病害、农田生态、熟制、典型种植制度、作物长势、常年产量水平。

## 第二节　土壤样品的制备

### 一、新鲜样品

土壤的某些理化性状如含水量、容重等必须用新鲜样品进行分析。为了能真实地反映土壤在田间自然状态下的某些理化性状，新鲜样品要及时送回室内进行处理分析，用粗玻璃棒或塑料棒将样品混匀后迅速称样测定。

新鲜样品一般不易储存，如需要暂时储存，可将新鲜样品装入塑料袋，扎紧袋口，放在冰箱冷藏室或进行速冻保存。

### 二、风干样品

从野外采回的土壤样品要及时放在样品盘上，摊成薄薄的一层，置于干净整洁的室内通风处自然风干，严禁暴晒，并注意防止酸、碱等气体及灰尘的污染。风干过程中要经常翻动土样并将大土块捏碎以加速干燥，同时剔除土壤以外的侵入体。

风干后的土样按照不同的分析要求研磨过筛，充分混匀后，装入样品袋中备用。样品袋内外各放标签一张，写明样品编号、采样地点[包括乡、镇(街道办事处)、村庄]、地块位置(包括经纬度、与村庄距离、位置)、前茬作物、采样深度、农户、名称、采样人、采样时间、制样时间、制样人等内容。制备好的样品要妥善储存，避免日晒、高温、潮湿和酸、碱等气体的污染。待全部分析工作结束，分析数据核实无误后，试样一般还要保存三个月至一年，以备查询。少数有价值需要长期保存的样品，须保存于广口瓶中，用石蜡封好瓶口。

(一)一般化学分析试样

将风干后的样品平铺在制样板上，用木棍或塑料棍碾压，并将植物残体、石块等侵入体和新生体剔除干净，细小已断的植物须根可采用静电吸附的方法清除。压碎的土样要全部通过 2mm 孔径筛。未过筛的土粒必须重新碾压过筛，直至全部样品通过 2mm 孔径筛为止。过 2mm 孔径筛的土样可供 pH、盐分、交换性钙及有效养分项目的测定。

将通过 2mm 孔径筛的土样用四分法取出一部分继续碾磨，使之全部通过 0.25mm 孔径筛，供有机质、全氮、碳酸钙等项目的测定。

(二)微量元素分析试样

用于微量元素分析的土样，其处理方法同一般化学分析样品，但在采样、风干、研磨、过筛、运输、储存等诸环节都要特别注意，不要接触金属器具，以防污染。如采样、制样使用木、竹或塑料工具，过筛使用尼龙网筛等。通过 2mm 孔径尼龙筛的样品可用于测定土壤有效态微量元素。

(三)颗粒分析试样

将风干土样反复碾碎，使之全部通过 2mm 孔径筛。留在筛上的碎石称量后保存，同时将过筛的土壤称量，以计算石砾质量百分数，然后将土样混匀后盛于广口瓶内，用于颗粒分析及其他物理性质测定。若在土壤中有铁锰结核、石灰结核、石子或半风化体，不能用木棍碾碎，应细心拣出称量保存。

## 第三节　样品分析与质量控制

### 一、样品分析项目与方法

样品的室内分析是了解耕地土壤理化性状的重要手段，根据《全国耕地地力调查与质量评价技术规程》测试分析项目的要求，商河县确定本次耕地地力评价要求化验分析项目为土壤理化性状 18 项，各项目分析方法有国家标准或部颁标准的以国家标准或部颁标准为首选分析方法。分析项目及方法如表 3-2 所示。

表 3-2 耕地地力评价样品的分析项目及测定方法

| 分析项目 | 标准号 | 测定方法名称 |
| --- | --- | --- |
| pH | NY/T 1121.2-2006 | 玻璃电极法 |
| 有机质 | NY/T 1121.6-2006 | 重铬酸钾—硫酸溶液—油浴法 |
| 有效磷 | NY/T 149-1990 | 碳酸氢钠浸提—钼锑抗比色法 |
| 速效钾 | NY/T 889-2004 | 乙酸铵浸提—火焰光度法 |
| 全氮 | NY/T 53-1987 | 半微量开氏法 |
| 碱解氮 | LY/T 1229-1999 | 碱解扩散法 |
| 缓效钾 | NY/T 889-2004 | 硝酸浸提—火焰光度法 |
| 有效铜 | NY/T 890-2004 | DTPA 浸提—原子吸收法 |
| 有效锌 | NY/T 890-2004 | DTPA 浸提—原子吸收法 |
| 有效铁 | NY/T 890-2004 | DTPA 浸提—原子吸收法 |
| 有效锰 | NY/T 890-2004 | DTPA 浸提—原子吸收法 |
| 有效钼 | NY/T 1121.9-2006 | 草酸－草酸铵提取—极谱法 |
| 有效硼 | NY/T 1121.8-2006 | 沸水浸提—甲亚胺比色法 |
| 有效硫 | NY/T 1121.14-2006 | 磷酸盐—乙酸提取—硫酸钡比浊法 |
| 有效硅 | NY/T 1121.15-2006 | 柠檬酸浸提—硅钼蓝比色法 |
| 交换性钙 | NY/T 1121.13-2006 | 乙酸铵交换—原子吸收法 |
| 交换性镁 | NY/T 1121.13-2006 | 乙酸铵交换—原子吸收法 |
| 土壤容重 | NY/T 1121.4-2006 | 环刀法 |

从田间采来的土壤样品，经样品管理员核查标签，编上统一的室内检验编号，并登记检验台账。土壤样品及时送至专门的土壤样品风干室进行风干处理。方法是：将土壤样品弄成碎块平铺在干净的塑料编织袋上，摊成薄层放于木架上风干，风干后的土样放到样品制备室进行磨细过筛处理，处理过的土样装入样品袋，并标上样品检验编号、粒径及分析项目，放入样品橱等待检验员领取。

## 二、化验室的质量控制

(一)化验室概况

商河县化验室使用面积为 200$m^2$，设有样品处理室、样品储藏室、天平室、分析室、浸提室、药品室、档案室、办公室。

样品处理室主要用于样品的风干和处理，安装自然和强制通风除尘设备。

样品储藏室主要用于存放土壤样品、参比样品等，室内有空调、冰箱，能够满足储藏土壤鲜样、植株鲜样、水样等特殊样品的要求。

天平室安装有空调、除湿器、稳压器，能够保证天平等精密仪器对温度、湿度、电压的要求。

分析室、浸提室均设有上下水管、地漏、洗眼器、灭火器（干粉灭火器、细沙）、强通风设备，浸提室设有大型通风橱。

药品室内设有药品柜、毒品柜、冰箱、空调、灭火器（干粉灭火器、细沙），所有药品都分门别类放入药品柜内，特殊药品如汞、高氯酸钾、四氯化碳等放入毒品柜内。

整个化验室的水、电、暖相对独立，水电24小时不间断，化验室用电采取三相四线制，较好地解决了负荷分配和安全接地问题，从而保证了仪器的正常运转和工作人员的安全。

化验室目前拥有各类仪器设备40多台（套）。主要仪器有：原子吸收分光光度计、紫外分光光度计、火焰光度计、定氮仪、pH计、电导率仪、离心机、搅拌机、纯水机、高温电炉、消煮炉、电热鼓风干燥箱、冰箱、空调、电热恒温培养箱、真空干燥箱、油浴锅、水浴锅、恒温水浴振荡器、水循环抽气机、超声波清洗机、烘干机、万能粉碎机、土壤粉碎机、植物样品粉碎机、电子天平等。此外，还有大量的化验所需的器皿和药品，共计投资40万元，能够承担耕地地力评价的各项化验任务。

化验室现有专职检验人员8名。其中研究生学历的2名，本科学历的3名，中专学历的2名，高级农艺师1名，农艺师3名。所有人员都经过专业技术培训，具备土壤、肥料、植株的常规分析和微量元素分析的能力。

（二）质量控制措施

分析质量受试样、方法、试剂、仪器、环境及分析人员素质等多方面因素制约。为保证实验结果的可靠性及化验室之间的可比性，必须采取严格的质量控制措施。为确保本次耕地地力评价检测结果准确、可靠，对参加检验的人员进行了集中培训，分配了检验任务，每两人为一组承担一个检验项目并对结果负责，编制了统一的原始记录表格，制定质量控制措施。

1. 仪器设备及标准物质的购置和管理

为了保证检测结果的准确性和可靠性，要对仪器设备和标准物质加以控制，确保仪器设备处于正常状态以满足检验工作的要求。严格按《质量手册》和《程序文件》的要求，根据检验参数，配备全部仪器设备和标准物质（或参比样），并对所有仪器设备进行检定和运行检查，贴上合格标识。

2. 所用化学试剂要严格执行验收程序，保证试剂的质量

对用于检测工作中的外部支持服务和外购物品实行有效控制，以确保外部支持服务和供应的质量，使其符合检验工作的要求，保证检验结果的可靠性。

3. 化验分析方法严格执行国家或行业标准

为使测量结果能真实反映测量对象的特性，需对检验方法的采用作出统一规定，确保对检验过程进行有效控制。所用检验方法必须由技术负责人确认，保证采用的检验方法为现行有效版本。

4. 坚持平行试验、再现性试验，控制精确度，减少随机误差

对控制样品进行多次重复测定，由所得结果计算出控制样的平均值 $X$ 和标准差 $S$，绘制精确度控制图，纵坐标为测定值，横坐标为获得数据的顺序。将平均值 $X$ 作成与横

坐标平行的中心线 CL，$X\pm3S$ 为上、下控制限 $U_{CL}$ 及 $L_{CL}$，$X\pm2S$ 为上、下警戒限 $U_{WL}$ 及 $L_{WL}$。在进行试样例行分析时，每批带入控制样，其测定数据在控制图上打点，如果打在控制限外，叫"超控"，该批结果全部判为错误结果，必须立即找出原因，采取适当措施，等"回控"后再重复测定；如果控制样的结果落在控制限和警戒限之间，说明精确度已不理想，应引起注意。

5. 坚持双人双检，严格校核、签字及记录的修改制度

检验人员负责检验原始记录、仪器设备、标准物质（含标准溶液）使用记录的填写。各种质量记录应客观、规范、准确和及时地直接填写在规定格式的原始记录纸上。原始记录必须由检验者在现场亲自填写，不得事后追记。一项检验有两个或两个以上操作人员时，应指定一人担当记录。校核人要对记录的规范性和计算的准确性进行审核，检查无误后签字。原始记录不允许随意更改和删减，数据必须更改时，用两条平行线将错误数据划掉，将正确数据写在其正上方，并在错误数据上加盖更改人印章。

6. 全程序空白值试验

全程序空白值是指用一方法测定某物质时，除样品中不含该测定物质外，整个分析过程的全部因素引起的测定信号值或相应浓度值。每次测定两个平行样，用于校正仪器零点或检查是否在允许范围内。

7. 准确度控制，坚持使用标准样品，进行内参样掺插

利用土壤标准样品及参比样品进行分析质量控制。土壤标准样品用于检验考核化验室、分析人员的技术水平和分析方法的评价，直接从国家标准物质中心购买。参比样品由山东省土壤肥料总站统一组织制作，分发至所需检测室，用统一的方法进行检测，经整理统计后，其平均值和标准差作为日常分析工作的参比值。

8. 加标回收率试验

取两份相同的样品，一份加入已知量的标准物，在同一条件下测定其含量，计算已知量的回收率，作为准确度的指标。回收率的计算公式为：

$$\text{回收率}(\%)=\frac{\text{测得总量}-\text{样品含量}}{\text{标准加入量}}\times100\%$$

9. 检验结果与其他化验室作对比

为提高化验室之间分析结果的可比性，积极参加上级化验室组织的样品的比对试验或用同一控制样品主动与同级化验室进行比对试验，通过数理分析，查明差异数据的原因，采取措施。

# 第四章　土壤理化性状

通过对全县耕地地力评价样点土壤养分状况和土壤物理性状的数据分析，基本查清了商河县不同类型、不同质地土壤基本状况，获取了大量数据信息，为商河县耕地地力评价提供了科学依据。为便于分析、比较土壤各营养元素丰缺状况及分级指标，现将山东省土壤养分分级标准列于表4-1中。

表4-1　山东省土壤养分分级评价标准

| 级别 | 1 | 2 | 3 | 4 | 5 | 6 | 7 | 8 | 9 |
|---|---|---|---|---|---|---|---|---|---|
| 有机质(g/kg) | >20 | 15～20 | 12～15 | 10～12 | 8～10 | 6～8 | <6 | — | — |
| 全氮(g/kg) | >1.5 | 1.2～1.5 | 1～1.2 | 0.75～1 | 0.5～0.75 | 0.3～0.5 | <0.3 | — | — |
| 碱解氮(mg/kg) | >150 | 120～150 | 90～120 | 75～90 | 60～75 | 45～60 | 30～45 | <30 | — |
| 有效磷(mg/kg) | >120 | 80～120 | 50～80 | 30～50 | 20～30 | 15～20 | 10～15 | 5～10 | <5 |
| 速效钾(mg/kg) | >300 | 200～300 | 150～200 | 120～150 | 100～120 | 75～100 | 50～75 | <50 | — |
| 缓效钾(mg/kg) | >1200 | 900～1200 | 750～900 | 500～750 | 300～500 | <300 | — | — | — |
| pH | >8.5 | 7.5～8.5 | 6.5～7.5 | 5.5～6.5 | 4.5～5.5 | <4.5 | — | — | — |
| 有效铜(mg/kg) | >1.8 | 1～1.8 | 0.2～1 | 0.1～0.2 | <0.1 | — | — | — | — |
| 有效锌(mg/kg) | >3 | 1～3 | 0.5～1 | 0.3～0.5 | <0.3 | — | — | — | — |
| 有效硼(mg/kg) | >2 | 1～2 | 0.5～1 | 0.2～0.5 | <0.2 | — | — | — | — |
| 有效铁(mg/kg) | >20 | 10～20 | 4.5～10 | 2.5～4.5 | <2.5 | — | — | — | — |
| 有效锰(mg/kg) | >30 | 15～30 | 5～15 | 1～5 | <1 | — | — | — | — |

续表

| 级别 | 1 | 2 | 3 | 4 | 5 | 6 | 7 | 8 | 9 |
|---|---|---|---|---|---|---|---|---|---|
| 有效钼(mg/kg) | ＞0.3 | 0.2～0.3 | 0.15～0.2 | 0.1～0.15 | ＜0.1 | — | — | — | — |
| 有效硫(mg/kg) | ＞100 | 75～100 | 60～75 | 45～60 | 30～45 | 15～30 | ＜15 | — | — |
| 有效硅(mg/kg) | ＞300 | 200～300 | 150～200 | 100～150 | 50～100 | ＜50 | — | — | — |
| 交换性钙(mg/kg) | ＞6000 | 4000～6000 | 3000～4000 | 2500～3000 | 2000～2500 | 1500～2000 | 1000～1500 | 500～1000 | ＜500 |
| 交换性镁(mg/kg) | ＞600 | 400～600 | 300～400 | 250～300 | 200～250 | 150～200 | ＜150 | — | — |

# 第一节　土壤有机质和 pH

## 一、土壤有机质

### (一)耕层土壤有机质含量及分级

通过对 1920 个土样化验分析,全县耕层土壤有机质含量平均值为 13.9g/kg,变化范围为 4.1～25.6g/kg,标准差为 3.12g/kg,变异系数为 0.22,属于国家分级标准中的 3 级水平。最高值位于沙河乡宋家村,最低值位于郑路镇黄岭村。有 9 个土样有机质含量小于 6g/kg,因为所代表面积太小而不作为一个级别列出。耕层土壤有机质含量分级及面积如表 4-2 所示。

表 4-2　耕层土壤有机质含量分级及面积表

| 级别 | 1 | 2 | 3 | 4 | 5 | 6 |
|---|---|---|---|---|---|---|
| 范围(g/kg) | ＞20 | 15～20 | 12～15 | 10～12 | 8～10 | ＜8 |
| 样本数(个) | 39 | 653 | 737 | 272 | 140 | 79 |
| 耕地面积($hm^2$) | 27.48 | 19984.11 | 36595.18 | 9404.69 | 2273.89 | 412.19 |
| 占总耕地面积比例(%) | 0.04 | 29.09 | 53.27 | 13.69 | 3.31 | 0.6 |

商河县位于温带半湿润季风气候区,夏季炎热多雨,冬季寒冷干燥。夏季气候条件有利于有机质矿化分解,致使土壤有机质含量较低。第二次土壤普查时,全县耕层土壤有机质平均值只有 8.9g/kg,属较低的 5 级水平。本次耕地地力调查时,耕层有机质含量比第二次土壤普查时提高 5g/kg,仍属于中等偏低水平。但近年来随着作物产量的提高,大量秸秆直接还田,部分地块施用商品有机肥,使耕层土壤有机质含量逐渐提高。

土壤有机质是土壤固相的组成成分之一。尽管土壤有机质仅占土壤重量的很小一部分,但在土壤肥力、环境保护和农业可持续发展方面却具有十分重要的作用和意义。动植物、微生物残体和施入的有机肥料是土壤有机质的主要来源。土壤有机质含量与土壤肥力水平密切相关，对土壤理化性状、作物生长和化肥的施用影响很大，主要表现在四个方面：①可直接或间接为植物生长提供氮、磷、钾、钙、镁、硫及微量元素，土壤有机质分解所产生的二氧化碳，可以供给绿色植物进行光合作用。所以有机质多的土壤，养分供给量也就大。②具有离子代换作用、络合作用和缓冲作用，能够吸附较多的代换离子，使土壤具有较好的保蓄能力。③能够增加土壤团粒结构、土壤物理性状，以及土壤孔隙状况和水、气比例。④由于有机质色暗，有利于吸热，可以提高地温。

根据土壤有机质的这些重要性质和作用，不难看出，土壤有机质含量高的土壤，其土壤肥力水平较高，不仅能为作物生长提供较丰富的营养，而且土壤保水、保肥能力强，能减少养分的流失，节约化肥用量，提高肥料利用率。有机质含量较少的土壤，情况则相反。有机质含量是评价耕地地力的重要指标，因此，应该根据商河县实际，千方百计地提高土壤有机质的含量，充分发挥有机质的增产效益。

（二）不同利用类型土壤有机质含量

全县耕层土壤有机质含量平均值为 13.9g/kg，其中棉田为 12.9g/kg，粮田为 14.1g/kg，大蒜田为 13.3g/kg。由此可见，棉田有机质含量比较低，原因是棉区大多为砂性土壤，质地偏轻，加之无秸秆还田，有机肥施用量小，棉花整个生长季节使用地膜覆盖，地温较高，有机质矿化加快，累积量少；粮田有机质含量相对比较高，主要与大量作物秸秆还田有关；大蒜田有机质含量中等偏低，该区虽有玉米秸秆还田和施用有机肥的耕作习惯，但由于大蒜采用地膜覆盖种植，生育期长，土壤墒情好，因此使得有机质分解加快，致使含量偏低。不同利用类型耕层土壤有机质含量如表 4-3 所示。

**表 4-3　不同利用类型耕层土壤有机质含量表**

| 利用类型 | 平均值(g/kg) | 最大值(g/kg) | 最小值(g/kg) | 标准差(g/kg) | 变异系数 | 样本数(个) |
|---|---|---|---|---|---|---|
| 全县 | 13.9 | 25.6 | 4.1 | 3.12 | 0.22 | 1920 |
| 棉田 | 12.9 | 21.5 | 5.4 | 3.14 | 0.24 | 235 |
| 粮田 | 14.1 | 25.6 | 4.1 | 3.18 | 0.22 | 1480 |
| 大蒜田 | 13.3 | 20 | 5.8 | 3 | 0.23 | 205 |

（三）不同乡、镇（街道办事处）耕层土壤有机质含量

不同乡、镇（街道办事处）耕层土壤有机质含量不同，西北部和东南部偏低，如怀仁镇 13.6g/kg、殷巷镇 12.7g/kg、郑路镇 12.6g/kg、白桥乡 13.5g/kg；中部和西南部偏高，如玉皇庙镇 14.7g/kg、许商街道办事处 14.5g/kg、张坊乡 14.5g/kg、孙集乡 14.5g/kg。造成以上不同结果的主要原因是德惠新河位于商河县西北部，沙河古道从怀仁镇和殷巷镇中部穿过，徒骇河位于商河县东南部，这些河道的两岸地势较高，土壤沙性较强，不利于农作物的生长和有机质的积累；而商河县中部和西南部地势较低，土壤黏重，而且以种植小麦、玉米为主，秸秆还田量大，有利于有机质的积累。各乡、镇（街道办事处）耕层土壤有机质含量如表 4-4 所示。

表 4-4　各乡、镇(街道办事处)耕层土壤有机质含量表

| 乡、镇(街道办事处) | 平均值 (g/kg) | 最小值 (g/kg) | 最大值 (g/kg) | 标准差 (g/kg) | 变异系数 | 样本数 (个) |
|---|---|---|---|---|---|---|
| 白桥乡 | 13.5 | 6.2 | 18.8 | 2.6 | 0.19 | 121 |
| 韩庙乡 | 14.1 | 6.9 | 24.8 | 2.8 | 0.2 | 89 |
| 怀仁镇 | 13.6 | 4.7 | 18.6 | 2.8 | 0.21 | 112 |
| 贾庄镇 | 14 | 4.5 | 20.5 | 3.1 | 0.22 | 153 |
| 龙桑寺镇 | 14.3 | 6.1 | 23.5 | 2.8 | 0.2 | 159 |
| 沙河乡 | 14.2 | 6.9 | 25.6 | 2.9 | 0.2 | 111 |
| 孙集乡 | 14.5 | 6.3 | 22.4 | 2.9 | 0.2 | 288 |
| 许商街道办事处 | 14.5 | 6.1 | 22.3 | 3 | 0.21 | 185 |
| 殷巷镇 | 12.7 | 5.9 | 21.5 | 3 | 0.24 | 202 |
| 玉皇庙镇 | 14.7 | 6.4 | 22.8 | 3.3 | 0.22 | 215 |
| 张坊乡 | 14.5 | 7.7 | 21.4 | 3.2 | 0.22 | 64 |
| 郑路镇 | 12.6 | 4.1 | 23 | 3.5 | 0.28 | 221 |

(四)提高土壤有机质含量的途径

土壤有机质泛指土壤中以各种形式存在的含碳有机化合物。对商河县中低产区来说,通过下列途径可以增加有机质含量,以培肥低产土壤。

(1)搞好“沃土工程”的实施。增施有机粪肥,堆肥、沤肥、饼肥、人畜粪肥、河湖泥等都是良好的有机肥;鼓励城肥下乡,扶持利用工厂下脚料、作物秸秆等建设有机肥生产厂。

(2)提倡秸秆还田。秸秆还田是增加有机质含量最经济有效的措施之一。研究表明,秸秆直接还田比施用等量的沤肥效果更好,提倡以小麦高留茬、玉米秸粉碎还田为主要措施的秸秆还田技术。小麦收割时,留 20～30cm 高麦秆,经一个雨季的风吹日晒雨淋,到小麦再播种时,已变成半分解状态,成为较好的有机肥料。秸秆还田简单易行,省力省工。但在还田时,应加施化学氮肥,避免微生物与作物争氮。

(3)搞好“过腹还田”。秸秆青储或秸秆氨化,饲养大牲畜,利用牲畜粪便制作有机肥,这样既提高了秸秆的利用率,又产生了大量的优质有机肥,使秸秆利用良性循环。

(4)粮肥轮作、间作,用地、养地相结合。随着农业生产的发展,复种指数越来越高,致使许多土壤有机质含量降低,肥力下降。实行粮肥轮作、间作制度,不仅可以保持和提高有机质含量,而且可以改善土壤有机质的品质,活化已经老化了的腐殖质,为土壤提供丰富的有机质和氮素,改善农业生态环境及土壤的理化性状。

(5)增施商品有机肥。商品有机肥质量好但价格偏高,群众目前只是在日光温室、塑料大棚及少部分露地菜上应用,大田作物极少使用。随着广大群众对食品安全的日益关注,当地政府应根据实际情况,结合国家的有关政策,积极引导和鼓励农民施用有机肥,不断提高地力,提升农产品品质,提高农产品经济效益。

## 二、土壤 pH

土壤里含有许多有机酸、无机酸、碱以及盐类等物质，各种物质的含量不同，使土壤显示出不同的酸碱性。土壤的酸碱性用 pH 表示，数值越小表示酸性越强，数值越大表示碱性越强。我国把土壤酸碱度分为五级：强酸性土（pH 小于 5）、酸性土（pH＝5～6.5）、中性土（pH＝6.5～7.5）、碱性土（pH＝7.5～8.5）、强碱性土（pH 大于 8.5）。商河县土壤一般为碱性，没有酸性土壤。

### （一）耕层土壤 pH 及分级

对 958 个土壤样品进行化验分析，耕层土壤 pH 的众数为 8.2，属 2 级水平，呈碱性反应，变幅为 7.5～8.7，标准差为 0.16，变异系数为 0.02。该土壤共分为两级：1 级水平（大于 8.5）的耕地面积为 144.26$hm^2$，占总耕地面积的 0.21％；2 级水平（7.5～8.5）的耕地面积为 68553.27$hm^2$，占总耕地面积的 99.79％。耕层土壤 pH 分级及面积如表 4-5 所示。

表 4-5　　耕层土壤 pH 分级及面积表

| 级别 | 1 | 2 |
|---|---|---|
| 范围 | ＞8.5 | 7.5～8.5 |
| 样本数（个） | 10 | 948 |
| 耕地面积（$hm^2$） | 144.26 | 68553.27 |
| 占总耕地面积比例（％） | 0.21 | 99.79 |

### （二）不同利用类型耕层土壤 pH

棉田耕层土壤 pH 的众数为 8.3，变幅为 7.8～8.6，标准差为 0.16，该区域较全县平均值偏高，主要是由于该区域内多低洼地区，地下水位浅，部分易遭受盐碱威胁，故 pH 偏高；粮田耕层土壤 pH 的众数为 8.2，变幅为 7.5～8.7，标准差为 0.16，该区域内 pH 差异较大；大蒜田耕层土壤 pH 的众数为 8.2，变幅为 7.5～8.5，标准差为 0.18，其 pH 略低于棉田，与大蒜田施肥量偏大、浇水量大、蒸发量小有一定关系。不同利用类型耕层土壤 pH 如表 4-6 所示。

表 4-6　　不同利用类型耕层土壤 pH 表

| 利用类型 | 平均值 | 最大值 | 最小值 | 标准差 | 变异系数 | 统计数（个） |
|---|---|---|---|---|---|---|
| 全县 | 8.2 | 8.7 | 7.5 | 0.16 | 0.02 | 958 |
| 棉田 | 8.3 | 8.6 | 7.8 | 0.16 | 0.02 | 119 |
| 粮田 | 8.2 | 8.7 | 7.5 | 0.16 | 0.02 | 739 |
| 大蒜田 | 8.2 | 8.5 | 7.5 | 0.18 | 0.02 | 100 |

（三）土壤 pH 对土壤养分有效性的影响

商河县土壤绝大多数属于碱性，空间差异较小，这是由商河县地势低平、水源充足、排水不畅、地下水埋深浅、蒸发量大因素等决定的。土壤酸碱性通过影响矿质盐分的溶解度而影响养分的有效性。土壤中大、中微量元素的有效性均随土壤溶液的酸碱度的不同而发生着明显变化。如在接近中性的土壤中有效磷比较稳定，而在 pH 高的土壤中磷元素易被吸附固定。硼、镁的有效性在 pH 的一定范围内随 pH 的升高而增加，铁、铜、锌、锰、铝等微量元素的有效性随土壤 pH 的升高而减小，而且土壤微生物在接近中性的土壤中生长较良好，随土壤 pH 的升高土壤微生物的生长将受到抑制。因此，掌握土壤酸碱度的变化，适时调整种植思路和方法，选用适宜碱性土壤的作物，选用生理酸性肥料，适量应用微肥，是提高作物产量和质量的有效措施之一。

## 第二节　土壤大量元素状况

### 一、土壤全氮及碱解氮

土壤供氮能力弱，已成为限制作物增产的主要因素，施肥时应首先考虑施足氮素。不同土类、气候条件、耕作制度和施肥水平对土壤氮素的状况影响很大。在同一地区的相同土类上，土壤全氮的含量差异有时也很悬殊，主要原因与施肥水平有关。土壤全氮含量越高，对作物供氮能力越强。但是土壤全氮中 99％是有机态氮，需经过矿化才能被作物吸收。有机态氮存在于土壤腐殖质、动植物残体或施入的人畜粪尿、堆肥、绿肥等中，按其分解快慢分成三类：一是易溶于水、易分解的，如尿素、氨基酸和酰胺类物质；二是易被弱酸弱碱水解的，如结构简单的蛋白质；三是不易分解的，如腐殖质和结构复杂的核蛋白、酶蛋白等。无机态氮约占全氮的 1％，易溶于水，可被作物直接吸收。无机态氮分为铵态氮和硝态氮。铵态氮和硝态氮，加上易分解的尿素、氨基酸和酰胺类物质、简单的蛋白质等有机态氮，总称为土壤有效态氮，也称碱解氮。铵态氮、硝态氮和酰胺态氮等易被作物吸收利用，称为土壤速效氮，与土壤有效氮含量较接近。土壤有效氮大致占全氮的 7％～15％。如上所述，无机态氮在土壤氮素中比例很小，而且土壤有效氮很活跃，受土壤和气候等环境因子的制约变化很大，以其作为土壤氮素的丰缺指标是不够确切的。土壤有机态氮相对比较稳定，也是不断矿化供给作物利用的氮素主要来源，其含量基本上接近全氮，故采用全氮含量作为土壤氮素的丰缺指标。为了了解土壤氮素含量并使土壤保持肥力，定期测定土壤氮素含量是十分必要的。

（一）土壤全氮

1. 耕层土壤全氮含量及分级

对 720 个土样进行分析，全县耕层土壤全氮平均含量为 0.76g/kg，变幅为 0.17～1.37g/kg，标准差为 0.19g/kg，变异系数为 0.25，97.18％的耕地面积属于 4 级和 5 级水平，处于相对缺乏状态。全氮含量比较高的区域主要集中在玉皇庙镇和贾庄镇，比较低的区域主要集中在殷巷镇和怀仁镇。耕层土壤全氮含量分级及面积如表 4-7 所示。

表 4-7　　耕层土壤全氮含量分级及面积表

| 级别 | 2 | 3 | 4 | 5 | 6 | 7 |
|---|---|---|---|---|---|---|
| 范围(g/kg) | 1.2～1.5 | 1～1.2 | 0.75～1 | 0.5～0.75 | 0.3～0.5 | <0.3 |
| 样本数(个) | 9 | 52 | 312 | 277 | 63 | 7 |
| 耕地面积($hm^2$) | 41.22 | 851.85 | 34967.04 | 31793.22 | 1030.46 | 13.74 |
| 占耕地面积比例(%) | 0.06 | 1.24 | 50.9 | 46.28 | 1.5 | 0.02 |

与第二次土壤普查时全县耕层土壤全氮平均含量 0.63g/kg 相比，提高了 0.13g/kg，增长缓慢。虽然当地有大量施用氮肥的种植习惯，但是由于作物连年高产和土壤对氮素存储量有限的原因，致使土壤全氮含量提高缓慢。这提醒我们在氮肥施用上不要盲目，要少量多次科学施用。

2. 不同利用类型耕层土壤全氮含量

棉田耕层土壤全氮平均含量为 0.64g/kg，粮田平均含量为 0.77g/kg，大蒜田平均含量为 0.79g/kg。影响耕层土壤全氮含量不同的因素，主要有以下几个方面：一是土壤中有机质含量不一样，同一类型的土壤，全氮含量与土壤有机质含量呈正相关。土壤有机质含量粮区高于蒜区，蒜区高于棉区。二是土壤质地不同，对氮素的吸附能力也不一样。土壤越黏，吸附能力越强，从总体看，商河县南部土壤黏度要大于北部。三是土壤利用类型和种植习惯不同，大蒜种植区需氮较多，而棉花种植区需氮较少。

不同利用类型耕层土壤全氮含量如表 4-8 所示。

表 4-8　　不同利用类型耕层土壤全氮含量表

| 利用类型 | 平均值(g/kg) | 最大值(g/kg) | 最小值(g/kg) | 标准差(g/kg) | 变异系数 | 统计数(个) |
|---|---|---|---|---|---|---|
| 全县 | 0.76 | 1.37 | 0.17 | 0.19 | 0.25 | 720 |
| 棉田 | 0.64 | 1.02 | 0.27 | 0.18 | 0.29 | 76 |
| 粮田 | 0.77 | 1.37 | 0.17 | 0.18 | 0.24 | 561 |
| 大蒜田 | 0.79 | 1.13 | 0.2 | 0.16 | 0.2 | 83 |

3. 不同乡、镇(街道办事处)耕层土壤全氮含量

不同乡、镇(街道办事处)耕层土壤全氮含量差别较大，龙桑寺镇含量最高，为 0.85g/kg，其次是玉皇庙镇 0.81g/kg、沙河乡 0.81g/kg，主要原因是该部分土壤有机质较高，质地以轻壤为主，土壤肥沃，生产性能高。张坊乡含量最低，为 0.67g/kg，这是由于张坊乡虽然有机质较高、土壤以轻壤为主，但是地势较低，土壤盐化较重，耕作熟化程度差；其次是怀仁镇 0.68g/kg、殷巷镇 0.69g/kg，主要原因是土壤有机质含量较低，土壤沙性偏大，从而使耕层土壤全氮含量较低。

不同乡、镇(街道办事处)耕层土壤全氮含量如表 4-9 所示。

表 4-9 不同乡、镇(街道办事处)耕层土壤全氮含量表

| 乡、镇(街道办事处) | 平均值(g/kg) | 最小值(g/kg) | 最大值(g/kg) | 标准差(g/kg) | 变异系数 | 样本数(个) |
|---|---|---|---|---|---|---|
| 白桥乡 | 0.74 | 0.2 | 1.02 | 0.17 | 0.24 | 36 |
| 韩庙乡 | 0.79 | 0.4 | 1.27 | 0.21 | 0.26 | 34 |
| 怀仁镇 | 0.68 | 0.24 | 1.06 | 0.18 | 0.26 | 49 |
| 贾庄镇 | 0.77 | 0.17 | 1.1 | 0.2 | 0.26 | 61 |
| 龙桑寺镇 | 0.85 | 0.36 | 1.37 | 0.2 | 0.23 | 72 |
| 沙河乡 | 0.81 | 0.43 | 1.36 | 0.2 | 0.24 | 43 |
| 孙集乡 | 0.72 | 0.27 | 1.11 | 0.16 | 0.22 | 92 |
| 许商街道办事处 | 0.77 | 0.32 | 1.27 | 0.2 | 0.26 | 59 |
| 殷巷镇 | 0.69 | 0.29 | 1.12 | 0.18 | 0.26 | 79 |
| 玉皇庙镇 | 0.81 | 0.41 | 1.25 | 0.15 | 0.18 | 82 |
| 张坊乡 | 0.67 | 0.43 | 0.92 | 0.16 | 0.24 | 27 |
| 郑路镇 | 0.76 | 0.2 | 1.13 | 0.2 | 0.26 | 86 |

(二)土壤碱解氮

1.耕层土壤碱解氮含量及分级

全县耕层土壤碱解氮平均含量为 74mg/kg,变幅为 23～136mg/kg,标准差为 19mg/kg,变异系数为 0.26,83.49%的耕地面积属于 4 级和 5 级水平,处于相对缺乏状态。耕层土壤碱解氮含量分级及面积如表 4-10 所示。

表 4-10 耕层土壤碱解氮含量分级及面积表

| 级别 | 2 | 3 | 4 | 5 | 6 | 7 |
|---|---|---|---|---|---|---|
| 范围(mg/kg) | 120～150 | 90～120 | 75～90 | 60～75 | 45～60 | 30～45 |
| 样本数(个) | 7 | 136 | 202 | 224 | 101 | 51 |
| 耕地面积($hm^2$) | 27.48 | 4252.38 | 28049.2 | 29306.37 | 6059.12 | 1002.98 |
| 占总耕地面积比例(%) | 0.04 | 6.19 | 40.83 | 42.66 | 8.82 | 1.46 |

与第二次土壤普查时全县土壤耕层碱解氮平均含量 47mg/kg 相比,提高了 27mg/kg。其主要因素有两个:一是土壤中有机质含量的提高;二是当季作物特别是后期氮肥的施用量大,致使土壤有效态含量增加。耕层土壤碱解氮含量是土壤氮素供应情况的重要指标,是确定氮肥施用量的重要依据。

2.不同利用类型耕层土壤碱解氮含量

棉田平均含量为 69mg/kg,粮田平均含量为 75mg/kg,大蒜田平均含量为 77mg/kg。影响全县不同类型耕地碱解氮含量不一的因素主要有以下几个方面:一是土壤中有机质

含量不一样，同一类型的土壤，有机态氮的绝对量与土壤有机质含量呈正相关；二是灌溉和降水的频度和数量，土壤干、湿交替愈频繁，释放出的矿质态氮就愈多，碱解氮含量也愈高，这也是粮田含量高于棉田的另一个原因；三是与氮肥施用量有着直接关系，大蒜田氮肥施肥量要高于粮田施肥量，粮田施肥量要高于棉田施肥量，这也是大蒜田含量高于粮田、粮田含量高于棉田的一个重要原因。不同利用类型耕层土壤碱解氮含量如表 4-11 所示。

表 4-11　　不同利用类型耕层土壤碱解氮含量表

| 利用类型 | 平均值(mg/kg) | 最大值(mg/kg) | 最小值(mg/kg) | 标准差(mg/kg) | 变异系数 | 统计数(个) |
|---|---|---|---|---|---|---|
| 全县 | 74 | 136 | 30 | 19.1 | 0.26 | 726 |
| 棉田 | 69 | 112 | 30 | 23.2 | 0.34 | 93 |
| 粮田 | 75 | 133 | 30 | 18.2 | 0.24 | 553 |
| 大蒜田 | 77 | 136 | 36 | 20.6 | 0.27 | 80 |

3. 不同乡、镇(街道办事处)耕层土壤碱解氮含量

不同乡、镇(街道办事处)耕层土壤碱解氮含量最高的是龙桑寺镇，为 81mg/kg，其次为沙河乡 80mg/kg、韩庙乡 80mg/kg；最低的是殷巷镇，为 66mg/kg，其次为孙集乡 71mg/kg、郑路镇 71mg/kg。各乡、镇(街道办事处)耕层土壤碱解氮含量的分布无明显规律性，这说明耕层土壤碱解氮受土壤质地、有机质等因素影响不明显。耕层土壤碱解氮含量不稳定，变化快，是一个应该时常关注的指标。各乡、镇(街道办事处)耕层土壤碱解氮含量如表 4-12 所示。

表 4-12　　各乡、镇(街道办事处)耕层土壤碱解氮含量表

| 乡、镇(街道办事处) | 平均值(mg/kg) | 最小值(mg/kg) | 最大值(mg/kg) | 标准差(mg/kg) | 变异系数 | 样本数(个) |
|---|---|---|---|---|---|---|
| 白桥乡 | 77 | 36 | 136 | 21 | 0.27 | 47 |
| 韩庙乡 | 80 | 57 | 119 | 14 | 0.17 | 34 |
| 怀仁镇 | 78 | 42 | 130 | 21 | 0.27 | 38 |
| 贾庄镇 | 72 | 30 | 109 | 18 | 0.24 | 58 |
| 龙桑寺镇 | 81 | 47 | 123 | 17 | 0.21 | 68 |
| 沙河乡 | 80 | 30 | 133 | 19 | 0.23 | 46 |
| 孙集乡 | 71 | 30 | 108 | 17 | 0.24 | 106 |
| 许商街道办事处 | 77 | 28 | 111 | 19 | 0.25 | 67 |
| 殷巷镇 | 66 | 30 | 124 | 23 | 0.34 | 79 |
| 玉皇庙镇 | 74 | 34 | 122 | 19 | 0.25 | 76 |
| 张坊乡 | 77 | 42 | 117 | 22 | 0.29 | 25 |
| 郑路镇 | 71 | 37 | 117 | 16 | 0.23 | 82 |

（三）氮肥的合理施用

氮肥是影响作物产量最主要的因素。从总体上看，商河县耕层土壤处于氮素相对缺乏状况，但不同作物、不同区域情况差异较大。大蒜、设施蔬菜等作物，氮素施用过剩，应加以限制；粮食、棉花等大田作物重点应放在提高氮肥利用率上，做到深施、勤施，杜绝撒施。在后期追肥时应注意两点：第一是谨慎对待追施与否；第二是要斟酌用量，因为后期施氮肥不当，不仅不会增产而且会导致减产。

## 二、土壤有效磷

土壤磷素按其化学结构可分为有机态磷和无机态磷，分别占全磷量的 20%～50%和 50%～80%；按其溶解度可分为水溶性磷、枸溶性磷和难溶性磷。土壤水溶性磷和枸溶性磷称为土壤有效磷，其含量约占土壤全磷的 1%。土壤熟化程度高，农家肥与磷肥用量越大，土壤有效磷含量也越高。土壤有效磷含量的高低是衡量土壤肥力的重要指标。

（一）耕层土壤有效磷含量及分级

据对商河县 1920 个地样化验分析，全县土壤有效磷平均含量为 22.3mg/kg，变幅为 3.7～69.6mg/kg，属中等偏低水平。有效磷含量较高的区域主要集中在玉皇庙镇和白桥乡，含量较低的区域主要集中在贾庄镇、孙集乡和郑路镇。有 11 个土样有效磷含量小于 5mg/kg，最高值位于龙桑寺镇李举人村，最低值位于郑路镇黄岭村。耕层土壤有效磷含量分级及面积如表 4-13 所示。

表 4-13　　耕层土壤有效磷含量分级及面积表

| 级别 | 3 | 4 | 5 | 6 | 7 | 8 |
|---|---|---|---|---|---|---|
| 范围(mg/kg) | 50～80 | 30～50 | 20～30 | 15～20 | 10～15 | <10 |
| 样本数(个) | 28 | 392 | 571 | 399 | 369 | 161 |
| 耕地面积($hm^2$) | 41.22 | 8106.31 | 34479.29 | 18733.82 | 6924.71 | 412.19 |
| 占总耕地面积比例(%) | 0.06 | 11.8 | 50.19 | 27.27 | 10.08 | 0.6 |

与第二次土壤普查时全县土壤有效磷平均含量 5.4mg/kg 相比，提高了 16.8mg/kg，增长幅度较大。原因是：近 20 年来，农民对磷肥普遍高度重视，每年施入大量磷肥（以过磷酸钙、磷酸二铵为主），导致大量磷素得以积累，极大地提高了土壤有效磷的含量。

（二）不同利用类型耕层土壤有效磷含量

棉田平均含量为 20.8mg/kg，变幅为 5.7～42.5mg/kg，标准差为 8.4mg/kg，变异系数为 0.4；粮田平均含量为 22.1mg/kg，变幅为 3.7～69.6mg/kg，标准差为 10.6mg/kg，变异系数为 0.48；大蒜田平均含量为 25.4mg/kg 变幅为 4.4～56.8mg/kg，标准差为 10.4mg/kg，变异系数为 0.41。不同利用类型耕层土壤有效磷含量差别很大，分析其原因，除了与土壤有机质、质地有关系外，磷肥投入量的多少是决定性的因素，大蒜田磷肥投入量大于粮田，粮田磷肥投入量大于棉田，大蒜田磷肥施入多，积累多，因而含量高。不同利用类型耕层土壤有效磷含量如表 4-14 所示。

表 4-14　　不同利用类型耕层土壤有效磷含量表

| 利用类型 | 平均值(mg/kg) | 最大值(mg/kg) | 最小值(mg/kg) | 标准差(mg/kg) | 变异系数 | 统计数(个) |
|---|---|---|---|---|---|---|
| 全县 | 22.3 | 69.6 | 3.7 | 10.5 | 0.47 | 1920 |
| 棉田 | 20.8 | 42.5 | 5.7 | 8.4 | 0.4 | 235 |
| 粮田 | 22.1 | 69.6 | 3.7 | 10.6 | 0.48 | 1480 |
| 大蒜田 | 25.4 | 56.8 | 4.4 | 10.4 | 0.41 | 205 |

(三)不同乡、镇(街道办事处)耕层土壤有效磷含量

不同乡、镇(街道办事处)耕层土壤有效磷含量相差较大,由北向南呈上升趋势。商河县土壤总体上含磷相对较低,但由于受地质条件、种植作物和种植习惯的影响,含量分布极不均匀,因此应根据实际情况分别对待,合理施用磷肥。各乡、镇(街道办事处)耕层土壤有效磷含量如表 4-15 所示。

表 4-15　　各乡、镇(街道办事处)耕层土壤有效磷含量表

| 乡、镇(街道办事处) | 平均值(mg/kg) | 最小值(mg/kg) | 最大值(mg/kg) | 标准差(mg/kg) | 变异系数 | 样本数(个) |
|---|---|---|---|---|---|---|
| 白桥乡 | 27.5 | 5 | 51.6 | 10 | 0.36 | 121 |
| 韩庙乡 | 21.8 | 7 | 47.3 | 8.4 | 0.38 | 89 |
| 怀仁镇 | 26 | 4.9 | 56.3 | 10 | 0.39 | 112 |
| 贾庄镇 | 20.6 | 4.9 | 60.7 | 9.7 | 0.47 | 153 |
| 龙桑寺镇 | 26.5 | 7.7 | 69.6 | 11.7 | 0.44 | 159 |
| 沙河乡 | 22.3 | 5.6 | 64.3 | 10.6 | 0.48 | 111 |
| 孙集乡 | 19.3 | 5.2 | 52.4 | 9.3 | 0.46 | 288 |
| 许商街道办事处 | 21.2 | 4.9 | 61 | 10.3 | 0.49 | 185 |
| 殷巷镇 | 20.3 | 4.5 | 42.5 | 8.6 | 0.42 | 202 |
| 玉皇庙镇 | 25 | 4.7 | 63.5 | 12 | 0.48 | 215 |
| 张坊乡 | 23.6 | 4.8 | 50 | 10.2 | 0.43 | 64 |
| 郑路镇 | 19.8 | 3.7 | 56.8 | 9.8 | 0.49 | 221 |

(四)磷肥的合理施用

磷肥施用应注意以下几点:

(1)施用时期。大田作物一般作基肥施用,油料、蔬菜等需磷量大的作物也应重视基肥。基肥施用量应达到总施肥量的 50%以上,以发挥磷在作物早期生长的作用。

(2)在磷肥品种选择上,应尽量选用磷铵等高含量肥料,或过磷酸钙等酸性肥料,以提高磷肥作用。

(3)增施有机肥。由于有机肥分解能产生有机酸,该酸易于有益菌的繁殖,利于发挥磷肥肥效,故最好将有机肥与磷肥混合施用。

## 三、土壤速效钾及缓效钾

土壤全钾主要受成土母质和气候条件的影响,土壤中多种形态的钾素,相互之间不断转化,对土壤供钾能力及其肥效影响很大。土壤钾以无机盐形式存在,按其溶解度可分为难溶性钾、缓效性钾、有效性钾。难溶性钾占土壤全钾的95%左右,只溶于强酸,作物不能直接吸收;缓效性钾占土壤全钾的1%~3%,高的可达5%,是土壤有效钾的直接来源,所以在用土壤有效钾含量指导施钾肥时,往往要考虑土壤缓效钾的状况;有效性钾包括代换性钾和水溶性钾两部分,能被作物当季吸收,可作为合理施用钾肥的主要依据。因此本次调查对土壤速效钾和缓效钾进行了化验分析,以便更好地指导农业生产。

(一)耕层土壤速效钾含量与分布

全县耕层土壤速效钾平均含量为125mg/kg,变幅为40~311mg/kg,标准差为47mg/kg,变异系数为0.38,属中等水平;与第二次土壤普查时的145mg/kg相比,降低了20mg/kg。有5个土样速效钾含量大于300mg/kg,最高值位于孙集乡西陈村,最低值位于郑路镇前赵村。从以上数据可以看出,全县耕层土壤速效钾含量差别很大,且呈下降趋势,部分地区已不能满足生产需要。主要原因是:在多年的高产种植活动中,大量钾素被农产品带走,而不注重钾肥的施用,土壤钾素得不到及时补充。因此在生产上要注意合理施用钾肥。耕层土壤速效钾含量分级及面积如表4-16所示。

表4-16　耕层土壤速效钾含量分级及面积表

| 级别 | 2 | 3 | 4 | 5 | 6 | 7 | 8 |
|---|---|---|---|---|---|---|---|
| 范围(mg/kg) | >200 | 150~200 | 120~150 | 100~120 | 75~100 | 50~75 | <50 |
| 样本数(个) | 144 | 353 | 428 | 343 | 418 | 196 | 38 |
| 耕地面积($hm^2$) | 700.71 | 11754.15 | 25191.39 | 17998.75 | 11939.63 | 1099.16 | 13.74 |
| 占总耕地面积比例(%) | 1.02 | 17.11 | 36.67 | 26.2 | 17.38 | 1.6 | 0.02 |

土壤速效钾与土壤质地关系密切,不同质地类型耕层土壤速效钾含量不同,随着质地的加重,速效钾含量也随之升高。不同耕层土壤质地速效钾含量如表4-17所示。

表4-17　不同耕层土壤质地速效钾含量表

| 质地类型 | 平均值(mg/kg) | 最大值(mg/kg) | 最小值(mg/kg) | 标准差(mg/kg) | 变异系数 | 统计数(个) |
|---|---|---|---|---|---|---|
| 全县 | 125 | 311 | 40 | 47 | 0.38 | 1920 |
| 沙壤 | 113 | 277 | 41 | 44 | 0.39 | 223 |
| 轻壤 | 123 | 311 | 40 | 47 | 0.38 | 1406 |
| 中壤 | 138 | 302 | 48 | 46 | 0.32 | 285 |
| 重壤 | 143 | 171 | 115 | 20 | 0.14 | 6 |

不同利用类型耕层土壤速效钾含量相差较大，棉田速效钾平均含量为162mg/kg，粮田平均含量为117mg/kg，大蒜田平均含量为132mg/kg。粮田和大蒜田速效钾含量明显低于棉田，主要原因是作物连年种植带走了大量钾元素。为了满足作物生长的需要，应该注意加大秸秆还田量和钾肥的施用量。不同利用类型耕层土壤速效钾含量如表4-18所示。

表4-18 不同利用类型耕层土壤速效钾含量表

| 利用类型 | 平均值(mg/kg) | 最大值(mg/kg) | 最小值(mg/kg) | 标准差(mg/kg) | 变异系数 | 统计数(个) |
|---|---|---|---|---|---|---|
| 全县 | 125 | 311 | 40 | 47 | 0.38 | 1920 |
| 棉田 | 162 | 305 | 46 | 53 | 0.33 | 235 |
| 粮田 | 117 | 311 | 40 | 44 | 0.37 | 1480 |
| 大蒜田 | 132 | 272 | 44 | 46 | 0.35 | 205 |

不同乡、镇(街道办事处)耕层土壤速效钾含量差别较明显，殷巷镇最高，为146mg/kg，该镇棉花种植面积大，一年一熟，对钾元素消耗量小；其次是玉皇庙镇，为144mg/kg，该镇土质黏重，速效钾储量大；再次是白桥乡，为137mg/kg，此乡以种植大蒜为主，注重施用钾肥。其他乡、镇(街道办事处)以种植小麦、玉米为主，忽视钾肥施用，致使土壤速效钾含量逐年减少，以致影响生产。

各乡、镇(街道办事处)耕层土壤速效钾含量如表4-19所示。

表4-19 各乡、镇(街道办事处)耕层土壤速效钾含量表

| 乡、镇(街道办事处) | 平均值(mg/kg) | 最小值(mg/kg) | 最大值(mg/kg) | 标准差(mg/kg) | 变异系数 | 样本数(个) |
|---|---|---|---|---|---|---|
| 白桥乡 | 137 | 44 | 220 | 39 | 0.28 | 121 |
| 韩庙乡 | 121 | 52 | 228 | 39 | 0.32 | 89 |
| 怀仁镇 | 125 | 56 | 234 | 37 | 0.3 | 112 |
| 贾庄镇 | 113 | 47 | 269 | 39 | 0.35 | 153 |
| 龙桑寺镇 | 110 | 41 | 277 | 44 | 0.4 | 159 |
| 沙河乡 | 111 | 44 | 250 | 41 | 0.37 | 111 |
| 孙集乡 | 123 | 42 | 311 | 49 | 0.39 | 288 |
| 许商街道办事处 | 135 | 44 | 305 | 56 | 0.41 | 185 |
| 殷巷镇 | 146 | 45 | 291 | 51 | 0.35 | 202 |
| 玉皇庙镇 | 144 | 42 | 278 | 44 | 0.31 | 215 |
| 张坊乡 | 119 | 55 | 257 | 40 | 0.34 | 64 |
| 郑路镇 | 106 | 40 | 280 | 42 | 0.4 | 221 |

(二)耕层土壤缓效钾含量与分布

全县耕层土壤缓效钾平均含量为861mg/kg,为中等偏上水平,变幅为323～1425mg/kg。全县耕层土壤缓效钾含量分为五级:1级水平(>1200mg/kg)的耕地面积为137.4$hm^2$,占总耕地面积的0.2%;2级水平(900～1200mg/kg)的耕地面积为21722.16$hm^2$,占总耕地面积的31.62%;3级水平(750～900mg/kg)的耕地面积为40916.25$hm^2$,占总耕地面积的59.56%;4级水平(500～750mg/kg)的耕地面积为5859.9$hm^2$,占总耕地面积的8.53%;5级水平(300～500mg/kg)的耕地面积为61.83$hm^2$,占总耕地面积的0.09%。耕层土壤缓效钾含量分级及面积如表4-20所示。

表4-20　耕层土壤缓效钾含量分级及面积表

| 级别 | 1 | 2 | 3 | 4 | 5 |
|---|---|---|---|---|---|
| 范围(mg/kg) | >1200 | 900～1200 | 750～900 | 500～750 | 300～500 |
| 样本数(个) | 16 | 279 | 355 | 151 | 11 |
| 耕地面积($hm^2$) | 137.4 | 21722.16 | 40916.25 | 5859.9 | 61.83 |
| 占总耕地面积比例(%) | 0.2 | 31.62 | 59.56 | 8.53 | 0.09 |

棉田土壤缓效钾平均含量为842mg/kg,粮田平均含量为859mg/kg,大蒜田平均含量为887mg/kg,这说明不同利用类型耕层土壤供钾潜力差别不明显。不同利用类型耕层土壤缓效钾含量如表4-21所示。

表4-21　不同利用类型耕层土壤缓效钾含量表

| 利用类型 | 平均值(mg/kg) | 最大值(mg/kg) | 最小值(mg/kg) | 标准差(mg/kg) | 变异系数 | 统计数(个) |
|---|---|---|---|---|---|---|
| 全县 | 861 | 1425 | 323 | 154 | 0.18 | 812 |
| 棉田 | 851 | 1218 | 535 | 159 | 0.19 | 43 |
| 粮田 | 859 | 1392 | 323 | 155 | 0.18 | 664 |
| 大蒜田 | 887 | 1425 | 549 | 148 | 0.16 | 105 |

(三)钾肥的合理施用

商河县耕层土壤速效钾含量较丰富,但地区分布差异较大,部分地区出现缺乏,个别地区严重缺乏。在钾肥施用上应注意以下几点:①因作物施用。甘薯、西瓜、马铃薯、蔬菜等喜钾作物,应重施钾肥;在蔬菜、果树等忌氯作物上应避免施用氯化钾或氯化钾型肥料。②因土施肥。土壤含钾量与质地有密切关系,质地越黏重,土壤含钾量越高。因此,在施用量上要有所区别。③增施钾肥。作物缺钾时应以土壤施用为主,做到基施与追施相结合;在严重缺钾的土壤上,化学钾肥作基肥的比例应适当提高;每亩施用量一般为5～15kg。④加强田间管理。提倡冬季翻耕,以减轻或消除还原性物质对作物根系的危害,同时促进土壤中钾的释放,提高土壤的供钾能力。

# 第三节 土壤中量元素状况

植物体中含量为0.1%～0.5%的元素称为中量元素。钙、镁、硫三种元素在植物体中的含量分别为0.5%、0.2%、0.1%，因此，钙、镁、硫三种元素属于植物的中量元素，也是植物生长发育的必需元素。近年来，由于大量元素氮、磷、钾施用的不断增加，农业产量不断提高，农作物对中量元素的需求越来越迫切。我国有关部门对中量元素的研究和应用很重视，很多地区施用中量元素已取得了增产效果。随着对中量元素研究的不断深入，施用中量元素将会取得越来越明显的效果。

## 一、土壤交换性钙

土壤中的钙主要来源于土壤母质，受成土母质、气候和成土条件的影响，含量变幅很大，从极少量(痕迹量)至4%以上。土壤中的钙有四种存在形态，即有机态钙、矿物态钙、水溶态钙和土壤交换性钙。四种土壤钙形态中，水溶态钙和土壤交换性钙是作物可即时利用的有效态钙，矿物态钙和有机态钙一般作为作物钙营养的供应潜力看待，其含量的多少与土壤有效钙无关。土壤供钙水平主要取决于交换性钙的供应容量大小。水溶态钙在土壤溶液中虽然浓度不低，但只有交换性钙的2%以上，水溶态钙与交换性钙在土壤中两者是动态平衡的关系，溶液中钙量下降，交换性钙可以被代换出来进入土壤溶液；反之，溶液中钙量增加，将被吸附为交换性钙。因此，通常情况下以交换性钙的量作为衡量土壤钙肥力水平的指标。

(一)土壤交换性钙含量分级与分布

全县耕层土壤交换性钙平均含量为7535mg/kg，变幅为2518～19664mg/kg，标准差为3060mg/kg，变异系数为0.41。耕层土壤交换性钙含量分级及面积如表4-22所示。

表4-22　耕层土壤交换性钙含量分级及面积表(一)

| 级别 | 1 | 2 | 3 | 4 |
|---|---|---|---|---|
| 范围(mg/kg) | >6000 | 4000～6000 | 3000～4000 | 2500～3000 |
| 样本数(个) | 458 | 175 | 63 | 18 |
| 耕地面积($hm^2$) | 44066.5 | 16837.63 | 6061.55 | 1731.87 |
| 占总耕地面积比例(%) | 64.15 | 24.51 | 8.82 | 2.52 |

由于商河县地处黄河冲积平原，土壤为石灰性土壤，从而交换性钙含量较高。根据实际，对商河县土壤交换性钙作了进一步的细分，含量分级及面积如表4-23所示。

表 4-23 耕层土壤交换性钙含量分级及面积表(二)

| 分级标准(mg/kg) | >20000 | 15000～20000 | 10000～15000 | 6000～10000 | 4000～6000 | <4000 |
|---|---|---|---|---|---|---|
| 样本数(个) | 0 | 10 | 141 | 307 | 175 | 81 |
| 耕地面积($hm^2$) | 0 | 962.15 | 13566.32 | 29538.02 | 16837.63 | 7793.42 |
| 占总耕地面积比例(%) | 0 | 1.4 | 19.75 | 43.00 | 24.51 | 11.34 |

其中,棉田土壤交换性钙平均含量为5862mg/kg,变幅为2588～19664mg/kg,标准差为3231mg/kg,变异系数为0.55;粮田平均含量为7572mg/kg,变幅为2518～17839mg/kg,标准差为2993mg/kg,变异系数为0.4;大蒜田平均含量为8245mg/kg,变幅为3323～17719mg/kg,标准差为3535mg/kg,变异系数为0.43。不同利用类型耕层土壤交换性钙含量如表4-24所示。

表 4-24 不同利用类型耕层土壤交换性钙含量表

| 利用类型 | 平均值(mg/kg) | 最大值(mg/kg) | 最小值(mg/kg) | 标准差(mg/kg) | 变异系数 | 统计数(个) |
|---|---|---|---|---|---|---|
| 全县 | 7535 | 19664 | 2518 | 3060 | 0.41 | 714 |
| 棉田 | 5862 | 19664 | 2588 | 3231 | 0.55 | 37 |
| 粮田 | 7572 | 17839 | 2518 | 2993 | 0.4 | 581 |
| 大蒜田 | 8245 | 17719 | 3323 | 3535 | 0.43 | 96 |

商河县土壤交换性钙含量总体很丰富,但是分布很不平衡,从北向南逐渐升高,含量最高的是玉皇庙镇,为8290mg/kg,含量最低的是殷巷镇,为5865mg/kg,个别地方已经出现缺钙症状,因此应注意钙肥的施用。

(二)钙在作物体中的作用、作物缺钙症状及防治

钙以果胶酸钙与其他物质一起构成细胞壁,细胞分裂也要有钙的存在,因此,缺钙会妨碍新细胞的形成;钙对氮的代谢也有一定的作用,试验表明,钙离子对蛋白质和酰胺的合成有促进作用;豆类作物根瘤的形成和固氮作用都要求有较高浓度的钙营养;钙还是某些酶的活化剂;钙还有调节植物体内pH的功用,钙与钾同时存在,对维持细胞生理平衡和原生物质胶体的正常状态有着重要作用;钙离子对多种离子有拮抗作用,因此,有钙存在可避免或减少铵、氢、铝、钠离子过多的毒害。此外,钙与真菌病害有一定的关系,据研究,钙含量与真菌病害的感染呈负相关,即钙多病轻,钙少病重,如番茄青枯病的发生与茎中钙含量呈负相关。

作物主要吸收钙离子,豆类作物和蔬菜及某些果树需钙较多,禾谷类作物需钙较少。钙在植物体中移动性小,主要集中在较老的组织中,很少向幼嫩器官运送。因此,作物缺钙症状首先在根尖、叶尖、顶芽或心叶发生。缺钙的症状是植株矮小,未老先衰,幼叶卷曲而脆弱,叶中有坏死组织,根尖和生长细胞逐渐腐烂死亡;许多作物的果实顶部腐烂,如西

瓜、番茄、马铃薯的顶部变褐腐烂。

作物缺钙可施石灰或其他含钙肥料改善钙营养，效果最快、最好的是喷施0.3%～0.5%的硝酸钙溶液。

## 二、土壤交换性镁

### (一)土壤交换性镁含量分级及面积

土壤镁含量受母质、气候、风化程度、淋溶和耕作制度的影响变化很大。土壤中的镁分有机态镁、矿物态镁、水溶性镁和交换性镁四种形态。镁主要以无机态存在，有机态很少。土壤中交换性镁和水溶性镁合称土壤有效态镁，因为水溶性镁含量很少，故通常以交换性镁作为有效性镁的诊断指标。

全县土壤交换性镁平均含量为412mg/kg，变幅为173～1013mg/kg，标准差为85mg/kg，变异系数为0.21。商河县土壤交换性镁含量丰富，分属2级和3级水平，含量由北往南逐渐升高，含量最高的是玉皇庙镇，为431mg/kg，含量最低的是殷巷镇，为384mg/kg。耕层土壤交换性镁含量分级及面积如表4-25所示。

表4-25 耕层土壤交换性镁含量分级及面积表

| 级别 | 1 | 2 | 3 | 4 | 5 |
|---|---|---|---|---|---|
| 范围(mg/kg) | >600 | 400～600 | 300～400 | 250～300 | 200～250 |
| 样本数(个) | 19 | 382 | 260 | 37 | 13 |
| 耕地面积($hm^2$) | 96.18 | 39961.36 | 28111.03 | 480.88 | 48.09 |
| 占总耕地面积比例(%) | 0.14 | 58.17 | 40.92 | 0.7 | 0.07 |

其中，棉田平均含量为367mg/kg，粮田平均含量为413mg/kg，大蒜田平均含量为424mg/kg，不同区域间差异较大，这与粮田和大蒜田施用钙、镁、磷肥较多有关。不同利用类型耕层土壤交换性镁含量如表4-26所示。

表4-26 不同利用类型耕层土壤交换性镁含量表

| 利用类型 | 平均值(mg/kg) | 最大值(mg/kg) | 最小值(mg/kg) | 标准差(mg/kg) | 变异系数 | 统计数(个) |
|---|---|---|---|---|---|---|
| 全县 | 412 | 1013 | 173 | 85 | 0.21 | 714 |
| 棉田 | 367 | 463 | 173 | 74 | 0.2 | 37 |
| 粮田 | 413 | 1013 | 184 | 84 | 0.2 | 581 |
| 大蒜田 | 424 | 733 | 199 | 88 | 0.21 | 96 |

### (二)镁在作物体中的作用、作物缺镁症状及防治

镁是叶绿素的成分，缺镁叶片褪绿，作物难以合成碳水化合物；镁是很多酶的活化剂，如糖激酶、半乳糖激酶等许多参与碳水化合物代谢的酶都要镁离子作活化剂，一些参与氮和磷素代谢的酶也要镁离子来活化；镁还有促进脂肪合成的作用。

镁在植物体中易从老器官转移到新生器官中，所以，缺镁首先在植株下部老叶表现症状。缺镁时，叶片叶脉间褪绿，以后变为均匀的淡黄色或白色，叶内部分组织变褐甚至坏死，某些作物叶片基部呈倒V形保持绿色，而许多蔬菜是叶边缘发黄。

植物缺镁大多原因可能是土壤酸性强，或土壤含钙量高，或是施钾肥太多，而诱发缺镁。缺镁作物喷1%硫酸镁溶液可获良好效果。

## 三、土壤有效硫

土壤含硫量与母质种类有关，受气候、地形条件和施肥的影响呈明显的变化。在湿润多雨和受淋洗作用较强的地区含硫较低；相反在干旱、半干旱地区，由于风化产生的硫酸盐极少流失，因而土壤含硫量较高。在一般耕地中，有机质丰富的土壤含硫量往往较高。硫在土壤中以四种形态存在，即有机态硫、矿物态硫、水溶性硫和吸附态硫。四种形态的硫是可以互相转化的，从而构成土壤中硫的循环。硫有七种变价形态，但作物可以利用的是游离硫酸根离子($SO_4^{2-}$)。土壤中的游离硫酸根离子是通过有机态硫的矿化、硫酸盐矿物的溶解和矿化物的氧化作用而来。严格地说，土壤有效硫应该包括存在于土壤溶液中的硫酸盐和硫化物、吸附态硫酸根和易分解的有机态硫。

### (一)土壤有效硫含量分级及面积

全县耕地土壤有效硫平均含量为48.9mg/kg，为中等水平，变幅为6.7～298.7mg/kg，标准差为38.6mg/kg，变异系数为0.79。耕层土壤有效硫含量高的区域集中在韩庙乡和龙桑寺镇，含量低的区域集中在贾庄镇和白桥乡。耕层土壤有效硫含量分级及面积如表4-27所示。

表4-27　　耕层土壤有效硫含量分级及面积表

| 级别 | 1 | 2 | 3 | 4 | 5 | 6 | 7 |
|---|---|---|---|---|---|---|---|
| 范围(mg/kg) | >100 | 75～100 | 60～75 | 45～60 | 30～45 | 15～30 | <15 |
| 样本数(个) | 42 | 45 | 51 | 151 | 268 | 121 | 40 |
| 耕地面积($hm^2$) | 1140.38 | 2857.82 | 5956.08 | 20148.99 | 33215.26 | 5193.53 | 185.48 |
| 占总耕地面积比例(%) | 1.66 | 4.16 | 8.67 | 29.33 | 48.35 | 7.56 | 0.27 |

其中，棉田平均含量为48.9mg/kg，粮田平均含量为49.8mg/kg，大蒜田平均含量为43.4mg/kg。不同利用类型耕层土壤有效硫含量差别不大，只是大蒜田含量略低。不同利用类型耕层土壤有效硫含量如表4-28所示。

表4-28　　不同利用类型耕层土壤有效硫含量表

| 利用类型 | 平均值(mg/kg) | 最大值(mg/kg) | 最小值(mg/kg) | 标准差(mg/kg) | 变异系数 | 统计数(个) |
|---|---|---|---|---|---|---|
| 全县 | 48.9 | 298.7 | 6.7 | 38.6 | 0.79 | 708 |
| 棉田 | 48.9 | 220.3 | 21.9 | 34.5 | 0.71 | 69 |
| 粮田 | 49.8 | 298.7 | 6.7 | 40.4 | 0.81 | 550 |
| 大蒜田 | 43.4 | 196.3 | 8 | 24.1 | 0.55 | 89 |

商河县耕地土壤有效硫含量分布极不均衡，变异系数达 0.79，最小值仅为 6.7mg/kg，小于 30mg/kg 的面积占 7.83%。实践证明，在这些地区施用硫肥具有明显的增产效果。

（二）硫在作物体中的作用、作物缺硫症状及防治

硫是组成植物生命的基础物质——蛋白质、核酸不可缺少的元素。作物需硫量大致与磷素相当，因此，硫被认为是植物的第四大元素。硫的生理功能表现在三个方面：一是含硫氨基酸的组成成分；二是参与硫胺素、生物素辅酶 A 等的组成和代谢活动；三是一些酶的组成成分。

作物缺硫的症状类似缺氮，主要特征表现为失绿和黄化，但失绿的部位与缺氮不同，缺硫时失绿首先出现在顶部的新叶上，而缺氮是新叶老叶同时褪绿。双子叶植物缺硫一般表现为植株矮小，叶细小，叶片向上卷曲、变硬、易碎、提早脱落，茎生长受阻滞、僵直，开花迟，结果结荚少；而禾谷类作物缺硫则表现为生长直立，植株失绿黄化，叶脉脉纹不清晰，但一般很少出现棕色斑点。

一些常用的化肥如过磷酸钙、硫酸铵以及铜、铁、锰、锌的硫酸盐（微量元素肥料）中都含有丰富的硫，它们随着施肥活动而进入到土壤中，加上其他各种化肥中所含的硫，空气中自然沉降的含硫降雨、降尘，灌溉水中的硫等，缓解了农田硫元素的不平衡状况。硫肥施用方法应视作物生长与需要而定。基肥于播种前耕耙时施用，通过耕耙使之与土壤充分混合并达到一定深度，以促进其分解转化。根外喷施硫肥可作为辅助性措施。根治缺硫症还应以基施为主。

## 四、土壤有效硅

硅是地壳中含量最丰富的元素之一，在地壳中的丰度为 29.5%。土壤中含有大量的硅，但土壤中的硅多以难溶形态存在，可为当季作物吸收利用的只是土壤中的单硅酸及易于转化为单硅酸的盐类，即土壤的有效硅。所以能为植物所利用的土壤硅的有效含量一般比较低。土壤有效硅含量受多种因素的影响，不同的土壤有效硅含量差异很大。土壤硅是作物生长发育不可缺少的元素，对其他一些元素还有活化或拮抗作用。

（一）土壤有效硅含量分级及面积

全县耕地土壤有效硅平均含量为 125.7mg/kg，变幅为 40.3～228.2mg/kg，标准差为 30.3mg/kg，变异系数为 0.24，属 4 级中等偏下水平。耕层土壤有效硅含量较高的区域集中在玉皇庙镇和白桥乡，含量较低的区域集中在沙河乡和郑路镇。耕层土壤有效硅含量分级及面积如表 4-29 所示。

**表 4-29　耕层土壤有效硅含量分级及面积表**

| 级别 | 2 | 3 | 4 | 5 |
|---|---|---|---|---|
| 范围(mg/kg) | 200～300 | 150～200 | 100～150 | 50～100 |
| 样本数(个) | 13 | 131 | 429 | 133 |
| 耕地面积($hm^2$) | 13.74 | 5708.77 | 57836.45 | 5138.58 |
| 占总耕地面积比例(%) | 0.02 | 8.31 | 84.19 | 7.48 |

其中，棉田平均含量为134.7mg/kg，粮田平均含量为123.8mg/kg，大蒜田平均含量为133mg/kg。粮田含量稍低的原因是小麦、玉米对硅需求量大，而土壤长期得不到补充。不同利用类型耕层土壤有效硅含量如表4-30所示。

表4-30　　不同利用类型耕层土壤有效硅含量表

| 利用类型 | 平均值(mg/kg) | 最大值(mg/kg) | 最小值(mg/kg) | 标准差(mg/kg) | 变异系数 | 统计数(个) |
|---|---|---|---|---|---|---|
| 全县 | 125.7 | 228.2 | 40.3 | 30.3 | 0.24 | 707 |
| 棉田 | 134.7 | 212.1 | 67.46 | 32.4 | 0.24 | 63 |
| 粮田 | 123.8 | 228.2 | 40.3 | 29.9 | 0.24 | 566 |
| 大蒜田 | 133 | 227.5 | 66.2 | 33 | 0.25 | 78 |

(二)硅在作物体中的作用、作物缺硅症状及防治

硅是地壳和土壤中第二个最丰富的元素。大量研究结果表明，硅是水稻、麦类、玉米、大豆、花生等农作物正常生长发育不可缺少的元素。增施硅肥对农作物具有显著的增产效果。硅对植物生长的作用表现在：

(1)提高作物的光合作用。硅可提高水稻、大小麦、玉米等禾本科作物的光合效率，其机理是淀积在表皮细胞中的硅使植株挺拔，叶片与茎秆夹角变小，改善了植株的受光态势，提高了植株对光的截获与利用。

(2)提高根系活性。硅提高根系的活性表现在硅可使水稻根系的白根数增加，提高水稻根系的α-萘胺氧化力，增强水稻根的泌氧能力，提高根的脱氢酶活性，从而减轻厌氧条件下还原性有害、有毒物质如$Fe^{2+}$、$Mn^{2+}$、$H_2S$等对根系的危害。

(3)提高抗倒伏能力。由于淀积在表皮细胞壁中的硅形成角硅双层，茎秆的机械强度增加，使植株挺拔，可有效地防止水稻、大小麦等作物的倒伏现象，在恶劣气候如大风袭击等情况下这种作用尤其明显。

(4)增强抗病能力。硅提高作物的抗病性已是不争的事实。硅对水稻的三大病害(稻瘟病、纹枯病、白叶枯病)和胡麻叶斑病、小麦的锈病和赤霉病具有显著的抗性。许多土壤表现供硅不足，施硅能提高作物产量。

有效硅含量小于50mg/kg时为严重缺硅土壤，50～100mg/kg时为缺硅土壤，大于100mg/kg时为不缺硅土壤。但当土壤有效硅含量为200～300mg/kg时，施硅肥仍具有增产效果。

硅肥的施用技术：①适宜作基肥，不宜作种肥。硅肥可单独施用，也可与农家肥混施。②可作追肥，应早施、深施。果树可在秋冬、早春单独与有机肥采取开沟(环状放射状条沟)注入法施肥。硅肥施用的注意事项：①硅肥不能代替氮、磷、钾肥，氮、磷、钾、硅肥科学配合施用，才能获得良好的效果。②硅肥不能与碳酸氢铵混合或同时施用。硅肥会使碳酸氢铵中的氨挥发，降低氮肥的利用率，造成不必要的浪费。

### 五、土壤中量元素地区分布

从总体情况来看，商河县耕地钙、镁两种中量元素含量较为丰富，土壤交换性钙大多数为1级和2级水平；交换性镁大部分为2级和3级水平。土壤有效硫为4级和5级水平，含量偏低。土壤有效硅大部分为4级水平，含量居中。由于商河县成土母质均为黄河冲积物，且中量元素含量与土壤母质关系密切，因此，各乡、镇（街道办事处）土壤中量元素含量分布比较平衡。

各乡、镇（街道办事处）耕层土壤中量元素含量如表4-31所示。

表4-31　　各乡、镇(街道办事处)耕层土壤中量元素含量表

| 乡、镇(街道办事处) | 交换性钙(mg/kg) | 交换性镁(mg/kg) | 有效硫(mg/kg) | 有效硅(mg/kg) |
|---|---|---|---|---|
| 全县 | 7535 | 412 | 48.9 | 125.7 |
| 白桥乡 | 8229 | 423 | 40.9 | 135 |
| 韩庙乡 | 6448 | 393 | 67.9 | 128.6 |
| 怀仁镇 | 6894 | 401 | 46.2 | 129.2 |
| 贾庄镇 | 7750 | 430 | 40.8 | 122.4 |
| 龙桑寺镇 | 7811 | 417 | 51.7 | 124 |
| 沙河乡 | 6902 | 391 | 51.7 | 119.4 |
| 孙集乡 | 7443 | 401 | 49.8 | 129.5 |
| 许商街道办事处 | 8133 | 425 | 45.7 | 125.8 |
| 殷巷镇 | 5865 | 384 | 50.2 | 129.7 |
| 玉皇庙镇 | 8290 | 431 | 45.8 | 134.3 |
| 张坊乡 | 8020 | 405 | 40.2 | 121.1 |
| 郑路镇 | 7346 | 409 | 53.2 | 112.4 |

## 第四节　土壤微量元素状况

微量元素是作物必需的营养元素。作物所需的微量元素主要来自于土壤。土壤中微量元素供给不足时，作物的生长发育受到影响，产量和质量均会下降。对于作物来说，含量范围为0.2～200mg/kg(按干物重计)的必需元素称为微量元素。到目前为止证实，作物所必需的微量元素有锌、硼、钼、锰、铜、铁、氯7种。氯因自然界中较丰富，未发现作物有缺氯症状，故不列为调查对象。

## 一、土壤有效锌

土壤含锌量与成土母质有关，由基性岩发育的土壤含锌量比酸性岩高，由石灰岩发育的土壤含锌量比片麻岩和石英岩高。作物利用的土壤中的锌不是土壤含锌量的全部，而是处于作物能够吸收状态的锌，称为有效锌。土壤有效锌包括水溶态锌、代换态锌、螯合态锌和稀酸态锌等。在这些形态中，水溶态锌含量很少，通常将代换态锌、螯合态锌和稀酸态锌作为作物可以吸收的锌。

### (一)耕层土壤有效锌含量分级及面积

本次调查土样1008个，全县耕层土壤有效锌平均含量为1.02mg/kg，变幅为0.33～5.51mg/kg，标准差为0.38mg/kg，变异系数为0.37，分属2级和3级，属于中等偏上水平。大于3mg/kg的土样有5个，小于0.5mg/kg的土样有9个，耕层土壤有效锌含量高的区域集中在许商街道办事处和龙桑寺镇，含量低的区域集中在殷巷镇和韩庙乡。耕层土壤有效锌含量分级及面积如表4-32所示。

表4-32　耕层土壤有效锌含量分级及面积表

| 级别 | 2 | 3 |
|---|---|---|
| 范围(mg/kg) | 1～3 | 0.5～1 |
| 样本数(个) | 429 | 565 |
| 耕地面积($hm^2$) | 29010.97 | 39686.57 |
| 占总耕地面积比例(%) | 42.23 | 57.77 |

### (二)不同利用类型耕层土壤有效锌含量

棉田有效锌平均含量为0.97mg/kg，粮田平均含量为1.02mg/kg，大蒜田平均含量为1.06mg/kg。不同利用类型耕层土壤有效锌平均含量差别不显著，具体如表4-33所示。

表4-33　不同利用类型耕层土壤有效锌含量表

| 利用类型 | 平均值(mg/kg) | 最大值(mg/kg) | 最小值(mg/kg) | 标准差(mg/kg) | 变异系数 | 统计数(个) |
|---|---|---|---|---|---|---|
| 全县 | 1.02 | 5.51 | 0.33 | 0.38 | 0.37 | 1008 |
| 棉田 | 0.97 | 2.08 | 0.47 | 0.28 | 0.29 | 79 |
| 粮田 | 1.02 | 5.51 | 0.33 | 0.4 | 0.39 | 797 |
| 大蒜田 | 1.06 | 2.05 | 0.35 | 0.31 | 0.29 | 132 |

### (三)耕层土壤有效锌丰缺情况

耕层土壤有效锌的临界浓度视土壤种类和作物而异，商河县属石灰性土壤，作物以小麦、玉米为主，其次是棉花、大蒜等经济作物，其中有效锌的临界浓度有以下三种情况：当锌供应不足时，小于 0.5mg/kg；当锌供应处于边缘值时，为 0.5～1mg/kg；当锌供应适度时，大于 1mg/kg。

商河县 57.77%的耕层土壤面积有效锌供应处于边缘值，主要分布在韩庙乡南部、殷巷镇东南部、郑路镇东南部、许商街道办事处南部、玉皇庙镇东部，42.23%的耕层土壤面积有效锌供应适度，主要分布在许商街道办事处西部、怀仁镇东南部、张坊乡东南部、龙桑寺镇南部。

(四)锌对作物的营养作用、缺锌症状及防治

锌有调节植物体内氧化还原过程的作用；锌能促进生长素(吲哚乙酸)的合成，所以缺锌时芽和茎中的生长素明显减少，植物生长受阻，叶子变小；锌还能促进光合作用，因为扩散到叶绿体中的碳酸需要以锌作活化剂的碳酸酐酶促进其分解出 $CO_2$ 来参与光合作用，同时缺锌时叶绿素含量下降，造成白叶或花叶。此外，有人认为锌也影响蛋白质的合成，因为脱氧核糖核酸的结构稳定性需要锌。脱氧核糖核酸的生理作用之一是合成多肽。

果树对锌比其他作物敏感。果树缺锌常引起小叶病或叶簇病(即在枝条顶端叶片丛生成簇状)，特别是落叶果树；花生缺锌也常出现小叶病和叶簇病；小麦缺锌时麦苗返青迟，拔节困难，植株矮小，叶片主脉两侧失绿，形成黄绿相间的条带，条带边缘清晰，无颗粒状斑点及霉污；玉米缺锌易产生叶片失绿，果穗缺粒秃顶。作物缺锌时可喷施 0.1%的硫酸锌溶液。

## 二、土壤有效铜

土壤中全铜的含量不能作为判断土壤供铜的指标，有效铜才是作物可以利用的铜。影响土壤有效铜的最主要的因素是土壤有机质含量，其次是土壤酸碱度。此外，施肥水平也与铜供应情况有关。

(一)土壤有效铜含量分级及面积

全县耕层土壤有效铜平均含量为 1.3mg/kg，变幅为 0.44～3.69mg/kg，标准差为 0.42mg/kg，变异系数为 0.32。商河县耕层土壤有效铜较丰富，属 2 级水平。耕层土壤有效铜含量分级及面积如表 4-34 所示。

表 4-34 耕层土壤有效铜含量分级及面积表

| 级别 | 1 | 2 | 3 |
|---|---|---|---|
| 范围(mg/kg) | >1.8 | 1～1.8 | 0.2～1 |
| 样本数(个) | 78 | 532 | 208 |
| 耕地面积($hm^2$) | 2672.33 | 52601.7 | 13423.5 |
| 占总耕地面积比例(%) | 3.89 | 76.57 | 19.54 |

(二)不同利用类型耕层土壤有效铜含量

棉田有效铜平均含量为 0.98mg/kg，粮田平均含量为 1.27mg/kg，大蒜田平均含量为 1.64mg/kg。不同利用类型耕层土壤有效铜含量差别显著，分析其原因，与土壤有机质含量、土壤的质地以及碱性有很大关系。土壤有机质的增加能够明显提高铜的有效性，

质地越重土壤有效铜含量越高，土壤的碱性越强土壤有效铜含量越低。不同利用类型耕层土壤有效铜含量如表 4-35 所示。

表 4-35　　不同利用类型耕层土壤有效铜含量表

| 利用类型 | 平均值(mg/kg) | 最大值(mg/kg) | 最小值(mg/kg) | 标准差(mg/kg) | 变异系数 | 统计数(个) |
|---|---|---|---|---|---|---|
| 全县 | 1.3 | 3.69 | 0.44 | 0.42 | 0.32 | 818 |
| 棉田 | 0.98 | 1.93 | 0.59 | 0.29 | 0.3 | 67 |
| 粮田 | 1.27 | 3.69 | 0.44 | 0.38 | 0.3 | 633 |
| 大蒜田 | 1.64 | 3.54 | 0.55 | 0.46 | 0.28 | 118 |

（三）耕层土壤有效铜丰缺情况

耕层土壤有效铜的临界浓度视土壤种类和作物而异，商河县属石灰性土壤，作物以小麦、玉米为主，其次是棉花、大蒜等经济作物，其临界浓度为 0.2mg/kg。

商河县耕层土壤有效铜供应处于临界值以上，含量比较丰富，含量高的区域集中在白桥乡和玉皇庙镇，含量低的区域集中在殷巷镇和怀仁镇，呈明显的北低南高趋势。

（四）铜对作物的营养作用、缺铜症状及防治

铜素在作物体中的生理作用大多与酶的活性有关。铜在作物体内与蛋白质结合构成多种含铜的蛋白酶，缺少铜直接影响蛋白酶所催化的生化反应，影响作物的正常代谢。铜的生理作用表现在以下四个方面：第一，铜是叶绿体中类脂的成分，对叶绿素的合成和稳定起促进作用，作物缺铜，叶绿素含量将减少；第二，铜是作物呼吸作用和氧化磷酸化过程中的重要酶；第三，铜是亚硝酸酶和次亚硝酸酶的活化剂，参与作物体内硝酸还原过程；第四，铜在木质素合成过程中起着重要作用。

作物缺铜表现在新叶缺绿，出现花白斑，果穗发育不正常。禾本科作物和果树缺铜危害最大，有明显的症状，容易辨认。小麦、水稻等缺铜植株叶片变软，萎蔫，分蘖期幼叶变黄，叶尖卷曲变白，分蘖很多而不抽穗或者穗很少，有时不能形成饱满籽实。玉米缺铜叶子失绿，变成灰色，叶片卷曲，反转，新叶叶尖死亡。番茄缺铜幼枝生长停滞，叶片弯曲，叶子呈暗蓝绿色，不能形成花芽，开花不足，根系发育不良。果树缺铜的主要症状是顶枯，病株顶部枝条弯曲，枝条上形成斑块和瘤状物，芽的数目增多，树皮出现裂痕。

作物缺铜可施用铜肥进行调理，铜肥施用方法有三种：基施、种子处理和叶面喷施。目前应用最广的铜肥是硫酸铜。基肥，每亩施用硫酸铜 0.2～1kg；拌种，每千克种子拌硫酸铜 1g，将硫酸铜用少量水溶解，然后用喷雾器均匀喷在种子上；喷施，用 0.02%～0.2% 浓度的硫酸铜水溶液喷雾。

## 三、土壤有效铁

铁是地壳中分布最广的化学元素之一，所有的土壤中都含有大量的铁。虽然土壤中铁的含量很高，但对作物有效的铁含量却很少，只有总含量的千分之几至万分之几。尤其是碱性高的石灰性土壤，铁的可供性更低。因此，北方石灰性土壤上作物缺铁现象时有发

生。土壤有效铁含量的多少，与土壤酸碱度、质地及土壤碳酸钙的含量、土壤水的饱和度、土壤有机质等因素有关。

（一）耕层土壤有效铁含量分级及面积

全县耕层土壤有效铁平均含量为 12.01mg/kg，变幅为 2.37～24.06mg/kg，标准差为 3.06mg/kg，变异系数为 0.25，属 2 级较丰富水平。耕层土壤有效铁含量高的区域集中在龙桑寺镇、许商街道办事处和孙集乡，含量低的区域集中在殷巷镇。耕层土壤有效铁含量分级及面积如表 4-36 所示。

表 4-36　　耕层土壤有效铁含量分级及面积表

| 级别 | 1 | 2 | 3 | 4 |
|---|---|---|---|---|
| 范围(mg/kg) | ＞20 | 10～20 | 4.5～10 | ＜4.5 |
| 样本数(个) | 9 | 579 | 202 | 4 |
| 耕地面积($hm^2$) | 778.69 | 50095.56 | 17477.21 | 346.08 |
| 占总耕地面积比例(%) | 1.13 | 72.92 | 25.44 | 0.50 |

（二）不同利用类型耕层土壤有效铁含量

棉田有效铁平均含量为 10.06mg/kg，粮田平均含量为 12.06mg/kg，大蒜田平均含量为 12.84mg/kg。不同利用类型耕层土壤有效铁含量差别较大，分析其原因，除了与土壤有机质、质地有关系外，土壤酸碱性是决定性的因素。棉田主要位于商河县北部盐碱洼地，土壤 pH 较高，受其影响土壤有效铁含量显著低于粮田和大蒜田。不同利用类型耕层土壤有效铁含量如表 4-37 所示。

表 4-37　　不同利用类型耕层土壤有效铁含量表

| 利用类型 | 平均值(mg/kg) | 最大值(mg/kg) | 最小值(mg/kg) | 标准差(mg/kg) | 变异系数 | 统计数(个) |
|---|---|---|---|---|---|---|
| 全县 | 12.01 | 24.06 | 2.37 | 3.06 | 0.25 | 793 |
| 棉田 | 10.06 | 16.24 | 3.58 | 2.78 | 0.28 | 67 |
| 粮田 | 12.06 | 23.37 | 2.37 | 3 | 0.25 | 610 |
| 大蒜田 | 12.84 | 24.01 | 6.79 | 3.11 | 0.24 | 116 |

（三）耕层土壤有效铁含量与土壤 pH 的关系

化验分析表明，土壤有效铁含量与土壤 pH 有明显的关系。当土壤 pH 在 7.8～8 的范围内时，土壤有效铁含量最高；当土壤 pH 大于 8 时，随着 pH 的升高，有效铁含量显著下降，其主要原因是土壤溶液中较多的 $OH^-$ 与铁离子形成难溶的沉淀物，降低了铁的有效性；而当土壤 pH 小于 7.8 时，铁的固定作用减弱，易造成淋失，从而使土壤有效铁含量降低。不同耕层土壤有效铁含量与土壤 pH 的关系如表 4-38 所示。

表 4-38 不同耕层土壤 pH 与有效铁含量的关系

| pH 的范围 | 平均值 (mg/kg) | 最大值 (mg/kg) | 最小值 (mg/kg) | 标准差 (mg/kg) | 变异系数 | 统计数 (个) |
|---|---|---|---|---|---|---|
| <7.8 | 9.35 | 14.3 | 5.1 | 2.43 | 0.26 | 12 |
| 7.8～8 | 12.66 | 24 | 6.32 | 3.55 | 0.28 | 55 |
| 8～8.2 | 12.41 | 20.9 | 4.19 | 2.93 | 0.24 | 186 |
| 8.2～8.4 | 11.8 | 20.6 | 2.37 | 3.15 | 0.27 | 185 |
| >8.4 | 11.29 | 18 | 5.29 | 3.08 | 0.27 | 31 |

(四)铁对作物的营养作用、缺铁症状及防治

铁比较集中分布在叶绿体中,虽然它不是叶绿素的成分,但却对叶绿素的形成起酶促作用。因此,缺铁时易造成植物"缺绿"或"黄化"。由于铁在植物中很难转移再利用,所以缺绿症首先出现在嫩叶上。铁是铁氧还原蛋白的重要组成部分,铁氧还原蛋白与叶绿体结合,在光合作用中起传递电子的作用,因此,缺铁时光合作用受到影响;铁氧还原蛋白还是豆科作物根瘤中豆血红素的成分(有固氮作用)。铁又是铁钼固氮酶的成分,因而缺铁时豆科作物氮素供应受到影响,植株生长受到一定限制。此外,铁是磷酸蔗糖酶最好的活化剂,缺铁时蔗糖的形成受影响;铁也是许多氧化酶的成分,对植物呼吸有促进作用,缺铁影响呼吸,使高能物质 ATP 的形成减少。

全县耕层土壤有效铁含量比较集中,有效铁含量为 10～20mg/kg 的耕层土壤占总耕层土壤的 72.92%。这说明绝大部分土壤不缺铁,但是也有极少部分土壤缺乏铁元素。

作物缺铁的共同症状是幼叶叶脉间失绿,严重时完全失绿成白色,称为"黄化病"。

作物缺铁时可喷施 0.75%～1%的硫酸亚铁溶液,但由于硫酸亚铁容易被氧化成高价铁,很快就不能被作物吸收,而且在植物体中移动性小,并很少横向运输,所以喷施铁肥时,要喷在嫩叶上,连喷 2 次以上。试验表明,喷柠檬酸铁或柠檬酸铁铵效果更佳。

## 四、土壤有效锰

不同土壤的全锰含量因成土母质不同而有很大差异。土壤中的全锰含量不宜作为判断锰的丰缺指标,土壤中的有效锰才是作物可以利用的锰。土壤有效锰的多少,与土壤酸碱度、氧化还原电位、土壤质地、土壤水分状况及有机质含量等有关。

(一)耕层土壤有效锰含量分级及面积

全县耕层土壤有效锰平均含量为 7.83mg/kg,变幅为 2.41～19.4mg/kg,标准差为 2.37mg/kg,变异系数为 0.3,属 3 级中等水平。全县 91.32%的耕层面积土壤有效锰含量为 5～15mg/kg,含量高的区域集中在玉皇庙镇和许商街道办事处,含量低的区域集中在殷巷镇和韩庙乡。耕层土壤有效锰含量分级及面积如表 4-39 所示。

表 4-39　　耕层土壤有效锰含量分级及面积表

| 级别 | 1 | 2 | 3 | 4 | 5 |
|---|---|---|---|---|---|
| 范围(mg/kg) | ＞30 | 15～30 | 5～15 | 1～5 | ＜1 |
| 样本数(个) | 0 | 7 | 747 | 64 | 0 |
| 耕地面积($hm^2$) | 0 | 587.88 | 62734.80 | 5374.87 | 0 |
| 占总耕地面积比例(%) | 0 | 0.86 | 91.32 | 7.82 | 0 |

(二)不同利用类型耕层土壤有效锰含量

棉田有效锰平均含量为 6.8mg/kg,粮田平均含量为 7.83mg/kg,大蒜田平均含量为 8.4mg/kg。不同利用类型耕层土壤有效锰含量差别较大,分析其原因,除了与土壤有机质、质地有关系外,土壤酸碱性是决定性的因素。棉田主要位于商河县北部盐碱洼地,土壤 pH 较高,受其影响土壤有效锰含量显著低于粮田和大蒜田。不同利用类型耕层土壤有效锰含量如表 4-40 所示。

表 4-40　　不同利用类型耕层土壤有效锰含量表

| 利用类型 | 平均值(mg/kg) | 最大值(mg/kg) | 最小值(mg/kg) | 标准差(mg/kg) | 变异系数 | 统计数(个) |
|---|---|---|---|---|---|---|
| 全县 | 7.83 | 19.4 | 2.41 | 2.37 | 0.3 | 818 |
| 棉田 | 6.8 | 12.57 | 2.76 | 1.78 | 0.26 | 67 |
| 粮田 | 7.83 | 17.39 | 2.41 | 2.28 | 0.29 | 633 |
| 大蒜田 | 8.4 | 19.4 | 2.77 | 2.88 | 0.34 | 118 |

(三)耕层土壤有效锰含量与土壤 pH 的关系

土壤中的锰处于一种动态平衡状态,各形态锰的含量及其占全锰的比例随 pH 的变化而变化,其中代换态锰和有机态锰随 pH 升高而减少,氧化态锰、无定形铁结合态锰和晶形铁结合态锰则随 pH 升高而增加。土壤中锰的生物有效性随 pH 升高而降低。

化验分析表明,土壤有效锰含量与土壤 pH 有明显的关系。当土壤 pH 在 7.8～8 的范围内时,土壤有效锰含量最高;当土壤 pH 大于 8 时,随着 pH 的升高,有效锰含量显著下降,其主要原因是土壤溶液中较多的氧化态锰、无定形铁结合态锰形成难溶的沉淀物,降低了锰的有效性;而当土壤 pH 小于 7.8 时,代换态锰和有机态锰的固定作用减弱,易造成淋失,从而使土壤有效锰含量降低。不同耕层土壤有效锰含量与土壤 pH 的关系如表 4-41 所示。

表 4-41　　不同耕层土壤 pH 与有效锰含量的关系

| pH 的范围 | 平均值 (mg/kg) | 最大值 (mg/kg) | 最小值 (mg/kg) | 标准差 (mg/kg) | 变异系数 | 统计数 (个) |
|---|---|---|---|---|---|---|
| ＜7.8 | 6.48 | 9.33 | 2.69 | 1.96 | 0.3 | 12 |
| 7.8～8 | 8.86 | 13.8 | 2.98 | 2.63 | 0.3 | 58 |
| 8～8.2 | 7.85 | 14.9 | 2.42 | 2.25 | 0.29 | 189 |
| 8.2～8.4 | 7.72 | 15.9 | 2.48 | 2.08 | 0.27 | 190 |
| ＞8.4 | 6.68 | 11.8 | 2.41 | 2.02 | 0.3 | 32 |

(四)耕层土壤有效锰丰缺情况

耕层土壤有效锰的临界浓度视土壤种类和作物而异，商河县属石灰性土壤，作物以小麦、玉米为主，其次是棉花、大蒜等经济作物，其临界浓度有以下三种情况：当锰供应不足时，小于 1mg/kg；当锰供应处于边缘值时，为 1～5mg/kg；当锰供应适度时，大于 5mg/kg。

商河县 7.82％的耕层土壤面积有效锰供应处于边缘值，主要分布在韩庙乡、殷巷镇北部、怀仁镇西北部、龙桑寺镇东部；92.18％的耕层土壤面积有效锰供应适度，主要分布在许商街道办事处、玉皇庙镇、白桥乡。

(五)锰对作物的营养作用、缺锰症状及防治

锰主要有四方面的作用：①锰能促进光合作用。近年来初步证明，锰是叶绿体的结构成分。②锰是许多酶的活化剂，如柠檬酸脱氢酶、苹果酸脱氢酶、核糖核酸聚合酶、精氨酸酶等都需要锰作活化剂，所以锰与碳素代谢、氮素代谢都有关系。③锰有调节氧化还原电位的作用。④锰有促进种子发芽和幼苗生长、加速花粉萌发和花粉管伸长的作用。

作物缺锰时，叶片的主脉和侧脉附近为深绿色，呈带状，叶脉间为浅绿色，这种失绿症一般出现在新的枝条上；严重缺锰时，叶脉间的失绿区域变成灰绿至灰白色，叶片薄，枝条有顶枯现象。禾本科作物缺锰则出现与叶脉平行的失绿条纹(浅绿色)，之后逐渐变成灰绿色、灰白色或褐红色。

作物缺锰时一般可喷施 0.05％～0.1％的硫酸锰溶液。

### 五、土壤有效硼

(一)耕层土壤有效硼含量分级及面积

本次检测土样 1008 个，耕层土壤有效硼平均含量为 1.08mg/kg，变幅为 0.2～2.03mg/kg，标准差为 0.24mg/kg，变异系数为 0.22。商河县耕层土壤有效硼较丰富，属 2 级水平。大于 2mg/kg 的土样有 5 个，小于 0.5mg/kg 的土样有 8 个，含量高的区域集中在张坊乡和贾庄镇，含量低的区域集中在许商街道办事处和怀仁镇。耕层土壤有效硼含量分级及面积如表 4-42 所示。

表 4-42　　耕层土壤有效硼含量分级及面积表

| 级别 | 1 | 2 | 3 |
|---|---|---|---|
| 范围(mg/kg) | >2 | 1～2 | <1 |
| 样本数(个) | 1 | 652 | 347 |
| 耕地面积($hm^2$) | 0 | 49956.85 | 18740.69 |
| 占总耕地面积比例(%) | 0 | 72.72 | 27.28 |

(二)不同利用类型耕层土壤有效硼含量

棉田耕层土壤有效硼平均含量为 1.05mg/kg,粮田平均含量为 1.09mg/kg,大蒜田平均含量为 1.06mg/kg。不同利用类型耕层土壤有效硼含量差别不明显,具体如表 4-43 所示。

表 4-43　　不同利用类型耕层土壤有效硼含量表

| 利用类型 | 平均值(mg/kg) | 最大值(mg/kg) | 最小值(mg/kg) | 标准差(mg/kg) | 变异系数 | 统计数(个) |
|---|---|---|---|---|---|---|
| 全县 | 1.08 | 2.03 | 0.2 | 0.24 | 0.22 | 1008 |
| 棉田 | 1.05 | 1.78 | 0.55 | 0.25 | 0.24 | 80 |
| 粮田 | 1.09 | 2.03 | 0.2 | 0.24 | 0.22 | 828 |
| 大蒜田 | 1.06 | 1.61 | 0.51 | 0.21 | 0.2 | 100 |

(三)硼对作物的营养作用、缺硼症状及防治

硼的营养作用主要有:①能促进植物生殖器官的生长、发育。研究表明,硼能加强花粉的萌发和花粉管伸长,有利于受精作用,如花粉中含硼低于 3mg/kg,则有可能不能受粉。②能促进碳水化合物的合成和运输。缺硼会造成碳水化合物的合成少,而且运输不畅,滞留在叶中,造成生长点及繁殖器官得不到足够的营养,从而导致生长点生长不良和落花落果。③对蛋白质的合成有影响。④对叶绿素的形成有影响。此外,硼对加强根瘤菌的固氮能力有良好的影响,如大豆喷硼肥不仅能提高产量,而且能使含油率提高,且根瘤数也会增加。

商河县耕层土壤有效硼较丰富,即使对于需硼较多的(>0.5mg/kg)作物,如油菜、卷心菜、芹菜、萝卜也不会构成限制因素。

作物缺硼的最显著的病症是生长点死亡,不能形成或形成不正常的生殖器官;其次是根系腐烂,形成心腐病,落花落果。

作物缺硼时可喷施 0.05%～0.1%的硼酸溶液或 0.1%～0.2%的硼砂溶液。平常可对土壤施用硼肥,但要注意用量不能多,因土壤缺硼到中毒的浓度范围很窄。

## 六、土壤有效钼

(一)耕层土壤有效钼含量分级及面积

全县耕层土壤有效钼平均含量为 0.13mg/kg,变幅为 0.05～0.27mg/kg,标准差为

0.03mg/kg,变异系数为0.24,属4级较缺乏水平。含量高的区域集中在玉皇庙镇、白桥乡和郑路镇,含量低的区域集中在怀仁镇、殷巷镇和韩庙乡。耕层土壤有效钼含量分级及面积如表4-44所示。

表4-44　耕层土壤有效钼含量分级及面积表

| 级别 | 1 | 2 | 3 | 4 | 5 |
| --- | --- | --- | --- | --- | --- |
| 范围(mg/kg) | >0.3 | 0.2～0.3 | 0.15～0.2 | 0.1～0.15 | <0.1 |
| 样本数(个) | 0 | 32 | 135 | 669 | 184 |
| 耕地面积($hm^2$) | 0 | 103.05 | 7666.64 | 59540.15 | 1387.69 |
| 占总耕地面积比例(%) | 0 | 0.15 | 11.16 | 86.67 | 2.02 |

(二)不同利用类型耕层土壤有效钼含量

棉田耕层土壤有效钼平均含量为0.12mg/kg,粮田平均含量为0.13mg/kg,大蒜田平均含量为0.14mg/kg。不同利用类型耕层土壤有效钼含量差别显著,原因是土壤有机质和有效磷都能促进钼的转化,提高钼的有效性。大蒜田有机质和有效磷含量高,粮田有机质较高,因此大蒜田有效钼高于粮田、粮田有效钼高于棉田。不同利用类型耕层土壤有效钼含量如表4-45所示。

表4-45　不同利用类型耕层土壤有效钼含量表

| 利用类型 | 平均值(mg/kg) | 最大值(mg/kg) | 最小值(mg/kg) | 标准差(mg/kg) | 变异系数 | 统计数(个) |
| --- | --- | --- | --- | --- | --- | --- |
| 全县 | 0.13 | 0.27 | 0.05 | 0.03 | 0.24 | 1020 |
| 棉田 | 0.12 | 0.19 | 0.08 | 0.02 | 0.17 | 86 |
| 粮田 | 0.13 | 0.27 | 0.05 | 0.03 | 0.23 | 810 |
| 大蒜田 | 0.14 | 0.25 | 0.07 | 0.04 | 0.28 | 124 |

(三)钼对作物的营养作用、缺钼症状及防治

商河县种植作物以小麦、玉米为主,其次是棉花、大蒜等经济作物,虽然耕层土壤有效钼缺乏,但是以上作物对钼不敏感,并没有明显缺钼症状。豆类作物对钼敏感,种植时应注意防止缺乏钼元素。

豆类作物需钼最多,其次是十字花科作物,非豆科作物需钼最少。作物吸收进体内的硝酸根必需还原成铵才能合成蛋白质,而钼是硝酸还原酶的成分;同时豆科作物根瘤在固定空气中的氮素时需要一种含钼的固氮酶。试验表明,供应适量钼能提高固氮量。钼与锰、铜、锌等有拮抗作用,因而能减少土壤中这些元素过多而引起的植株的失绿病。钼还有增进光合作用强度的作用。

植物缺钼所呈现的症状有两种类型:一种是脉间叶色变淡、发黄,类似于缺氮和缺硫的症状,但缺钼时叶片易出现斑点,边缘发生焦枯并向内卷曲,并由于组织失水而发生萎

蔫。一般老叶先出现症状，新叶在相当长时间内仍表现正常。定型的叶片有的尖端有灰色、褐色或坏死斑点，叶柄和叶脉干枯。另一种是十字花科植物常见的症状，即表现为叶片瘦长畸形，螺旋状扭曲，老叶变厚，焦枯。

作物缺钼时可喷施0.05%～0.1%的钼酸铵溶液作为叶面施肥。拌种时，每公顷土壤施用钼酸铵或钼酸钠150～300g。

### 七、土壤微量元素地区分布

各乡、镇(街道办事处)土壤耕层微量元素含量如表4-46所示。

表4-46　各乡、镇(街道办事处)耕层土壤微量元素含量表

| 乡、镇(街道办事处) | 有效锌(mg/kg) | 有效铜(mg/kg) | 有效铁(mg/kg) | 有效锰(mg/kg) | 水溶态硼(mg/kg) | 有效钼(mg/kg) |
|---|---|---|---|---|---|---|
| 全县 | 1.02 | 1.3 | 12.01 | 7.83 | 1.08 | 0.13 |
| 白桥乡 | 1.03 | 1.61 | 12.43 | 7.52 | 1.05 | 0.14 |
| 韩庙乡 | 0.96 | 1.04 | 11.57 | 6.69 | 1.14 | 0.12 |
| 怀仁镇 | 1 | 1 | 10.76 | 6.97 | 0.99 | 0.12 |
| 贾庄镇 | 0.99 | 1.27 | 10.97 | 7.02 | 1.18 | 0.13 |
| 龙桑寺镇 | 1.09 | 1.23 | 13.53 | 8.38 | 1.11 | 0.13 |
| 沙河乡 | 1.03 | 1.03 | 12.95 | 7.41 | 1.05 | 0.12 |
| 孙集乡 | 0.99 | 1.13 | 13.14 | 8.25 | 1.1 | 0.13 |
| 许商街道办事处 | 1.15 | 1.44 | 13.2 | 8.63 | 0.93 | 0.14 |
| 殷巷镇 | 0.95 | 0.9 | 8.82 | 6.32 | 1.09 | 0.12 |
| 玉皇庙镇 | 1.04 | 1.58 | 11.97 | 9.26 | 1.12 | 0.14 |
| 张坊乡 | 1.03 | 1.31 | 12.03 | 7.59 | 1.2 | 0.13 |
| 郑路镇 | 1 | 1.47 | 11.74 | 8.16 | 1.07 | 0.14 |

## 第五节　土壤的主要物理性状

土壤的物理性状是重要的肥力因素，它调节和制约土壤中的水、肥、气、热状况，能反映农业生产的综合性能。它主要包括土壤质地、土体构型、土壤容重和孔隙度等。

### 一、土壤质地

商河县土壤耕层质地主要有沙壤土、轻壤土、中壤土、重壤土四种。各级面积详细情况如表4-47所示。

表 4-47 不同耕层质地类型耕地面积表

| 质地类型 | 沙壤土 | 轻壤土 | 中壤土 | 重壤土 |
|---|---|---|---|---|
| 面积($hm^2$) | 9173.9 | 48451.2 | 10835.6 | 144.2 |
| 占总耕地面积比例(%) | 13.36 | 70.65 | 15.78 | 0.21 |

(一)沙壤土

沙壤土的面积为 9173.9$hm^2$,占全县耕地总面积的 13.36%。沙壤土土体深厚,地形平坦,灌溉方便,耕性良好,有利于作物生长。但该土壤质地偏轻,土壤代换量低,保水、保肥性能较差,作物长势一般。作物出苗整齐,发苗快,但后劲不足,有早衰脱肥现象。在田间管理上,应注意及时施肥和灌水,以满足作物的需要,而且要少量多次,避免肥水流失。该质地土壤主要分布在龙桑寺镇常庄、沙河乡徐家、沙河农场及沙河古道,殷巷镇银王、白家、帽石、后芦洼东部,怀仁镇东信、肖家、大辛庄、古城、卜家,贾庄镇杜家集、谢家、沙湖斜庄、史家、西李王、刘安邦、聂家、张家、栾庙,许商街道办事处孟家、周家、城后区、刘万枝、西常庄、曹家南部,孙集乡董石庙、冯家东部、张董家、芦河沟、小郭家、西张庙。

(二)轻壤土

轻壤土的面积为 48451.2$hm^2$,占总耕地面积的 70.65%。它的主要特点是:物理性黏粒含量占 15%~25%,质地较松,宜耕期长,保水、保肥性能和通气透水性能较好,养分含量高于沙壤,是农业生产较为理想的土壤。该质地土壤在全县面积最大、分布范围最广。

(三)中壤土

中壤土的面积为 10835.6$hm^2$,占全县耕地总面积的 15.78%。它的特点是:土壤物理性黏粒含量占 25%~45%,黏结性、黏着性和可塑性都有增加,耕性较差,适耕期较短,耕作阻力大,水、气、热协调较差,保水、保肥能力强。该质地土壤主要分布在郑路镇南部、白桥乡大部、玉皇庙镇东南部。

(四)重壤土

重壤土的面积为 144.2$hm^2$,占全县耕地总面积的 0.21%。它主要分布在白桥乡河南张。该土壤土质黏重,比中壤土更难耕作,水、气、热协调差,易旱怕涝,但保水、保肥性能很强。

## 二、土体构型

土体构型是土体纵向不同质地层次的排列组合方式,按第二次土壤普查要求,土体构型共有 21 种,其中商河县有 11 种。商河县各土体构型及面积如表 4-48 所示。

表 4-48 商河县各土体构型及面积表

| 土体构型 | 土壤面积($hm^2$) | 占耕地总面积比例(%) |
|---|---|---|
| 厚砂芯 | 281.66 | 0.41 |
| 厚砂腰 | 8346.75 | 12.15 |

续表

| 土体构型 | 土壤面积(hm²) | 占耕地总面积比例(%) |
|---|---|---|
| 厚砂底 | 6203.39 | 9.03 |
| 薄黏心 | 54.96 | 0.08 |
| 厚黏心 | 4197.42 | 6.11 |
| 薄黏腰 | 199.22 | 0.29 |
| 厚黏腰 | 22258 | 32.4 |
| 薄黏底 | 1738.05 | 2.53 |
| 均质砂 | 4053.15 | 5.9 |
| 均质壤 | 16178.27 | 23.55 |
| 均质黏 | 5186.66 | 7.55 |

根据保水、保肥性能及其他农业生产性能的不同，土体构型可划分为以下几种类型：

(一)蒙金型

蒙金型包括厚黏腰、薄黏腰，保水、保肥性强，有利于作物生长发育，水、肥、气、热状况较协调。这类土体构型全县各乡、镇(街道办事处)均有分布，主要集中在郑路、白桥、玉皇庙、许商、殷巷、怀仁、贾庄、沙河、龙桑寺，土壤面积为 22457.22hm²，占总耕地面积的32.69%。

(二)漏砂型

漏砂型包括厚砂心、厚砂腰、厚砂底。这类土体构型中，因砂层较厚、粒间孔隙大，在灌溉或降雨后，土层养分易渗漏到下层，造成养分流失。除南部的郑路、白桥、玉皇庙东南部外，其余乡、镇(街道办事处)均有分布，主要集中在龙桑寺、沙河、韩庙、孙集、怀仁、张坊、许商、贾庄等乡、镇(街道办事处)，土壤面积为 14831.8hm²，占总耕地面积的21.59%。

(三)有底型

厚黏底属于这一类型。这类构型底部有一层黏土，对隔盐有一定作用，主要分布在龙桑寺、贾庄，土壤面积为 1738.05hm²，占总耕地面积的 2.53%。

(四)蒙淤型

蒙淤型包括厚黏心、薄黏心。这类构型由于黏土部位出现较高，影响作物根系下扎，致使作物根系吸收面积减小，在大雨和灌溉后易造成泥涝。它主要分布在白桥、玉皇庙、郑路，土壤面积为 4252.38hm²，占总耕地面积的 6.19%。

(五)全淤型

均质黏属于这一类型。该类土体构型通体剖面为黏质，保水、保肥，但土壤容重较大，作物根系下扎困难，高产地块较少，在大雨和灌溉后易造成泥涝。它主要分布在白桥、玉皇庙等乡、镇，土壤面积为 5186.66hm²，占总耕地面积的 7.55%。

(六)均质壤型

均质壤属于这一类型。该类土体构型全剖面为壤质,具有保水、保肥的能力,作物根系易下扎,营养面积大,高产地块较多。它主要分布在孙集、许商东北部、龙桑寺东部、殷巷中部、贾庄西部、韩庙、怀仁中部、张坊西部,土壤面积为16178.27hm$^2$,占总耕地面积的23.55%。

(七)均质砂型

均质砂属于这一类型。该类土体构型通体剖面为砂质土,粒间孔隙大,漏水、漏肥。它主要分布在怀仁、贾庄、殷巷等乡、镇,土壤面积为4053.15hm$^2$,占总耕地面积的5.9%。

## 三、土壤容重

土壤容重是指在自然状态下单位体积干土与同体积水的质量之比,是土壤理化性质的一项重要指标。土壤容重大小反映土壤结构、透气性、透水性能以及保水能力的高低。一般耕作层土壤容重为1~1.7g/cm$^3$,当容重为1.1~1.35g/cm$^3$时,基本适合于各类作物生长。土壤容重越小,说明土壤透气、透水性能越好。

据全县240个样点测定分析,耕层土壤容重平均值为1.35g/cm$^3$,最小值为1.13g/cm$^3$,在龙桑寺镇徐太院村,最大值为1.53g/cm$^3$,在白桥乡魏南村。容重为1.1~1.35g/cm$^3$的有108个点,占总测点数的45%;大于1.35g/cm$^3$的有132个点,占总测点数的55%。容重与质地有关,沙壤土平均容重为1.3g/cm$^3$,轻壤土平均容重为1.36g/cm$^3$,中壤土平均容重为1.39g/cm$^3$。同一地块土壤容重也经常受其他外部因素(如降水、灌水、施肥、秸秆还田量等)的影响而变化。

## 四、土壤孔隙

土壤孔隙是容纳水分和空气的场所,孔隙的大小和多少,密切影响着土壤中的水、肥、气、热状况,是土壤物理性状的主要指标之一。耕层土壤总孔隙度一般以50%~56%为宜,通气孔隙度以10%~20%为宜,土壤总孔隙度、通气孔隙度越小说明土壤通透性越差。

据240个样点测定分析,全县耕层土壤孔隙度平均为50.9%,变幅为42.4%~60.3%。其中大于56%的有23个点,占总测点数的9.6%;在适宜范围内的有121个点,占总测点数的50.4%;小于50%的有96个点,占总测点数的40%。通气孔隙度平均为12.8%,变幅为7.7%~20.4%。其中大于20%的有8个点,占总测点数的3.3%;在适宜范围内的有171个点,占总测点数的71.3%;小于10%的有61个点,占总测点数的25.4%。非毛管孔隙和毛管孔隙比为1∶3,全县土壤通透性中等偏差。

## 五、土壤理化性状的综合评述

耕地地力是一个自然社会复合体,它与土壤理化性状的优劣关系极为密切,所以在农业生产活动中,改善土壤理化性状是提高耕地地力的主要措施。

(一)土壤质地与理化性状的关系

土壤质地指耕层质地,它与土壤有机质、碱解氮、有效磷、速效钾、容重和通气孔隙度有显著的相关关系,与土壤 pH 及其他理化性状关系不明显,如表 4-49 所示。

**表 4-49　　主要土壤质地耕层理化性状表**

| 项目 | 沙壤土 | 轻壤土 | 中壤土 | 重壤土 |
|---|---|---|---|---|
| pH | 8.2 | 8.2 | 8.2 | 8 |
| 有机质(g/kg) | 13.4 | 13.9 | 14.3 | 14.3 |
| 碱解氮(mg/kg) | 76 | 73 | 77 | 83 |
| 有效磷(mg/kg) | 22.9 | 21.6 | 25.6 | 27 |
| 速效钾(mg/kg) | 113 | 123 | 143 | 138 |
| 容重($g/cm^3$) | 1.3 | 1.36 | 1.39 | — |
| 总孔隙度(%) | 52.3 | 51.4 | 49.2 | — |
| 毛管孔隙度(%) | 39.5 | 38.1 | 37.2 | — |
| 通气孔隙度(%) | 12.8 | 13.2 | 12.1 | — |
| 大小孔隙比 | 1∶3.1 | 1∶2.9 | 1∶3.1 | — |

与第二次土壤普查时相比,各种质地的有机质、有效磷含量都有较大提高,速效钾呈下降趋势,容重有所提高,毛管孔隙度变化不大,但通气孔隙度明显增大。第二次土壤普查时主要土壤质地耕层理化性状如表 4-50 所示。

**表 4-50　　主要土壤质地耕层理化性状表(1986 年)**

| 项目 | 沙壤土 | 轻壤土 | 中壤土 | 重壤土 |
|---|---|---|---|---|
| 有机质(g/kg) | 8.8 | 8.4 | 9.5 | 11.2 |
| 有效磷(mg/kg) | 5 | 5.2 | 6.4 | 6.2 |
| 速效钾(mg/kg) | 109 | 146 | 161 | 295 |
| 容重($g/cm^3$) | 1.3 | 1.3 | 1.32 | — |
| 总孔隙度(%) | 50.9 | 50.9 | 50.2 | — |
| 毛管孔隙度(%) | 39.6 | 39.8 | 41.7 | — |
| 通气孔隙度(%) | 11.3 | 11.1 | 8.5 | — |
| 大小孔隙比 | 1∶3.5 | 1∶3.6 | 1∶5 | — |

土壤 pH 主要受降雨、蒸发、地下水影响,与土壤质地关系不明显。在有机质施入量相同的情况下,土壤通气孔隙度高有机质分解快,积累少,含量低,有机质含量与通气孔隙度呈负相关,通气孔隙度随黏粒增加而降低,有机质含量随黏粒增加而升高。碱解氮、有效磷、速效钾含量主要受土壤保水、保肥能力影响,保水、保肥能力越强,含量越高。

(二)土体构型与理化性状的关系

不同的土体,耕层保水、保肥性能也不同,因此耕层的养分状况也有差异。各主要土体构型耕层理化性状如表 4-51 所示。

表 4-51 主要土体构型耕层理化性状表

| 剖面构型 | pH | 有机质(g/kg) | 有效磷(mg/kg) | 速效钾(mg/kg) | 水解性氮(mg/kg) |
|---|---|---|---|---|---|
| 厚砂心 | 8.4 | 7.6 | 34.8 | 144 | 81 |
| 厚砂腰 | 8.2 | 14 | 22 | 127 | 73 |
| 厚砂底 | 8.2 | 13.4 | 18.9 | 111 | 80 |
| 薄黏心 | 8.2 | 12.3 | 29.1 | 130 | 70 |
| 薄黏腰 | 8.2 | 12.7 | 18.7 | 177 | 75 |
| 厚黏心 | 8.2 | 14.3 | 23.6 | 126 | 74 |
| 厚黏腰 | 8.2 | 13.8 | 22.4 | 125 | 73 |
| 厚黏底 | 8.2 | 13.9 | 22 | 125 | 76 |
| 均质砂 | 8.3 | 14.1 | 22.2 | 119 | 73 |
| 均质壤 | 8.2 | 13.9 | 22.6 | 125 | 73 |
| 均质黏 | 8.2 | 14.6 | 23.9 | 152 | 82 |

从以上化验分析数据可以看出,全县土壤各种养分含量的变幅较大,氮、磷、钾、中量元素、微量元素相对比较丰富,但差异悬殊,缺素面积大,土壤容重较大,通透性较差,对满足作物生长发育的需要及促进平衡增产是极不利的,必须根据这次测试结果对全县的耕地作统一规划,找出不同区域、不同作物、不同土壤的障碍因素,根据土壤理化性状提出相应的改良利用措施。耕地评价化验数据如表 4-52 所示。

表 4-52 耕地评价化验数据汇总表

| 项目 | 样本数(个) | 最小值 | 最大值 | 平均值 |
|---|---|---|---|---|
| pH | 958 | 7.5 | 8.7 | 8.2 |
| 有机质(g/kg) | 1920 | 4.14 | 25.6 | 13.9 |
| 全氮(g/kg) | 720 | 0.17 | 1.37 | 0.76 |
| 碱解氮(mg/kg) | 726 | 30 | 136 | 74 |
| 有效磷(mg/kg) | 1920 | 3.7 | 69.6 | 22.3 |
| 速效钾(mg/kg) | 1920 | 40 | 311 | 125 |
| 缓效钾(mg/kg) | 812 | 323 | 1425 | 861 |
| 有效铜(mg/kg) | 818 | 0.44 | 3.69 | 1.3 |
| 有效锰(mg/kg) | 818 | 2.41 | 19.4 | 7.83 |

续表

| 项目 | 样本数(个) | 最小值 | 最大值 | 平均值 |
| --- | --- | --- | --- | --- |
| 有效铁(mg/kg) | 793 | 2.37 | 24.06 | 12.01 |
| 有效锌(mg/kg) | 1008 | 0.33 | 5.51 | 1.02 |
| 有效硼(mg/kg) | 1008 | 0.2 | 2.03 | 1.08 |
| 有效硅(mg/kg) | 707 | 40.3 | 228.2 | 125.7 |
| 有效硫(mg/kg) | 708 | 6.7 | 298.7 | 48.9 |
| 有效钼(mg/kg) | 1020 | 0.05 | 0.27 | 0.13 |
| 交换性钙(mg/kg) | 714 | 2518 | 19664 | 7535 |
| 交换性镁(mg/kg) | 714 | 173 | 1013 | 412 |
| 容重(g/cm$^3$) | 240 | 1.13 | 1.53 | 1.35 |

# 第五章　耕地地力评价

耕地是土地的精华，是农业生产不可替代的重要生产资料，是保持社会和国民经济可持续发展的重要资源。保护耕地是我们的基本国策之一，因此，及时掌握耕地资源的数量、质量及其变化对于合理规划和利用耕地，切实保护耕地有十分重要的意义。在全面进行野外调查和室内化验分析，获取大量耕地地力相关信息的基础上，我们进行了商河县耕地地力的综合评价，评价结果对于摸清全县耕地地力的现状及问题具有重要意义，为耕地资源的高效和可持续利用提供了重要的科学依据。

## 第一节　耕地地力的评价方法

### 一、评价的原则和依据

（一）评价的原则

耕地地力就是耕地的生产能力，是在一定区域内一定的土壤类型上，耕地的土壤理化性状、所处自然环境条件、农田基础设施及耕作施肥管理水平等因素的总和。根据评价的目的和要求，在商河县耕地地力评价中，我们遵循的基本原则是：

1.综合因素研究与主导因素分析相结合的原则

土地是一个自然经济综合体，是人们利用的对象，对土地质量的鉴定涉及自然和社会经济多个方面，耕地地力也是各类要素的综合体现。所谓“综合因素研究”，是指对地形地貌、土壤理化性状、相关社会经济因素之总体进行全面的研究、分析与评价，以全面了解耕地地力状况。主导因素是指对耕地地力起决定作用的、相对稳定的因子，在评价中要着重对其进行研究、分析。因此，把综合因素与主导因素结合起来进行评价则可以对耕地地力作出科学准确的评定。

2.共性评价与专题研究相结合的原则

商河县耕地利用存在水浇地、旱地等多种类型，土壤理化性状、环境条件、管理水平等不一，因此耕地地力水平有较大的差异。考虑区域内耕地地力的系统性、可比性，针对不同的耕地利用等状况，应选用统一的、共同的评价指标和标准，即耕地地力的评价不针对某一特定的利用类型。另外，为了解不同利用类型的耕地地力状况及其内部的差异情况，对有代表性的主要类型进行专题的深入研究。这样，共性评价与专题研究相结合，使整个评价和研究具有更大的应用价值。

3. 定量和定性相结合的原则

土地系统是一个复杂的灰色系统，定量和定性要素共存，相互作用，相互影响。因此，为了保证评价结果的客观、合理，宜采用定量和定性评价相结合的方法。在总体上，为了保证评价结果的客观、合理，尽量采用定量评价方法，对可定量化的评价因子如有机质等养分含量、土层厚度等按其数值参与计算，对非数量化的定性因子如土壤表层质地、土体构型等则进行量化处理，确定其相应的指数，并建立评价数据库，以计算机进行运算和处理，尽力避免人为随意性因素影响。在评价因素筛选、权重确定、评价标准确定、等级确定等评价过程中，尽量采用定量化的数学模型，在此基础上充分运用人工智能和专家知识，对评价的中间过程和评价结果进行必要的定性调整，定量与定性相结合，从而保证评价结果的准确、合理。

4. 采用 GIS 支持的自动化评价方法原则

自动化、定量化的土地评价技术方法是当前土地评价的重要方向之一。近年来，随着计算机技术，特别是 GIS 技术在土地评价中的不断应用和发展，基于 GIS 的自动化评价方法已不断成熟，使土地评价的精度和效率大大提高。本次耕地地力评价工作将通过数据库建立、评价模型及其与 GIS 空间叠加等分析模型的结合，实现全数字化、自动化的评价流程，在一定程度上代表了当前土地评价的最新技术方法。

(二)评价的依据

耕地地力是耕地本身的生产能力，因此，耕地地力的评价则依据与此相关的各类自然和社会经济要素，具体包括三个方面：

1. 耕地地力的自然环境要素

耕地地力的自然环境要素包括耕地所处的地形地貌条件、水文地质条件、成土母质条件以及土地利用状况等。

2. 耕地地力的土壤理化要素

耕地地力的土壤理化要素包括土壤剖面与土体构型、耕层厚度、质地、容重等物理性状；有机质、N、P、K 等主要养分；微量元素、pH、交换量等化学性状等。

3. 耕地地力的农田基础设施条件

耕地地力的农田基础设施条件包括耕地的灌排条件、水土保持工程建设、培肥管理条件等。

## 二、评价流程

整个评价可分为三个方面的内容，按先后的次序分别为：

(一)资料的准备及数据库的建立

根据评价的目的、任务、范围、方法，收集准备与评价有关的各类自然及社会经济资料，进行资料的分析处理。选择适宜的计算机硬件和 GIS 等分析软件，建立耕地地力评价基础数据库。

(二)耕地地力评价

划分评价单元，提取影响地力的关键因素并确定权重，选择相应评价方法，制定评价标准，确定耕地地力等级。

（三）评价结果分析

依据评价结果，量算各等级耕地面积，编制耕地地力分布图。分析耕地地力问题，提出耕地资源可持续利用的措施建议。

评价的工作流程如图 5-1 所示。

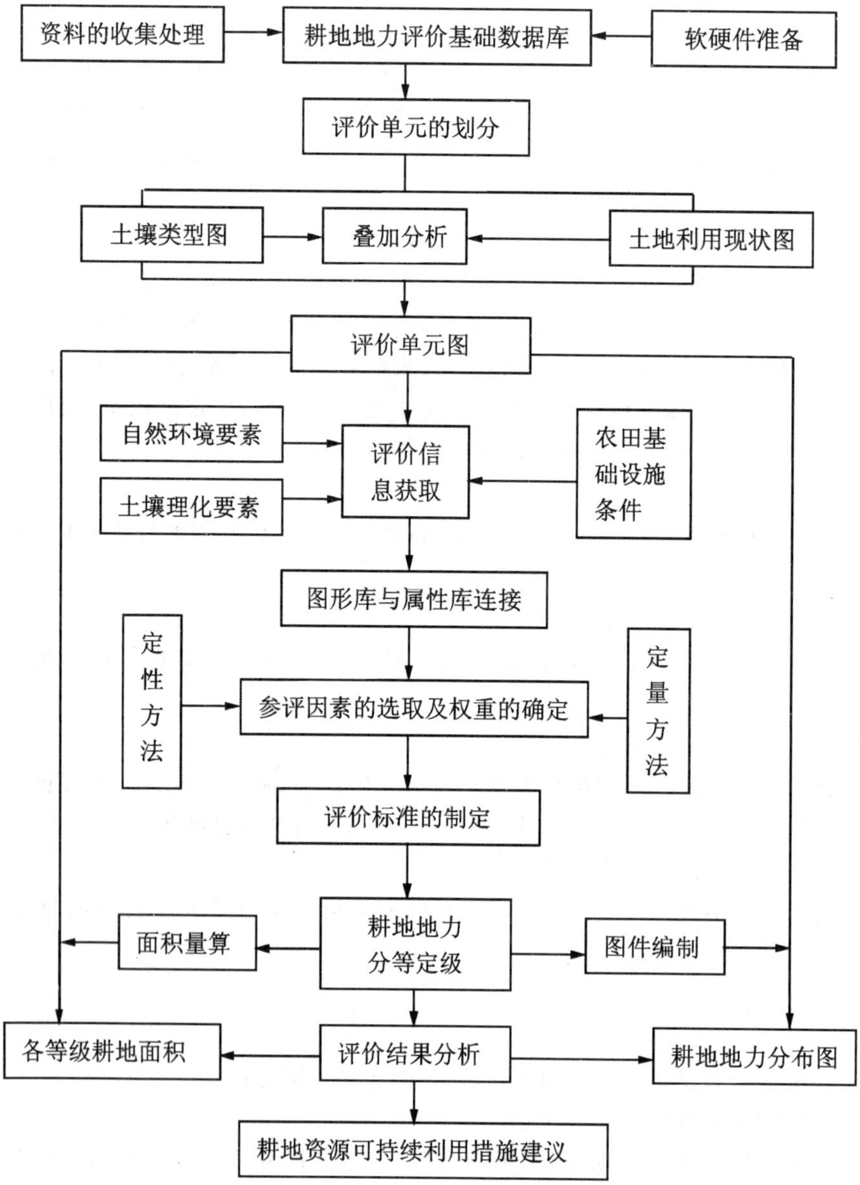


图 5-1 商河县耕地地力评价流程图

## 三、软硬件的准备

(一)硬件的准备

硬件主要包括高档微机、A0 幅面数字化仪、A0 幅面扫描仪、喷墨绘图仪等。微机主要用于数据和图件的处理分析,数字化仪、扫描仪用于图件的输入,喷墨绘图仪用于成果图的输出。

(二)软件的准备

首先是 Windows 操作系统软件,其次是 FOXPRO 数据库管理、SPSS 数据统计分析/ACCESS 数据管理信息系统等应用软件,再次是 MAPGIS、ARCVIEW、ARCMAP 等 GIS 软件。

## 四、资料的收集、处理

(一)资料的收集

耕地地力评价是以耕地的各性状要素为基础,因此必须广泛地收集与评价有关的各类自然和社会经济因素资料,为评价工作做好数据的准备。本次耕地地力评价我们收集获取的资料主要包括以下四个方面:

1. 野外调查资料

野外调查资料按野外调查点获取,主要包括地形地貌、土壤母质、水文、土层厚度、表层质地、耕地利用现状、灌排条件、作物长势产量、管理措施水平等。

2. 室内化验分析资料

室内化验分析资料包括有机质、全氮、速效氮、全磷、速效磷、速效钾等大量养分含量,交换性钙、镁等中量养分含量,有效锌、硼、钼等微量养分含量,以及 pH、土壤污染元素含量等。

3. 社会经济统计资料

社会经济统计资料包括以行政区划为基本单位的人口、土地面积、作物及蔬菜瓜果面积,以及各类投入产出等社会经济指标数据。

4. 基础及专题图件资料

基础及专题图件资料包括 1∶50000 比例尺地形图、行政区划图、土地利用现状图、地貌图、土壤图等。

(二)资料的处理

获取的评价资料可以分为定量和定性资料两大部分。为了采用定量化的评价方法和自动化的评价手段,减少人为因素的影响,需要对其中的定性因素进行定量化处理,根据因素的级别状况赋予其相应的分值或数值。此外,对于各类养分等按调查点获取的数据,则需要进行插值处理,生成各类养分图。

1. 定性因素的量化处理

土壤表层质地:考虑不同质地类型的土壤肥力特征,以及与植物生长发育的关系,赋予不同质地类别以相应的分值(见表 5-1)。

表 5-1　　土壤表层质地的量化处理表

| 质地类别 | 中壤 | 轻壤 | 重壤 | 沙壤 | 砂土 |
|---|---|---|---|---|---|
| 分值 | 100 | 95 | 80 | 70 | 55 |

土体构型：首先以土层质地类别和其在土体中的部位对各类土体构型进行归纳，根据不同的土体构型对植物生长发育的影响，赋予不同土体构型以相应的分值（见表 5-2）。

表 5-2　　土体构型的量化处理表

| 土体构型 | 壤均质 | 壤质黏心 | 黏质壤心 | 砂质壤心 | 黏均质 | 砂质黏心 | 壤质砂心 | 砂均质 |
|---|---|---|---|---|---|---|---|---|
| 分值 | 100 | 90 | 87 | 80 | 77 | 70 | 65 | 58 |

地貌类型：根据不同的地貌类型对耕地地力及作物生长的影响，赋予不同地貌类型以相应的分值（见表 5-3）。

表 5-3　　地貌类型的量化处理表

| 地貌类型 | 缓平坡地 | 湖沼平原 | 岗地 | 洼地 | 滨海平地 |
|---|---|---|---|---|---|
| 分值 | 100 | 89 | 80 | 78 | 70 |

矿化度：根据不同的矿化度程度对耕地地力及作物生长的影响，赋予不同矿化度以相应的分值（见表 5-4）。

表 5-4　　矿化度的量化处理表

| 矿化度（g/L） | <0.5 | 0.5～2 | 2～5 | >5 |
|---|---|---|---|---|
| 分值 | 100 | 90 | 65 | 40 |

盐渍化程度：考虑到商河县的土壤分布中存在不同的盐渍化程度，将其盐渍化程度划分为不同的等级，并据其对耕地地力的影响程度进行量化处理（见表 5-5）。

表 5-5　　土壤盐渍化程度的量化处理表

| 盐渍化 | 无 | 轻度 | 中度 | 重度 | 盐土 |
|---|---|---|---|---|---|
| 分值 | 100 | 85 | 70 | 50 | 30 |

2. 各类养分专题图层的生成

对于土壤有机质、氮、磷、钾、锌、硼、钼等养分数据，我们首先按照野外实际调查点进行整理，建立了以各养分为字段，以调查点为记录的数据库。之后，进行了土壤采样样点图与分析数据库的连接，在此基础上插值生成各养分专题图层。

通过对比分别在 MAPGIS 和 ARCVIEW 环境中的插值结果，发现在 ARCVIEW 环境中的插值结果线条更为自然圆滑，符合实际。因此，本研究中所有养分采样点数据均在 ARCVIEW 环境下操作，利用其空间分析模块功能对各养分数据进行自动的插值处理，经编辑处理，自动生成各土壤养分专题栅格图层。后续的耕地地力评价也以栅格形式进行，与矢量形式相比，它能够将各评价要素信息精确到栅格（像元）水平，保证了评价结果的准确性。图 5-2 和图 5-3 分别为在 ARCVIEW 环境下插值生成的商河县土壤有机质、全氮含量分布栅格图。

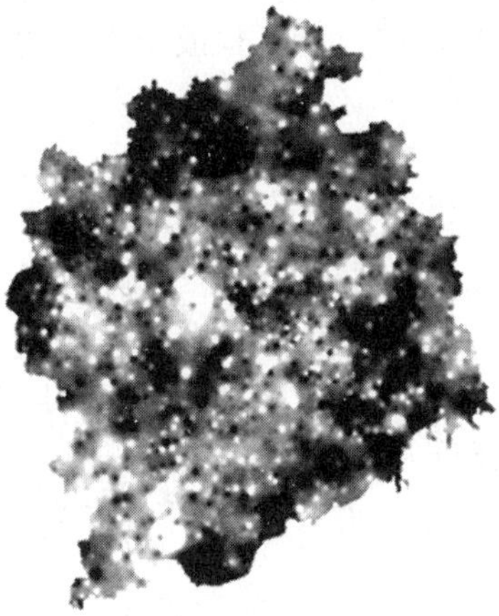

图 5-2　商河县土壤有机质含量栅格图

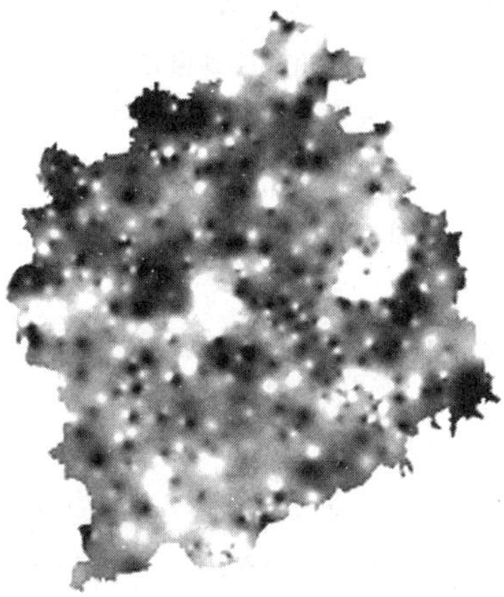

图 5-3　商河县土壤全氮含量栅格图

## 五、基础数据库的建立

（一）基础属性数据库的建立

为更好地对数据进行管理和为后续工作提供方便，将采样点基本情况、农业生产情况、土壤理化性状化验分析数据、土壤污染元素化验分析数据等信息以调查点为基本数据库记录进行属性数据库的建立,作为后续耕地地力评价工作的基础。

(二)基础专题图图形库的建立

将扫描矢量化及插值等处理生成的各类专题图件,在ARCVIEW和MAPGIS软件的支持下,分别以栅格形式和点、线、区文件的形式进行存储和管理,同时将所有图件统一转换到相同的地理坐标系统下,以进行图件的叠加等空间操作,各专题图图斑属性信息通过键盘交互式输入或通过与属性库挂接读取,构成基本专题图图形数据库。图形库与基础属性库之间通过调查点相互连接。

## 六、评价单元的划分

评价单元是由对土地质量具有关键影响的各土地要素组成的空间实体,是土地评价的最基本单位、对象和基础图斑。同一评价单元内的土地自然基本条件、土地的个体属性和经济属性基本一致,不同土地评价单元之间,既有差异性,又有可比性。耕地地力评价就是要通过对每个评价单元的评价,确定其地力级别,把评价结果落实到实地和编绘的土地资源图上。因此,土地评价单元划分得合理与否,直接关系到土地评价的结果以及工作量的大小。

目前,对土地评价单元的划分尚无统一的方法,有以土壤类型、以土地利用类型、以行政区划单位、以方里网等多种方法。本次商河县耕地地力评价土地评价单元的划分采用土壤图、土地利用现状图的叠置划分法,相同土壤单元及土地利用现状类型的地块组成一个评价单元,即"土地利用现状类型—土壤类型"的格式。其中,土壤类型划分到土种,土地利用现状类型划分到二级利用类型,制图区界以商河县最新土地利用现状图为准。为了保证土地利用现状的真实性,基于野外的实地调查对耕地利用现状进行了修正。同一评价单元内的土壤类型相同,利用方式相同,交通、水利、经营管理方式等基本一致,用这种方法划分评价单元可以反映单元之间的空间差异性,既使土地利用类型有了土壤基本性质的均一性,又使土壤类型有了确定的地域边界线,使评价结果更具综合性、客观性,可以较容易地将评价结果落实到实地。

通过图件的叠置和检索,将商河县耕地地力划分为5681个评价单元。

## 七、评价信息的提取

影响耕地地力的因子非常多,并且它们在计算机中的存储方式也不相同,因此如何准确地获取各评价单元的评价信息是评价中的重要一环。鉴于此,我们舍弃直接从键盘输入参评因子值的传统方式,采取将评价单元与各专题图件叠加采集各参评因素的信息。具体的做法是:①按唯一标识原则为评价单元编号;②在ARCVIEW环境下生成评价信息空间库和属性数据库;③在ARCMAP环境下从图形库中调出各化学性状评价因子的专题图,与评价单元图进行叠加计算出各因子的均值;④保持评价单元几何形状不变,在耕地资源管理信息系统中直接对叠加后形成的图形的属性库进行"属性提取"操作,以评价单元为基本统计单位,按面积加权平均汇总评价单元立地条件评价因子的分值。

由此,得到图形与属性相连的、以评价单元为基本单位的评价信息,为后续耕地地力的评价奠定了基础。

# 第二节　参评因素的选取及其权重确定

正确地进行参评因素的选取并确定其权重，是科学地评价耕地地力的前提，直接关系到评价结果的正确性、科学性和社会可接受性。

## 一、参评因素的选取

参评因素是指参与评定耕地地力等级的耕地的诸属性。影响耕地地力的因素很多，在本次商河县耕地地力评价中根据商河县的区域特点遵循主导因素原则、差异性原则、稳定性原则、敏感性原则，采用定量和定性方法相结合，进行了参评因素的选取。

(一)系统聚类方法

系统聚类方法用于筛选影响耕地地力的理化性质等定量指标，通过聚类将类似的指标进行归并，辅助选取相对独立的主导因子。我们利用 SPSS 统计软件进行了土壤养分等化学性状的系统聚类，结果如图 5-4 所示。

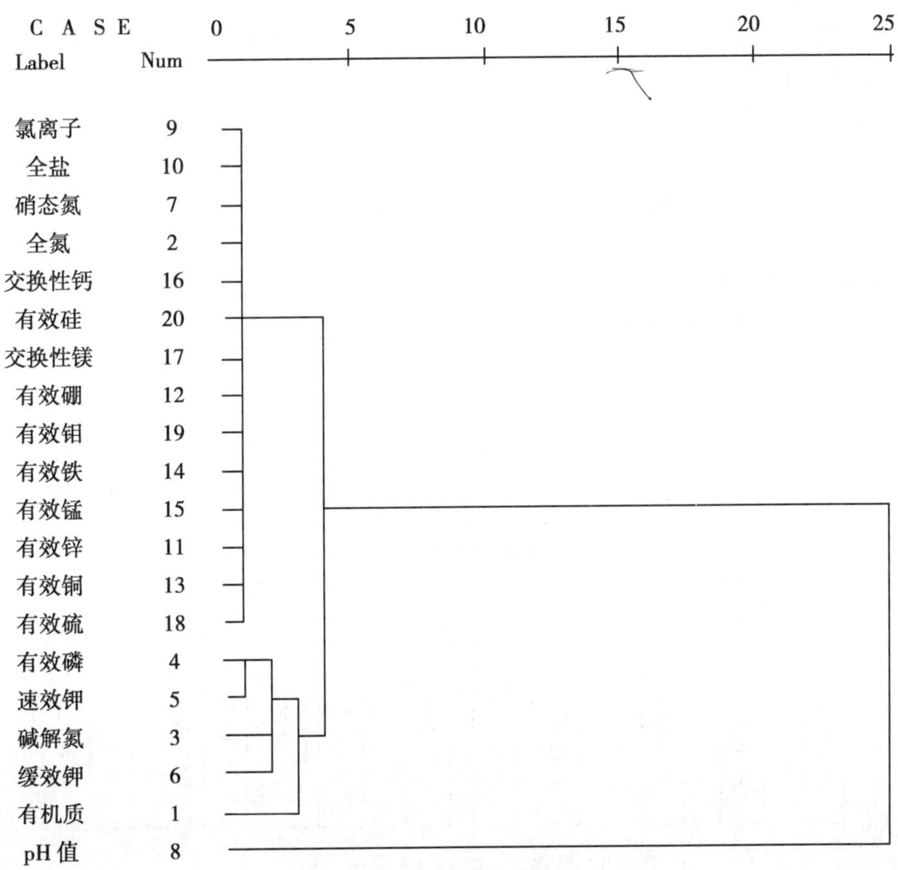


图 5-4　土壤养分等化学性状的聚类分析图

从图 5-4 中可以看出，氯离子、全盐、硝态氮、全氮、交换性钙、有效硅、交换性镁、有效硼、有效钼、有效铁、有效锰、有效锌、有效铜、有效硫聚为一组，有效磷、速效钾、碱解氮、缓效钾聚为一组，有机质为一组，pH 为一组。

（二）DELPHI 法

DELPHI 法用于进行影响耕地地力的立地条件、物理性状等定性指标的筛选。我们确定了由土壤农业化学学者、专家及商河县土肥站业务人员组成的专家组，首先对指标进行分类，在此基础上进行指标的选取，并讨论确定最终的选择方案。

综合以上两种方法，在定量因素中根据各因素对耕地地力影响的稳定性，以及营养元素的全面性，在聚类分析第一组中选取有效磷、有效锌为参评因素，第二组中选取有效硼为参评因素，第三组中选取速效钾为参评因素，第四组中选取有机质为参评因素。结合专家组的选择结果，最后确定灌溉保证率、矿化度、地貌类型、耕层质地、土体构型、盐渍化程度、有机质、大量元素（速效钾、有效磷）、微量元素（有效锌、有效硼）等 11 项因素作为耕地地力评价的参评指标。

## 二、权重的确定

在耕地地力评价中，需要根据各参评因素对耕地地力的贡献确定权重，确定权重的方法很多，本评价中采用层次分析法（AHP）来确定各参评因素的权重。

层次分析法（AHP）是在定性方法基础上发展起来的定量确定参评因素权重的一种系统分析方法，这种方法可将人们的经验思维数量化，用以检验决策者判断的一致性，有利于实现定量化评价。层次分析法确定参评因素的步骤如下：

（一）建立层次结构

把耕地地力作为目标层（G 层），把影响耕地地力的立地条件、物理性状、化学性状作为准则层（C 层），再把影响准则层中各元素的项目作为指标层（A 层），其结构关系如图 5-5 所示。

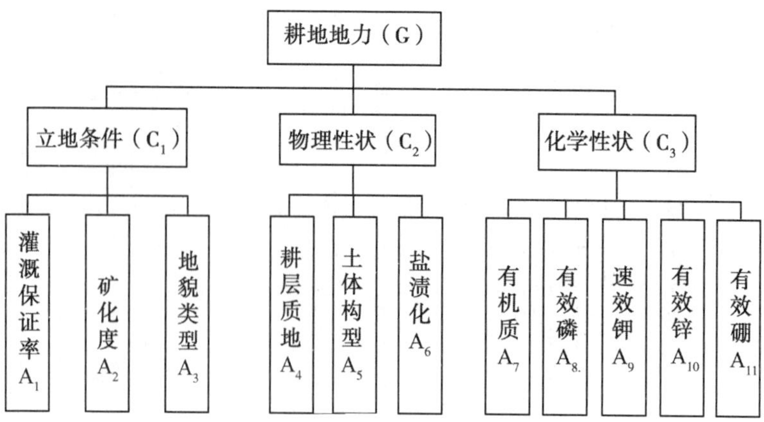


图 5-5　耕地地力影响因素层次结构图

（二）构造判断矩阵

根据专家经验，确定 C 层对 G 层以及 A 层对 C 层的相对重要程度，共构成 A、$C_1$、$C_2$、$C_3$ 4 个判断矩阵。例如，耕层质地、土体构型、盐渍化程度对耕地物理性状的判断矩阵可表示为：

$$C_2=\begin{bmatrix} a_{11} & a_{12} & a_{13} \\ a_{21} & a_{22} & a_{23} \\ a_{31} & a_{32} & a_{33} \end{bmatrix}=\begin{bmatrix} 1 & 5 & 3 \\ 0.2 & 1 & 0.33 \\ 0.33 & 3 & 1 \end{bmatrix}$$

其中，$a_{ij}$（$i$ 为矩阵的行号，$j$ 为矩阵的列号）表示对 $C_2$ 而言，$a_i$ 对 $a_j$ 的相对重要性的数值。

（三）层次单排序及一致性检验

层次单排序及一致性检验即求取 A 层对 C 层的权数值，可归结为计算判断矩阵的最大特征根对应的特征向量。利用 SPSS 等统计软件，得到的各权数值及一致性检验的结果如表 5-6 所示。

表 5-6　　权数值及一致性检验结果表

| 矩阵 | 特征向量 | | | | | $C_I$ | $C_R$ |
|---|---|---|---|---|---|---|---|
| 矩阵 $A$ | — | 0.3202 | 0.1226 | 0.5571 | — | 0.009148 | 0.01577204<0.1 |
| 矩阵 $C_1$ | — | 0.6329 | 0.1058 | 0.2613 | — | 0.020017 | 0.03451165<0.1 |
| 矩阵 $C_2$ | — | 0.6333 | 0.1061 | 0.2606 | — | 0.01941 | 0.03346558<0.1 |
| 矩阵 $C_3$ | 0.5036 | 0.2307 | 0.1526 | 0.0638 | 0.0492 | 0.044324 | 0.03957510<0.1 |

从表中可以看出，$C_R<0.1$，具有很好的一致性。

（四）层次总排序及一致性检验

经层次总排序，并进行一致性检验，结果为 $C_I=0$，$C_R=0$，具有满意的一致性，最后计算 A 层对 G 层的组合权数值，得到各因子的权重（见表 5-7）。

表 5-7　　各因子的权重表

| 因子 | 权重 | 因子 | 权重 | 因子 | 权重 | 因子 | 权重 |
|---|---|---|---|---|---|---|---|
| 灌溉保证率 | 0.2027 | 耕层质地 | 0.0777 | 有机质 | 0.2806 | 有效锌 | 0.0355 |
| 矿化度 | 0.0339 | 土体构型 | 0.0130 | 有效磷 | 0.1286 | 有效硼 | 0.0274 |
| 地貌类型 | 0.0836 | 盐渍化 | 0.0320 | 速效钾 | 0.0850 | — | — |

## 第三节　耕地地力等级的确定

土地是一个灰色系统，系统内部各要素之间与耕地的生产能力之间关系十分复杂，此外，评价中也存在着许多不严格、模糊性的概念，因此我们在评价中引入了模糊数学方法，采用模糊评价方法来进行耕地地力等级的确定。

## 一、参评因素隶属函数的建立

用 DELPHI 法根据一组分布均匀的实测值评估出对应的一组隶属度，然后在计算机中绘制这两组数值的散点图，再根据散点图进行曲线模拟，寻求参评因素实际值与隶属度关系方程，从而建立起隶属函数。各参评因素的分级及其相应的专家赋值和隶属度如表 5-8 所示。

表 5-8　　参评因素的分级、分值及其隶属度表

| 参评因素 | | 分级、分值及隶属度 | | | | | | | | | | | |
|---|---|---|---|---|---|---|---|---|---|---|---|---|---|
| 地貌类型 | 分级 | 缓平坡地 | 湖沼平原 | 岗地 | 洼地 | 滨海平地 | — | — | — | — | — | — | — |
| | 分值 | 100 | 89 | 80 | 78 | 70 | — | — | — | — | — | — | — |
| | 隶属度 | 1.00 | 0.89 | 0.80 | 0.78 | 0.70 | — | — | — | — | — | — | — |
| 灌溉保证率 | 分级 | 80 | 70 | 60 | 50 | 30 | 10 | 0 | — | — | — | — | — |
| | 分值 | 100 | 90 | 80 | 65 | 40 | 10 | 0 | — | — | — | — | — |
| | 隶属度 | 1.00 | 0.90 | 0.80 | 0.65 | 0.40 | 0.10 | 0.00 | — | — | — | — | — |
| 矿化度 | 分级 | <0.5 | 0.5～2 | 2～5 | >5 | — | — | — | — | — | — | — | — |
| | 分值 | 100 | 90 | 65 | 40 | — | — | — | — | — | — | — | — |
| | 隶属度 | 1.00 | 0.90 | 0.65 | 0.40 | — | — | — | — | — | — | — | — |
| 有机质 | 分级 | 2.0 | 1.8 | 1.6 | 1.4 | 1.2 | 1.0 | 0.8 | 0.6 | — | — | — | — |
| | 分值 | 100 | 98 | 95 | 90 | 84 | 78 | 65 | 50 | — | — | — | — |
| | 隶属度 | 1.00 | 0.98 | 0.95 | 0.90 | 0.84 | 0.78 | 0.65 | 0.50 | — | — | — | — |
| 有效磷 | 分级 | 400 | 300 | 200 | 110 | 80 | 60 | 40 | 30 | 20 | 15 | 10 | 5 |
| | 分值 | 70 | 80 | 90 | 100 | 98 | 96 | 92 | 90 | 85 | 80 | 60 | 40 |
| | 隶属度 | 0.70 | 0.80 | 0.90 | 1.00 | 0.98 | 0.96 | 0.92 | 0.90 | 0.85 | 0.80 | 0.60 | 0.40 |
| 速效钾 | 分级 | 400 | 320 | 240 | 160 | 120 | 100 | 80 | 60 | — | — | — | — |
| | 分值 | 100 | 98 | 93 | 85 | 82 | 78 | 70 | 50 | — | — | — | — |
| | 隶属度 | 1.00 | 0.98 | 0.93 | 0.85 | 0.82 | 0.78 | 0.70 | 0.50 | — | — | — | — |
| 有效锌 | 分级 | 2.0 | 1.5 | 1.2 | 1.0 | 0.8 | 0.5 | 0.3 | — | — | — | — | — |
| | 分值 | 100 | 92 | 87 | 85 | 80 | 70 | 55 | — | — | — | — | — |
| | 隶属度 | 1.00 | 0.92 | 0.87 | 0.85 | 0.80 | 0.70 | 0.55 | — | — | — | — | — |
| 有效硼 | 分级 | 1.8 | 1.5 | 1.2 | 1.0 | 0.8 | 0.5 | 0.2 | — | — | — | — | — |
| | 分值 | 100 | 95 | 87 | 85 | 80 | 70 | 55 | — | — | — | — | — |
| | 隶属度 | 1.00 | 0.95 | 0.87 | 0.85 | 0.80 | 0.70 | 0.55 | — | — | — | — | — |

续表

| 参评因素 | | 分级、分值及隶属度 | | | | | | | | | | | |
|---|---|---|---|---|---|---|---|---|---|---|---|---|---|
| 耕层质地 | 分级 | 中壤 | 轻壤 | 重壤 | 沙壤 | 砂土 | — | — | — | — | — | — | — |
| | 分值 | 100 | 95 | 80 | 70 | 55 | — | — | — | — | — | — | — |
| | 隶属度 | 1.00 | 0.95 | 0.80 | 0.70 | 0.55 | — | — | — | — | — | — | — |
| 土体构型 | 分级 | 壤均质 | 壤质黏心 | 黏质壤心 | 砂质壤心 | 黏均质 | 砂质黏心 | 壤质砂心 | 黏质砂心 | 砂均质 | — | — | — |
| | 分值 | 100 | 90 | 87 | 80 | 77 | 70 | 65 | 63 | 58 | — | — | — |
| | 隶属度 | 1.00 | 0.90 | 0.87 | 0.80 | 0.77 | 0.70 | 0.65 | 0.63 | 0.58 | — | — | — |
| 盐渍化 | 分级 | 无 | 轻度 | 中度 | 重度 | 盐土 | — | — | — | — | — | — | — |
| | 分值 | 100 | 85 | 70 | 50 | 30 | — | — | — | — | — | — | — |
| | 隶属度 | 1.00 | 0.85 | 0.70 | 0.50 | 0.30 | — | — | — | — | — | — | — |

通过模拟共得到正直线型、戒上型、戒下型三种类型的隶属函数，其中有机质、速效钾等属于戒上型隶属函数，土体构型、耕层质地、盐渍化、矿化度等属于正直线型隶属函数，然后根据隶属函数计算各参评因素的单因素评价评语。以有机质为例，绘制的散点图和模拟曲线如图 5-6、图 5-7 所示。

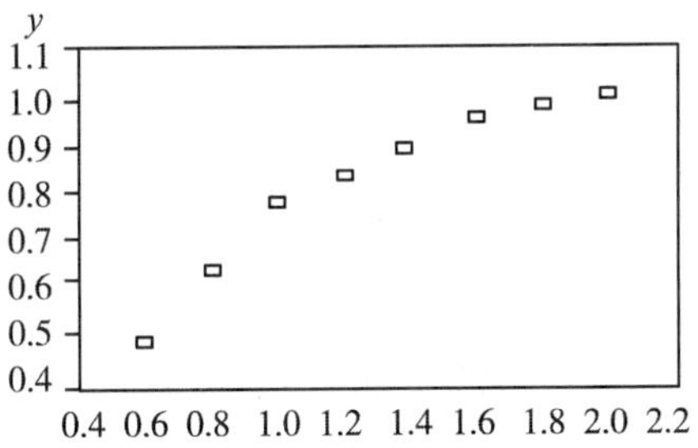


图 5-6 有机质与隶属度关系散点图

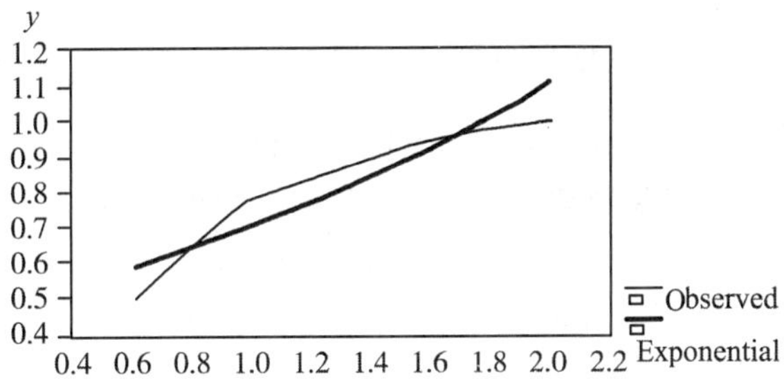


图 5-7 有机质与隶属度关系曲线

其隶属函数为戒上型，形式为：

$$y=\begin{cases}0 & x\leqslant x_t\\ 1/[1+A\,(x-C)^2] & x_t<x<C\\ 1 & C\leqslant x\end{cases}$$

各参评因素类型及其隶属函数如表 5-9 所示。

表 5-9　参评因素类型及其隶属函数表

| 函数类型 | 参评因素 | 隶属函数 | $A$ | $C$ | $U_t$ |
|---|---|---|---|---|---|
| 戒上型 | 有机质含量(%) | $y=1/[1+A(x-C)^2]$ | 0.543 | 1.822 | 0.35 |
| 戒上型(<110) | 有效磷(mg/kg) | $y=1/[1+A(x-C)^2]$ | 0.0000992 | 80.159 | 3 |
| 戒下型(>110) | | | 0.00000742 | 111.967 | 450 |
| 戒上型 | 速效钾(mg/kg) | $y=1/[1+A(x-C)^2]$ | 0.00000760 | 327.836 | 15 |
| 戒上型 | 有效锌(mg/kg) | $y=1/[1+A(x-C)^2]$ | 0.245 | 1.924 | 0.1 |
| 戒上型 | 有效硼(mg/kg) | $y=1/[1+A(x-C)^2]$ | 0.251 | 1.879 | 0.1 |
| 正直线型 | 灌溉保证率(分值) | $y=Ax$ | 0.01 | 100 | 0 |
| 正直线型 | 矿化度(分值) | $y=Ax$ | 0.01 | 100 | 0 |
| 正直线型 | 土体构型(分值) | $y=Ax$ | 0.01 | 100 | 0 |
| 正直线型 | 耕层质地(分值) | $y=Ax$ | 0.01 | 100 | 0 |
| 正直线型 | 盐渍化(分值) | $y=Ax$ | 0.01 | 100 | 0 |
| 正直线型 | 地貌类型(分值) | $y=Ax$ | 0.01 | 100 | 0 |

## 二、耕地地力等级的确定

(一)计算耕地地力综合指数

用指数和法来确定耕地的综合指数,公式为:

$$\mathrm{IFI}=\sum F_i \times C_i$$

式中,IFI(Integrated Fertility Index)代表耕地地力综合指数;$F_i$ 为第 $i$ 个因素评语;$C_i$ 为第 $i$ 个因素的组合权重。

具体操作过程为:在县域耕地资源管理信息系统中,在“专题评价”模块中编辑立地条件、物理性状和化学性状的层次分析模型以及各评价因子的隶属函数模型,然后选择“耕地生产潜力评价”功能进行耕地地力综合指数的计算。

(二)确定最佳的耕地地力等级数目

耕地地力综合指数计算出来之后,在耕地资源管理信息系统中我们选择累积曲线分级法进行评价,根据曲线斜率的突变点(拐点)来确定等级的数目和划分综合指数的临界点,将商河县耕地地力共划分为六级,各等级耕地地力综合指数如表 5-10 和图 5-8 所示。

表 5-10　商河县耕地地力等级综合指数

| IFI | >0.89 | 0.86~0.89 | 0.82~0.86 | 0.78~0.82 | 0.73~0.78 | <0.73 |
|---|---|---|---|---|---|---|
| 耕地地力等级 | 一级地 | 二级地 | 三级地 | 四级地 | 五级地 | 六级地 |

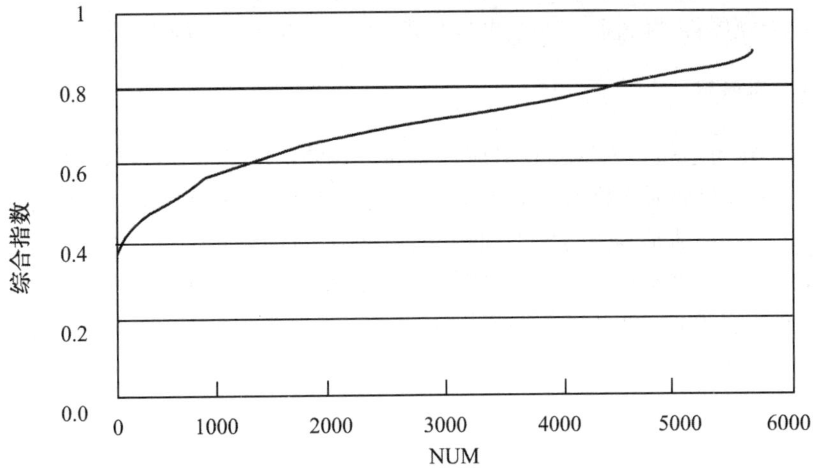


图 5-8 商河县综合指数分布图

## 三、图件的编制

为了提高制图的效率和准确性，在地理信息系统软件 MAPGIS 的支持下，进行商河县耕地地力评价图及相关图件的自动编绘处理，其步骤大致分以下几步：扫描矢量化各基础图件→编辑点、线→点、线校正处理→统一坐标系→区编辑并对其赋属性→根据属性赋颜色→根据属性加注记→图幅整饰输出。此外，充分利用 ARCVIEW 和 ARCGIS 强大的空间分析功能，将评价图与其他图件进行叠加，从而生成其他专题图件，如将评价图与行政区划图叠加，进而计算各行政区划单位内的耕地地力等级面积等。

(一)专题图地理要素底图的编制

专题地图的地理要素内容是专题图的重要组成部分，用于反映专题内容的地理分布，并作为图幅叠加处理等的分析依据。地理要素的选择应与专题内容相协调，考虑图面的负载量和清晰度，应选择基本的、主要的地理要素。

以商河县最新的土地利用现状图为基础，对此图进行了制图综合处理，选取主要的居民点、交通道路、水系、境界线等及其相应的注记，进而编辑生成 1∶50000 各专题图地理要素底图。

(二)耕地地力评价图的编制

以耕地地力评价单元为基础，根据各单元的耕地地力评价等级结果，对相同等级的相邻评价单元进行归并处理，得到各耕地地力等级图斑。在此基础上，分两个层次进行图面耕地地力等级的表示：一是颜色表示，即赋予不同耕地地力等级以相应的颜色；二是代号表示，用罗马数字Ⅰ、Ⅱ、Ⅲ、Ⅳ、Ⅴ、Ⅵ表示不同的耕地地力等级，并在评价图相应的耕地地力图斑上注明。将评价专题图与以上的地理要素图复合，整饰得商河县 1∶50000 耕地地力评价图。

(三)其他专题图的编制

对于有机质含量、速效钾、有效磷、有效锌等其他专题要素地图，则按照各要素的分级分别赋予相应的颜色，同时标注相应的代号，生成专题图层。之后与地理要素图复合，编辑处理生成专题图件，并进行图幅的整饰处理，最终的专题图如附图所示。

### 四、面积的量算

面积的量算可通过与专题图相对应的属性库的操作直接完成。对耕地地力等级面积的量算，则可在 FOXPRO 数据库的支持下，对图件属性库进行操作，检索相同等级的面积，然后汇总得各类耕地地力等级的面积，根据商河县图幅理论面积进行平差，得到准确的面积数值。对于不同行政区划单位内部、不同的耕地利用类型等的耕地地力等级面积的统计，则通过耕地地力评价图与相应的专题图进行叠加分析，由其相应属性库统计获得。

# 第六章　耕地地力分析

本次耕地地力分析，按照农业部耕地质量调查和评价的规程及相关标准，结合当地实际情况，选取了对耕地地力影响较大、区域内变异明显、在时间序列上具有相对稳定性、与农业生产有密切关系的11个因素，建立评价指标体系。以土壤图与土地利用现状图叠加形成评价单元，应用模糊综合评判方法，通过综合分析，将全县耕地划分为6个等级，根据评价结果进行耕地地力的系统分析。

## 第一节　耕地地力等级与分布

### 一、耕地地力等级面积统计

利用MAPGIS软件，对评价图属性库进行操作，检索统计耕地各等级的面积和图幅总面积。以商河县2008年耕地总面积为基准，按面积比例进行平差，统计得各耕地地力等级面积。

商河县耕地总面积为68697.53hm²，其中以一级地、二级地和三级地为主，三个等级分别占耕地总面积的比例均已超过20%；其次为四级地，占耕地总面积的比例为16.15%；五级地和六级地面积较小，占耕地总面积的比例均不超过10%（见表6-1）。

表6-1　商河县耕地地力评价结果面积统计表

| 等级 | 一级地 | 二级地 | 三级地 | 四级地 | 五级地 | 六级地 |
|---|---|---|---|---|---|---|
| 面积（hm²） | 15275.45 | 14754.92 | 16867.75 | 11097.72 | 6286.98 | 4414.71 |
| 百分比（%） | 22.24 | 21.48 | 24.55 | 16.15 | 9.15 | 6.43 |

根据地力等级图所对应的农户，查表得出每个地力等级的产量水平。一级地主要是小麦/玉米和大蒜/玉米，小麦单产为7877.4kg/hm²，夏玉米单产为9663.9kg/hm²。二级地和三级地以小麦、玉米为主，二级地小麦单产为7453.7kg/hm²，玉米单产为8250.1kg/hm²；三级地小麦单产为6605.4kg/hm²，夏玉米单产为7744.6kg/hm²。四级地、五级地和六级地主要种植小麦/玉米和棉花，四级地小麦单产为6032.4kg/hm²，夏玉米单产为7119.5kg/hm²，皮棉单产为1507.3kg/hm²；五级地小麦单产为4875.4kg/hm²，夏玉米单产为5763.8kg/hm²，皮棉单产为1285.3kg/hm²；六级地小麦单产为3755kg/hm²，夏玉米单产为5048.7kg/hm²，皮棉

单产为 1154kg/hm²(见表 6-2)。

**表 6-2　　商河县耕地地力评价结果面积与产量统计表**

| 等级 | 一级地 | 二级地 | 三级地 | 四级地 | 五级地 | 六级地 |
| --- | --- | --- | --- | --- | --- | --- |
| 面积($hm^2$) | 15275.45 | 14754.92 | 16867.75 | 11097.72 | 6286.98 | 4414.71 |
| 单产($kg/hm^2$) | 17541.3 | 15703.8 | 14350 | 13151.9 | 10639.2 | 8803.7 |

## 二、耕地地力空间分布分析

### (一)耕地地力等级分布

商河县地处山东省西北部,位于东经 116°58′～117°26′、北纬 37°06′～37°32′,隶属济南市,是济南市的北大门。商河县全境均为黄河冲积平原,平坦宽广,极目无际,自西南向东北缓缓倾斜。古有漯水南驶,笃马北流;今有徒骇、土马、沙河、德惠、临商、商中、商东等十条河流纵横交错,排灌兼用。全境均属暖温带半温润季风气候,年平均气温12.6℃,年平均降水量为 611.5mm,无霜期为 193 天,雨热同季,宜粮棉生长。全县土地总面积为 116270hm²,其中耕地总面积为 68697.53hm²,占土地总面积的 59.07%。

区域内地势平坦,土层深厚,土壤大多数为壤质潮土、黏壤质潮土、壤质褐土化潮土,部分为砂质潮土和砂质褐土化潮土,少量为壤质湿潮土和硫酸盐盐化潮土。耕层质地主要为轻壤、中壤,兼有少量的沙壤和重壤。轻壤面积为 $4.95\times10^5 hm^2$,占全县耕地面积的 72.1%;中壤面积为 $1.05\times10^4 hm^2$,占耕地面积的 15.3%,较适宜农作物生长。全县灌溉保证率较高,分布有大面积的 4、5、6 水区,没有无水区的分布。总体看,商河县耕地质量较好。一级地分布面积较大,占耕地总面积的 22.24%,且分布比较集中,主要分布在商河县的南部地区;二级地分布较为分散,在县域内各个乡、镇(街道办事处)均有分布,占耕地总面积的 21.48%;三级地分布面积最广,占全县耕地总面积的比例最大,为 24.55%;四、五级地主要分布在商河县的北部地区,分别占全县耕地总面积的 16.15%和 9.15%;六级地主要分布在商河县的中部和北部一些地区,在全县中所占的面积最小,占耕地总面积的 6.43%,这部分耕地肥力较低,灌溉条件较差,属于低产田类型。

### (二)耕地地力等级的行政区域划分

将耕地地力等级分布图与商河县行政区划图进行叠加分析,从耕地地力等级行政区域分布数据库中,按权属字段检索出各等级的记录,统计出各级地在各乡、镇(街道办事处)的分布状况(见表 6-3)。

从表中可看出,一级地主要分布在玉皇庙镇、白桥乡、许商街道办事处、孙集乡和郑路镇等乡、镇(街道办事处);二、三级地分布比较分散,在县域内各个乡、镇(街道办事处)均有部分或零星分布;四、五、六级地主要分布在贾庄镇、许商街道办事处、孙集乡、龙桑寺镇、张坊乡、怀仁镇、殷巷镇、沙河乡和韩庙乡等乡、镇(街道办事处)。

表 6-3　　商河县耕地地力等级行政区域分布表

| 乡、镇(街道办事处) | | 一级地 | 二级地 | 三级地 | 四级地 | 五级地 | 六级地 | 合计 |
|---|---|---|---|---|---|---|---|---|
| 韩庙乡 | 面积(hm²) | 0 | 326.94 | 2613.58 | 1376.86 | 292.34 | 350.76 | 4960.49 |
| | 百分比(%) | 0 | 6.59 | 52.69 | 27.76 | 5.89 | 7.07 | 100 |
| 殷巷镇 | 面积(hm²) | 0 | 1466.38 | 2066.51 | 1187.9 | 1421.43 | 1905 | 8047.22 |
| | 百分比(%) | 0 | 18.22 | 25.68 | 14.76 | 17.66 | 23.67 | 100 |
| 沙河乡 | 面积(hm²) | 26.26 | 770.9 | 2083.75 | 953 | 1015.28 | 563.66 | 5412.85 |
| | 百分比(%) | 0.49 | 14.24 | 38.5 | 17.61 | 18.76 | 10.41 | 100 |
| 怀仁镇 | 面积(hm²) | 0 | 9.11 | 638.71 | 2483.6 | 655.87 | 17.49 | 3804.77 |
| | 百分比(%) | 0 | 0.24 | 16.79 | 65.28 | 17.24 | 0.46 | 100 |
| 龙桑寺镇 | 面积(hm²) | 395.6 | 1183.3 | 2303.41 | 1264.44 | 422.85 | 224.11 | 5793.7 |
| | 百分比(%) | 6.83 | 20.42 | 39.76 | 21.82 | 7.3 | 3.87 | 100 |
| 张坊乡 | 面积(hm²) | 0 | 478.01 | 972.28 | 724.23 | 275.59 | 0 | 2450.1 |
| | 百分比(%) | 0 | 19.51 | 39.68 | 29.56 | 11.25 | 0 | 100 |
| 孙集乡 | 面积(hm²) | 2237.61 | 2012.86 | 1136.31 | 419.48 | 390.47 | 526.69 | 6723.42 |
| | 百分比(%) | 33.28 | 29.94 | 16.9 | 6.24 | 5.81 | 7.83 | 100 |
| 许商街道办事处 | 面积(hm²) | 1663.06 | 1649.51 | 1156.96 | 332.15 | 439.57 | 466.82 | 5708.07 |
| | 百分比(%) | 29.14 | 28.9 | 20.27 | 5.82 | 7.7 | 8.18 | 100 |
| 贾庄镇 | 面积(hm²) | 630.69 | 629.71 | 1722.84 | 1441.29 | 1278.12 | 333.34 | 6035.99 |
| | 百分比(%) | 10.45 | 10.43 | 28.54 | 23.88 | 21.17 | 5.52 | 100 |
| 郑路镇 | 面积(hm²) | 2409.12 | 3145.95 | 1599.46 | 585.01 | 95.45 | 26.85 | 7861.84 |
| | 百分比(%) | 30.64 | 40.02 | 20.34 | 7.44 | 1.21 | 0.34 | 100 |
| 白桥乡 | 面积(hm²) | 2444.75 | 1582.78 | 359.13 | 17.29 | 0 | 0 | 4403.95 |
| | 百分比(%) | 55.51 | 35.94 | 8.15 | 0.39 | 0 | 0 | 100 |
| 玉皇庙镇 | 面积(hm²) | 5468.36 | 1499.47 | 214.82 | 312.48 | 0 | 0 | 7495.13 |
| | 百分比(%) | 72.96 | 20.01 | 2.87 | 4.17 | 0 | 0 | 100 |

## 第二节　耕地地力等级分述

### 一、一级地

(一)面积与分布

一级地的综合评级指数大于 0.89，耕地面积为 15275.45hm²，占总耕地面积的

22.24%,其中水浇地面积为 14700.59hm²,占一级地面积的 96.24%;旱地面积为 97.44hm²,占一级地面积的 0.64%;菜地面积为 476.14hm²,占一级地面积的 3.12%;灌溉水田面积为 1.27hm²,占一级地面积的 0.01%(见表 6-4)。

一级地主要分布在玉皇庙镇、白桥乡、许商街道办事处、孙集乡和郑路镇等乡、镇(街道办事处),其中以玉皇庙镇的分布面积最大,为 5468.36hm²,占该镇耕地面积的 72.96%,粮食单产为 17541.3kg/hm²。

表 6-4　　一级地各土地利用类型面积表

| 利用类型 | 评价单元(个) | 面积(hm²) | 占总耕地面积比例(%) | 占一级地面积比例(%) |
|---|---|---|---|---|
| 水浇地 | 1100 | 14700.59 | 21.40 | 96.24 |
| 旱地 | 25 | 97.44 | 0.14 | 0.64 |
| 菜地 | 170 | 476.14 | 0.69 | 3.12 |
| 灌溉水田 | 2 | 1.27 | 0 | 0.01 |
| 总计 | 1297 | 15275.45 | 22.23 | 100 |

(二)主要属性分析

一级地的土壤类型以壤质潮土、黏壤质潮土为主。土壤表层质地为轻壤和中壤,土体构型以中壤均质、中壤黏腰、轻壤均质和轻壤黏腰为主,兼有部分中壤黏心、轻壤黏心等。微地貌类型以倾斜洪积平原、起伏洪积低台地和平坦洪积平原为主,土层深厚,土壤理化性状良好,无盐渍化现象,可耕性强。地下水多为 0.5～2g/L 的弱矿化度水,农田水利设施较为完善,灌排条件较好,多为 4 水区及其以上良好灌溉条件,土壤养分含量较高(见表 6-5)。

表 6-5　　一级地主要养分含量表

| 项目 | 有机质(g/kg) | 全氮(g/kg) | 碱解氮(mg/kg) | 有效磷(mg/kg) | 速效钾(mg/kg) | 有效锌(mg/kg) | 有效硼(mg/kg) | 有效铁(mg/kg) |
|---|---|---|---|---|---|---|---|---|
| 平均值 | 15.5 | 0.78 | 78 | 25.5 | 141 | 1 | 1.11 | 11.94 |
| 范围 | 12～21.7 | 0.2～1.02 | 36～136 | 8.3～55.9 | 77～281 | 0.59～1.79 | 0.56～1.6 | 3.12～23.51 |
| 含量水平 | 中偏上 | 中等 | 中等 | 中等 | 中等 | 中偏上 | 中偏上 | 中等 |

| 项目 | 交换性钙(mg/kg) | 交换性镁(mg/kg) | 有效硫(mg/kg) | 有效锰(mg/kg | 有效铜(mg/kg) | 有效钼(mg/kg) | pH | 容重(g/cm³) |
|---|---|---|---|---|---|---|---|---|
| 平均值 | 13460 | 423 | 43.2 | 8.21 | 1.69 | 0.16 | — | 1.4 |
| 范围值 | 9840～22160 | 199～733 | 12.5～114.9 | 3.02～19.4 | 1.21～3.69 | 0.09～0.27 | 8.1 | 1.2～1.48 |
| 含量水平 | 丰富 | 丰富 | 中等偏低 | 中等 | 丰富 | 较低 | 微碱性 | 偏重 |

（三）存在问题

一级地存在的主要问题：一是该地区属全县经济较好地区，也是商河县大蒜和设施蔬菜主要产区，多为济南市现代农业的特色品牌基地，化肥投入量大，据调查，化肥施用量为1327.5kg/hm$^2$，化肥施用量比例为$N : P_2O_5 : K_2O$为3.75∶1∶1.34，氮肥施用量偏大。由于长期使用化肥、地膜、农药和除草剂，带来了不同程度的污染。二是耕作层较浅，平均值为17.1cm，制约着农产品产量的进一步提高。三是由于水源条件好，灌溉农田时存在大水漫灌现象，造成水资源的严重浪费。四是该地区农产品加工企业较多，仅大蒜加工企业就有70余家，点源污染程度有加重趋势，影响耕地的质量和农产品的品质。

（四）改良利用

一级地是全县综合性能最好的耕地，各项评价指标均属良好型。该种耕地土层厚，排灌性好，易于耕作，养分含量高，保肥、保水性好，适于各种作物生长。利用方向：一是进一步发展大蒜、彩椒、黑皮冬瓜等优势产业，建设单产1800kg/hm$^2$以上的粮食高产示范区。二是充分发挥该区域离省城济南较近的区位优势，大力发展都市农业和休闲观光农业。为此，在生产上应结合高产创建科技入户、配方施肥等工程，加大宣传力度，转变观念，提高认识，加大农业投入，提升农业综合生产能力；实施深耕，打破犁底层，增施有机肥，增加土壤有机质含量，实施平衡施肥，防止土壤污染，适量补施微肥，提高耕地质量；加大检测力度，确保施肥、用药安全，搞好无公害生产；完善防渗渠道，发展移动管道、喷灌、滴灌等节水灌溉模式，节约水资源。在组织方式上，大力发展"公司＋农户"的产业化经营模式，突出商河县的优势与品牌。加强人才引进与培训，培养一批适应现代化农业发展的复合型人才。

## 二、二级地

（一）面积与分布

二级地的综合评价指数为0.86～0.89，耕地面积为14757.92hm$^2$，占全县总耕地面积的21.48％。其中水浇地面积为14501.61hm$^2$，占二级地面积的98.28％；旱地面积为26.29hm$^2$，占二级地面积的0.18％；菜地面积为225.32hm$^2$，占二级地面积的1.53％；灌溉水田面积为1.7hm$^2$，占二级地面积的0.01％（见表6-6）。

二级地分布比较分散，在殷巷镇、沙河乡、张坊乡、许商街道办事处、孙集乡、龙桑寺镇、玉皇庙镇、白桥乡和郑路镇等均有分布，其中以郑路镇分布面积最大，为3145.95hm$^2$，占该镇耕地面积的40.02％，粮食单产为15703.8kg/hm$^2$。

表6-6　二级地各土地利用类型面积表

| 利用类型 | 评价单元（个） | 面积（hm$^2$） | 占总耕地面积比例（％） | 占二级地面积比例（％） |
|---|---|---|---|---|
| 水浇地 | 1123 | 14501.61 | 21.11 | 98.28 |
| 旱地 | 20 | 26.29 | 0.04 | 0.18 |
| 菜地 | 85 | 225.32 | 0.33 | 1.53 |
| 灌溉水田 | 1 | 1.7 | 0 | 0.01 |
| 总计 | 1229 | 14754.92 | 21.48 | 100 |

（二）主要属性分析

二级地土壤类型以壤质潮土为主，兼有少量黏壤质潮土、壤质褐土化潮土。土体构型以轻壤均质、轻壤黏腰和中壤均质为主，兼有部分轻壤黏心、轻壤砂腰和沙壤均质等类型。微地貌类型多为倾斜洪积平原、平坦洪积平原和平坦河流高阶地等，土层深厚，土壤理化性状良好，无盐渍化，可耕性强。地下水大部分为 0.5～2g/L 的弱矿化度水，农田水利设施较为完善，灌排条件较好，多为 3 水区及其以上良好灌溉条件，土壤养分比较理想（见表 6-7）。

表 6-7　二级地主要养分含量表

| 项目 | 有机质（g/kg） | 全氮（g/kg） | 碱解氮（mg/kg） | 有效磷（mg/kg） | 速效钾（mg/kg） | 有效锌（mg/kg） | 有效硼（mg/kg） | 有效铁（mg/kg） |
|---|---|---|---|---|---|---|---|---|
| 平均值 | 14.4 | 0.79 | 75 | 23.1 | 123 | 1.01 | 1.09 | 12.62 |
| 范围 | 9.4～21.2 | 0.52～1.37 | 34～133 | 7.3～48.6 | 63～230 | 0.6～2.95 | 0.59～1.54 | 5.05～24.06 |
| 含量水平 | 中偏上 | 中等 | 中等 | 中等 | 中等 | 中等 | 中偏上 | 中等 |
| 项目 | 交换性钙（mg/kg） | 交换性镁（mg/kg） | 有效硫（mg/kg） | 有效锰（mg/kg | 有效铜（mg/kg） | 有效钼（mg/kg） | pH | 容重（$g/cm^3$） |
| 平均值 | 13410 | 415 | 49.4 | 7.8 | 1.4 | 0.13 | — | 1.37 |
| 范围 | 9941～22300 | 197～1013 | 21.2～267.3 | 3.99～18.9 | 1.12～1.93 | 0.07～0.24 | 8.1 | 1.25～1.45 |
| 含量水平 | 丰富 | 丰富 | 中等偏低 | 中等 | 丰富 | 较低 | 微碱性 | 中等 |

（三）存在问题

二级地存在的主要问题：一是有机肥含量较低，化肥用量偏多，且比例不合理，施用量为 905kg/hm$^2$，投入比例为 N：$P_2O_5$：$K_2O$ 为 4.22：1.44：1，氮肥施用量偏大，磷、钾投入较少。在小麦追肥上撒施普遍，肥料浪费严重。二是耕层较浅，一般为 15～18cm，影响产量提高。三是部分地区土体构型夹砂或砂均质，存在漏水、漏肥情况。

（四）改良利用

该区域是商河县粮食主产区，改良利用方向是搞好规划，建设高产稳产粮田。具体措施：一是实行平衡施肥，注意氮、磷、钾三元素的平衡施用，补施微肥，并不断修正、优化肥料配方，改进施肥方法，切实提高化肥利用率。二是实行深耕、深松相结合的耕作方式，打破土壤犁底层，同时减少土壤养分的分解流失。三是增施有机肥料，进一步扩大秸秆还田的面积，培肥地力。四是加强农田基本建设，兴修水利，尽量不利用矿化度较大的地下水灌溉农田；发展节水农业，杜绝大水漫灌等不科学的灌溉方式。

## 三、三级地

（一）面积与分布

三级地的综合评价指数为 0.82～0.86，耕地面积为 16867.75hm$^2$，占全县总耕地面积的 24.55%，是分布面积最大的一个等级类型。其中水浇地面积为 16730.2hm$^2$，占三级地面积的 99.18%;旱地面积为 22.9hm²,占三级地面积的 0.14%;菜地面积为 111.9hm²,占三级地面积的 0.66%;灌溉水田面积为 2.08hm²,占三级地面积的 0.01%(见表 6-8)。

三级地主要分布在韩庙乡、殷巷镇、沙河乡、张坊乡、贾庄镇、许商街道办事处、孙集乡、龙桑寺镇和郑路镇等乡、镇(街道办事处),其中以韩庙乡分布面积最大,为 2613.58hm²,占该镇耕地面积的 52.69%,粮食单产为 14350kg/hm²。在玉皇庙镇、白桥乡和怀仁镇等乡、镇也有少量或零星分布。

表 6-8　三级地各土地利用类型面积表

| 利用类型 | 评价单元(个) | 面积(hm²) | 占总耕地面积比例(%) | 占三级地面积比例(%) |
|---|---|---|---|---|
| 水浇地 | 1276 | 16730.2 | 24.35 | 99.18 |
| 旱地 | 18 | 22.9 | 0.03 | 0.14 |
| 菜地 | 57 | 111.9 | 0.16 | 0.66 |
| 灌溉水田 | 4 | 2.08 | 0 | 0.01 |
| 总计 | 1356 | 16867.75 | 24.54 | 100 |

(二)主要属性分析

三级地土壤主要为壤质潮土和黏壤质潮土、壤质褐土化潮土。耕层质地以轻壤为主,兼有部分沙壤和中壤。土体构型主要为轻壤均质、轻壤砂腰、轻壤黏腰和沙壤均质等类型。微地貌类型主要为平坦洪积平原,兼有少量的起伏洪积低台地和平坦河流高阶地等。土壤理化性状较好,农田基础设施良好,灌排能力较好,均在 2 水区以上。地下水矿化度多在 0.5～2g/L 之间,有盐渍化威胁,土壤养分含量较好(见表 6-9)。

表 6-9　三级地主要养分含量表

| 项目 | 有机质(g/kg) | 全氮(g/kg) | 碱解氮(mg/kg) | 有效磷(mg/kg) | 速效钾(mg/kg) | 有效锌(mg/kg) | 有效硼(mg/kg) | 有效铁(mg/kg) |
|---|---|---|---|---|---|---|---|---|
| 平均值 | 14 | 0.74 | 73 | 22 | 117 | 1.02 | 1.11 | 12.1 |
| 范围 | 8.1～19.4 | 0.45～1.13 | 35～130 | 6.8～43.9 | 58～252 | 0.55～2.11 | 0.35～1.6 | 4.01～22.82 |
| 含量水平 | 中偏上 | 中等 | 中等 | 中等 | 中等 | 中偏上 | 中偏上 | 中等 |

| 项目 | pH | 交换性钙(mg/kg) | 交换性镁(mg/kg) | 有效硫(mg/kg) | 有效锰(mg/kg) | 有效铜(mg/kg) | 有效钼(mg/kg) | 容重(g/cm³) |
|---|---|---|---|---|---|---|---|---|
| 平均值 | — | 12800 | 412 | 48 | 7.85 | 1.29 | 0.14 | 1.34 |
| 范围 | 8.2 | 8040～21720 | 207～932 | 2.4～298.7 | 1.76～18.33 | 1.02～2.01 | 0.06～0.23 | 1.23～1.44 |
| 含量水平 | 碱性 | 丰富 | 丰富 | 中等偏低 | 中等 | 丰富 | 较低 | 中等 |

(三)存在问题

三级地存在的主要问题:一是部分地块养分偏低,有效磷含量在10mg/kg以下的地块占13.2%,速效钾含量在80mg/kg以下的地块占9.7%。二是化肥投入比例不合理,化肥施用量为785.4kg/$hm^2$,N∶$P_2O_5$∶$K_2O$为4.3∶1.2∶1。三是该区域沙壤面积较大,为3297$hm^2$,占三级地面积的17.7%,容易造成养分的流失;同时少部分耕地土壤偏黏,透水透气性差,不利于作物的生长。四是部分乡、镇(街道办事处)地下水矿化度偏高,有盐碱化威胁。五是存在不同程度的干旱威胁。

(四)改良利用

该区域是商河县的粮棉主产区,改良利用方向是建设标准粮棉生产田。改良措施:一是合理施肥,优化肥料配比,做到有增有降,养分偏低地块加大施肥量,补施微肥。二是增施有机肥料,扩大秸秆还田面积。一方面可以培肥地力;另一方面可以改善土壤质地偏砂的状况,改良土体构型。三是合理耕作与灌溉,合理利用地下水,做到既保障作物的正常生长,又能控制土壤盐渍化。四是加强农田水利建设,提高灌溉保证率。

## 四、四级地

(一)面积与分布

四级地的综合评价指数为0.78～0.82,耕地面积为11097.72$hm^2$,占全县总耕地面积的16.15%。其中水浇地面积为10947.83$hm^2$,占四级地面积的98.65%;旱地面积为60.96$hm^2$,占四级地面积的0.55%;菜地面积为88.93$hm^2$,仅占四级地面积的0.8%(见表6-10)。

四级地主要分布在怀仁镇、殷巷镇、韩庙乡、沙河乡、龙桑寺镇、张坊乡和贾庄镇,其中以在怀仁镇的分布面积最大,达到了2483.6$hm^2$,占该镇耕地面积的65.28%,粮食单产为13151.9kg/$hm^2$,皮棉单产为1507.3kg/$hm^2$。在许商街道办事处、孙集乡、郑路镇和玉皇庙镇等乡、镇(街道办事处)也有少量或零星分布。

表6-10 四级地各土地利用类型面积表

| 利用类型 | 评价单元(个) | 面积($hm^2$) | 占总耕地面积比例(%) | 占四级地面积比例(%) |
|---|---|---|---|---|
| 水浇地 | 885 | 10947.83 | 15.94 | 98.65 |
| 旱地 | 27 | 60.96 | 0.09 | 0.55 |
| 菜地 | 35 | 88.93 | 0.13 | 0.8 |
| 总计 | 947 | 11097.72 | 16.16 | 100 |

(二)主要属性分析

四级地土壤主要有壤质潮土、硫酸盐盐化潮土、壤质褐土化潮土等类型。表层质地以轻壤为主,兼有少量中壤、沙壤。土体构型主要有轻壤均质、轻壤砂腰、沙壤均质、沙壤砂腰等类型。土壤大多数为无盐渍化,但部分地区有轻度、中度及重度盐渍化的情况。地下水矿化度较高,大多为0.5～2g/L、2～5g/L。农田基础设施一般,灌排能力一般,均为1水区及其以上灌溉条件。土壤养分含量除有效磷含量偏低外,其余均较为理想(见表6-11)。

表6-11 四级地主要养分含量表

| 项目 | 有机质(g/kg) | 全氮(g/kg) | 碱解氮(mg/kg) | 有效磷(mg/kg) | 速效钾(mg/kg) | 有效锌(mg/kg) | 有效硼(mg/kg) | 有效铁(mg/kg) |
|---|---|---|---|---|---|---|---|---|
| 平均值 | 12.9 | 0.71 | 68 | 22.3 | 119 | 1.02 | 1.05 | 11.04 |
| 范围 | 5.9～18.8 | 0.17～1.14 | 36～114 | 6～50.3 | 50～227 | 0.5～2.98 | 0.49～1.62 | 2.62～21.47 |
| 含量水平 | 中偏上 | 中等 | 中等偏低 | 中等 | 中等 | 中偏上 | 中偏上 | 中等 |
| 项目 | pH | 交换性钙(mg/kg) | 交换性镁(mg/kg) | 有效硫(mg/kg) | 有效锰(mg/kg) | 有效铜(mg/kg) | 有效钼(mg/kg) | 容重($g/cm^3$) |
| 平均值 | — | 11730 | 409 | 46.4 | 7.63 | 1.21 | 0.12 | 1.35 |
| 范围 | 8.2 | 6870～18450 | 184～817 | 7.8～265.2 | 3.01～18.52 | 0.89～1.77 | 0.06～0.21 | 1.22～1.42 |
| 含量水平 | 碱性 | 丰富 | 丰富 | 中等偏低 | 中等 | 丰富 | 较低 | 中等 |

(三)存在问题

四级地存在的主要问题:一是该区域棉花播种面积较大,不能秸秆还田,棉田有机质偏低;同时由于长期使用地膜,大量使用农药,污染较为严重。二是土体构型中有较多的砂土均质,对土壤保水、保肥有一定影响,同时还有少量的壤质黏腰或壤质黏心,土壤通透性较差,对作物生长不利。三是土壤盐渍化较为明显,影响作物的生长。四是灌溉保证率亟待提高。五是土壤养分含量基本处于中等含量水平,有效磷含量稍低。

(四)改良利用

该区域为商河县棉花主产区,改良利用方向是进一步提高粮棉生产能力。具体措施是:合理布局作物,做到宜粮则粮,宜棉则棉;增施有机肥,无肥源的农户可购买商品有机肥,深耕土壤,从而改良土壤表层质地和土体构型,提高土壤的物理化学性能;合理利用地下水资源,采用管灌等方式合理灌溉,避免大水漫灌,加剧土壤盐渍化的程度;加强农田基础设施的完善和维护管理,提高灌溉保证率;推广应用可降解地膜、生物农药等新材料、新药剂,有效降低棉田污染;增施或补施钾肥、磷肥、微肥,进一步提高作物产量。

## 五、五级地

(一)面积与分布

五级地的综合评价指数为0.73～0.78,耕地面积为6286.98$hm^2$,占全县总耕地面积的9.15%。其中水浇地面积为6193.94$hm^2$,占五级地面积的98.52%;旱地面积为65.68$hm^2$,占五级地面积的1.04%;菜地面积为27.35$hm^2$,仅占五级地面积的0.44%(见表6-12)。

五级地主要分布在殷巷镇、沙河乡、怀仁镇、张坊乡、贾庄镇、许商街道办事处、孙集乡和龙桑寺镇等,其中以殷巷镇的分布面积最大,达到了1421.43$hm^2$,占该镇耕地面积的17.66%,粮食单产为10639.2$kg/hm^2$,皮棉单产为1285.3$kg/hm^2$。

表 6-12　五级地各土地利用类型面积表

| 利用类型 | 评价单元(个) | 面积($hm^2$) | 占总耕地面积比例(%) | 占五级地面积比例(%) |
|---|---|---|---|---|
| 水浇地 | 492 | 6193.94 | 9.02 | 98.52 |
| 旱地 | 24 | 65.68 | 0.1 | 1.04 |
| 菜地 | 11 | 27.35 | 0.04 | 0.44 |
| 总计 | 527 | 6286.98 | 9.16 | 100 |

(二)主要属性分析

五级地土壤类型有硫酸盐盐化潮土、壤质潮土、壤质褐土化潮土、壤质湿潮土和硫酸盐氯化物草甸盐土等类型。土壤表层质地主要有轻壤、沙壤、砂土和中壤等。土体构型主要有轻壤均质、轻壤砂腰、轻壤砂底、沙壤均质和沙壤黏腰等类型。地貌类型主要有平坦洪积平原、倾斜洪积平原、起伏洪积平原、起伏洪积低台地和平坦河流高阶地等。灌溉保证率均较低,大部分为 1 水区。地下水矿化度均较高,地表有不同程度的返盐现象。土壤有效磷含量较低。五级地主要养分含量如表 6-13 所示。

表 6-13　五级地主要养分含量表

| 项目 | 有机质(g/kg) | 全氮(g/kg) | 碱解氮(mg/kg) | 有效磷(mg/kg) | 速效钾(mg/kg) | 有效锌(mg/kg) | 有效硼(mg/kg) | 有效铁(mg/kg) |
|---|---|---|---|---|---|---|---|---|
| 平均值 | 12.7 | 0.62 | 62 | 20.3 | 119 | 0.99 | 1.06 | 10.92 |
| 范围 | 7.3～18.3 | 0.35～1.02 | 37～112 | 7.8～36 | 62～240 | 0.63～2.35 | 0.69～1.39 | 2.37～20.74 |
| 含量水平 | 中偏上 | 中等偏低 | 中等偏低 | 中等 | 中等 | 中等 | 中偏上 | 中等 |
| 项目 | pH | 交换性钙(mg/kg) | 交换性镁(mg/kg) | 有效硫(mg/kg) | 有效锰(mg/kg | 有效铜(mg/kg) | 有效钼(mg/kg) | 容重($g/cm^3$) |
| 平均值 | — | 1213 | 382 | 48.7 | 7.01 | 0.82 | 0.12 | 1.31 |
| 范围 | 8.3 | 8130～24560 | 180～463 | 25.7～220.3 | 2.58～17.33 | 0.44～1.21 | 0.07～0.23 | 1.2～1.4 |
| 含量水平 | 碱性 | 丰富 | 中等 | 中等 | 中等 | 丰富 | 较低 | 偏轻 |

(三)存在问题

五级地存在的主要问题:一是土壤构型中存在夹砂层次,土体构型不良,土壤保水、保肥能力差,影响作物生长;二是土壤盐渍化较为明显,地下水矿化度较高;三是灌溉保证率较低,需要进一步提高;四是土壤养分含量不均衡,对作物产量影响较大。

(四)改良利用

五级地的改良利用方向是进一步提高粮棉生产能力。具体措施:一是多施用有机肥,搞好过腹还田;加大肥料投入,重点增施磷、钾肥和微肥,提高土壤养分含量,以满足作物各生育时期的养分需求,促进产量的稳步提高。二是搞好农田基本建设,改善灌溉条件,提高灌溉保证率。三是调整种植结构,扩大棉花、牧草等耐盐作物的种植面积。四是采取工程措施与农艺措施相结合的形式,控制或降低土壤盐渍化程度。

## 六、六级地

### (一)面积与分布

六级地的综合评价指数小于0.73,耕地面积仅为4414.71hm²,是占全县耕地总面积百分比最少的一个等级。其中水浇地面积为4349.19hm²,占六级地面积的98.52%;旱地面积为47.53hm²,占六级地面积的1.08%;菜地面积为17.99hm²,仅占六级地面积的0.41%,粮食单产为8803.7kg/hm²以下,皮棉单产为1154kg/hm²以下(见表6-14)。

六级地主要分布在殷巷镇、沙河乡、许商街道办事处和贾庄镇,在殷巷镇分布面积最大,达到1905hm²,占六级地面积的23.67%。在龙桑寺镇和怀仁镇等也有少量或零星分布。

表6-14 六级地各土地利用类型面积表

| 利用类型 | 评价单元(个) | 面积(hm²) | 占总耕地面积比例(%) | 占六级地面积比例(%) |
|---|---|---|---|---|
| 水浇地 | 307 | 4349.19 | 6.33 | 98.52 |
| 旱地 | 12 | 47.53 | 0.07 | 1.08 |
| 菜地 | 6 | 17.99 | 0.03 | 0.41 |
| 总计 | 325 | 4414.71 | 6.43 | 100 |

### (二)主要属性分析

六级地土壤类型有壤质潮土、硫酸盐盐化潮土和硫酸盐氯化物草甸盐土等。土壤表层质地主要有轻壤、中壤、沙壤、砂土等。土体构型主要有轻壤均质、轻壤砂腰、沙壤均质、沙壤砂腰、砂土均质等类型。地貌类型主要有倾斜洪积平原、平坦洪积平原等。灌溉保证率较差,大多数为1水区。地下水矿化度均较高,盐渍化程度较重。土壤有机质和有效磷含量均较低。六级地主要养分含量如表6-15所示。

表6-15 六级地主要养分含量表

| 项目 | 有机质(g/kg) | 全氮(g/kg) | 碱解氮(mg/kg) | 有效磷(mg/kg) | 速效钾(mg/kg) | 有效锌(mg/kg) | 有效硼(mg/kg) | 有效铁(mg/kg) |
|---|---|---|---|---|---|---|---|---|
| 平均值 | 11.5 | 0.55 | 51 | 17.8 | 127 | 0.97 | 1.04 | 10.33 |
| 范围 | 6.7～15 | 0.27～0.89 | 30～91 | 6.3～31.8 | 51～219 | 0.69～1.55 | 0.61～1.65 | 2.62～16.92 |
| 含量水平 | 中等 | 中等较低 | 偏低 | 中偏下 | 中等 | 中等 | 中偏上 | 中等 |

| 项目 | pH | 交换性钙(mg/kg) | 交换性镁(mg/kg) | 有效硫(mg/kg) | 有效锰(mg/kg | 有效铜(mg/kg) | 有效钼(mg/kg) | 容重(g/cm³) |
|---|---|---|---|---|---|---|---|---|
| 平均值 | — | 1092 | 344 | 47.1 | 6.27 | 0.73 | 0.1 | 1.32 |
| 范围 | 8.4 | 7490～20560 | 173～459 | 21.9～177.2 | 2.41～15.77 | 0.52～1.14 | 0.05～0.19 | 1.2～1.41 |
| 含量水平 | 碱性 | 丰富 | 中等 | 中等偏低 | 中等 | 丰富 | 较低 | 偏轻 |

(三)存在问题

六级地存在的主要问题:一是土壤以沙壤或砂土为主,保水、保肥能力较差,影响作物生长;二是农田的灌溉水平较低,难以满足大田作物生长的需要;三是地下水位较高,盐渍化程度较重;四是土壤养分普遍较低,制约作物的生长和发育。

(四)改良利用

该区域是商河县土壤改良的主要区域,改良利用方向是工程措施与农艺措施相结合,提高土地生产能力。具体措施是:采用工程措施进行综合治理,实行沟、渠、田、路配套;增施有机肥,扩大秸秆还田面积,种植绿肥,培肥地力,改善土壤的理化性质;合理开采地下水,降低地下水位,减轻盐渍化程度;加大化肥投入,改善土壤贫瘠的状况。

## 第三节 耕地地力等级的符合性验证

### 一、耕地地力评价结果的专家论证

耕地地力评价完成后,我们邀请省农科院、济南市农业局及商河县有关专家对耕地地力评价结果进行了论证:一致认为评价依托单位——山东农业大学资源与环境学院技术领先,专业水平较高,评价方法可靠;评价所采用的立地条件、物理性状、化学性状等 11 项参评因子能基本反映商河县耕地地力状况,且各因子参评权重较为合理;提供的文字、数据、图件资料较为翔实、齐全;耕地地力等级划分结果基本符合商河县的实际。

### 二、耕地地力等级的符合性验证

(一)耕地地力等级的符合性验证方法

2010 年 11 月,商河县组织县乡两级 18 名专业技术人员分成 3 个验证小组,按照《商河县耕地地力评价等级图》,每等级抽取 2～3 个村,每村抽取 5 个农户进行符合性验证。该次验证涉及全县 11 个乡、镇(街道办事处),34 个行政村,170 个农户。

耕地环境条件、理化性状的验证以实地调查结果结合土壤图、地貌图、灌溉分区图、矿化度图及土壤理化分析数据分析后得出结论。产量结果的验证以各地力等级的产量指标为参照,与调查村农户平均产量进行比较,差异率在±5%以内为符合,差异率在±(5～10)%为基本符合,差异率大于±10%为不符合。

(二)耕地地力等级的符合性验证结果

一级地验证地点为玉皇庙镇田赵村和柴王村,许商街道办事处苏家村和小高家村,郑路镇王坡村和韩庙村。上述村庄微地貌类型为高坡地。土壤质地多为中壤,部分为轻壤;土体构型以厚黏腰为主,部分为均质壤和厚黏心;土壤无明显障碍层次,无盐渍化。地下水矿化度为 0.8～1.6g/L。水利设施完善,排灌条件较好,多为 4 水区以上,郑路镇韩家村为 6 水区。

土壤有机质平均含量为 14.9g/kg,全氮平均含量为 0.82g/kg,碱解氮平均含量为 91mg/kg,有效磷平均含量为 24.4mg/kg,速效钾平均含量为 140mg/kg,pH 为 8.2。

平均粮食产量为 17221.9kg/$hm^2$,比该等级产量 17541.3kg/$hm^2$ 低 319.4kg/$hm^2$,

差异率为－1.82%(见表 6-16)。

表 6-16　　一级地粮食产量符合性验证情况表

| 镇(街道办事处) | 村 | 调查产量(kg/hm²) | | | 常年产量(kg/hm²) | | | 差异率(%) | 验证结果 |
|---|---|---|---|---|---|---|---|---|---|
| | | 小麦 | 玉米 | 粮食产量 | 小麦 | 玉米 | 粮食产量 | | |
| 玉皇庙镇 | 田赵村 | 7788.3 | 10640.1 | 18428.4 | 7877.4 | 9663.9 | 17541.3 | 5.057 | 基本符合 |
| | 柴王村 | 7920.5 | 9026.7 | 16947.2 | | | | －3.188 | 符合 |
| 许商街道办事处 | 苏家村 | 7690.4 | 9682.6 | 17373 | | | | －0.755 | 符合 |
| | 小高家村 | 7790 | 9977.8 | 17767.8 | | | | 1.500 | 符合 |
| 郑路镇 | 王坡村 | 7973.6 | 8624 | 16597.6 | | | | －5.185 | 基本符合 |
| | 韩家村 | 8011.6 | 8205.6 | 16217.2 | | | | －7.358 | 基本符合 |

上述村庄耕地环境条件、产量水平与一级地指标相符合，土壤理化性状基本符合，总体验证结果符合。

二级地验证地点为孙集乡孙茂仙村和王道士村，殷巷镇崔家村和马家村，郑路镇后张村和邹庞村。上述村庄微地貌类型大部分为高坡地，部分为平坡地。土壤质地多为轻壤，部分为中壤；土体构型以均质壤和厚黏腰为主，王道士村部分为厚砂底；土壤无明显障碍层次，无盐渍化。地下水矿化度为 0.7～2g/L。水利设施完善，排灌条件较好，多为 4 水区以上。

土壤有机质平均含量为 14.2g/kg，全氮平均含量为 0.8g/kg，碱解氮平均含量为 73mg/kg，有效磷平均含量为 23.4mg/kg，速效钾平均含量为 120mg/kg，pH 为 8.2。

平均粮食产量为 15305.9kg/hm²，比该等级产量 15703.8kg/hm² 低 397.9kg/hm²，差异率为－2.53%(见表 6-17)。

表 6-17　　二级地粮食产量符合性验证情况表

| 乡、镇 | 村 | 调查产量(kg/hm²) | | | 常年产量(kg/hm²) | | | 差异率(%) | 验证结果 |
|---|---|---|---|---|---|---|---|---|---|
| | | 小麦 | 玉米 | 粮食产量 | 小麦 | 玉米 | 粮食产量 | | |
| 孙集乡 | 孙茂仙村 | 7520.6 | 7088.3 | 14608.9 | 7453.7 | 8250.1 | 15703.8 | －6.972 | 基本符合 |
| | 王道士村 | 7469.2 | 7505.6 | 14974.8 | | | | －4.642 | 符合 |
| 殷巷镇 | 崔家村 | 7169.8 | 8867.4 | 16037.2 | | | | 2.123 | 符合 |
| | 马家村 | 7519.4 | 7981.2 | 15500.6 | | | | －1.294 | 符合 |
| 郑路镇 | 后张村 | 7635.8 | 7188 | 14823.8 | | | | －5.604 | 基本符合 |
| | 邹庞村 | 7196.8 | 8693.7 | 15890.5 | | | | 1.189 | 符合 |

上述村庄耕地环境条件与二级地指标相符合，产量水平和土壤理化性状基本符合，总体验证结果符合。

三级地验证地点为贾庄镇王治田村和聂家村，龙桑寺镇王太开村和张老庄村，韩庙乡店子村和雹泉庙村。上述村庄微地貌类型大部分为平坡地，部分为高坡地和河滩高地。土壤质地多为轻壤，部分为中壤和少量沙壤；土体构型以厚黏腰和均质壤为主，部分为厚砂腰和均质砂；个别土壤有障碍层次，漏水、漏肥，无盐渍化。地下水矿化度为0.5～1.7g/L。水利设施完善，排灌条件较好，全部为3水区以上。

土壤有机质平均含量为13.3g/kg，全氮平均含量为0.75g/kg，碱解氮平均含量为70mg/kg，有效磷平均含量为21.4mg/kg，速效钾平均含量为115mg/kg，pH为8.2。

平均粮食产量为14186.9kg/hm$^2$，比该等级产量14350kg/hm$^2$低163.1kg/hm$^2$，差异率为－1.14%（见表6-18）。

表6-18 三级地粮食产量符合性验证情况表

| 乡、镇 | 村 | 调查产量(kg/hm$^2$) | | | 常年产量(kg/hm$^2$) | | | 差异率(%) | 验证结果 |
|---|---|---|---|---|---|---|---|---|---|
| | | 小麦 | 玉米 | 粮食产量 | 小麦 | 玉米 | 粮食产量 | | |
| 贾庄镇 | 王治田村 | 6428.6 | 7010.6 | 13439.2 | 6605.4 | 7744.6 | 14350 | －6.347 | 基本符合 |
| | 聂家村 | 6682.4 | 7661.1 | 14343.5 | | | | －0.045 | 符合 |
| 龙桑寺镇 | 王太开村 | 6841.7 | 7818.9 | 14660.6 | | | | 2.164 | 符合 |
| | 张老庄村 | 6751 | 6823.5 | 13574.5 | | | | －5.404 | 基本符合 |
| 韩庙乡 | 店子周村 | 6548.2 | 7354 | 13902.2 | | | | －3.121 | 符合 |
| | 雹泉庙村 | 6518.5 | 8083.1 | 14601.6 | | | | 1.753 | 符合 |

上述村庄耕地养分、产量水平与三级地指标相符合，土壤环境条件基本符合，总体验证结果符合。

四级地验证地点为怀仁镇后刘村和东信村，贾庄镇刘天玉村和北谢村，龙桑寺镇徐太院村和高明吴村。上述村庄微地貌类型大部分为平坡地，东信村为高坡地，徐太院村和高明吴村为洼坡地。土壤质地多为沙壤，部分为轻壤，保水、保肥能力较差；土体构型以厚黏腰和均质壤为主，兼有部分厚砂腰和均质砂，部分土壤构成不良。地下水矿化度为1.2～2.5g/L，有盐渍化威胁。水利条件一般，多为2水区，部分为3水区。

土壤有机质平均含量为11.7g/kg，全氮平均含量为0.69g/kg，碱解氮平均含量为65mg/kg，有效磷平均含量为21.7mg/kg，速效钾平均含量为112mg/kg，pH为8.3。

平均粮食产量为12760.7kg/hm$^2$，比该等级产量13151.9kg/hm$^2$低391.2kg/hm$^2$，差异率为－2.97%（见表6-19）。

表 6-19　　四级地粮食产量符合性验证情况表

| 镇 | 村 | 调查产量(kg/hm²) | | | 常年产量(kg/hm²) | | | 差异率(%) | 验证结果 |
|---|---|---|---|---|---|---|---|---|---|
| | | 小麦 | 玉米 | 粮食产量 | 小麦 | 玉米 | 粮食产量 | | |
| 怀仁镇 | 后刘村 | 6045.8 | 6069.4 | 12115.2 | 6032.4 | 7119.5 | 13151.9 | −7.883 | 基本符合 |
| | 东信村 | 5883.6 | 7315.8 | 13199.4 | | | | 0.361 | 符合 |
| 贾庄镇 | 刘天玉村 | 6124.7 | 7488.4 | 13613.1 | | | | 3.507 | 符合 |
| | 北谢村 | 5920.4 | 6464 | 12384.4 | | | | −5.836 | 基本符合 |
| 龙桑寺镇 | 徐太院村 | 6087.6 | 7305.6 | 13393.2 | | | | 1.835 | 符合 |
| | 高明吴村 | 5903.7 | 5955.2 | 11858.9 | | | | −9.831 | 基本符合 |

上述村庄耕地环境条件中土壤质地、土体构型差异较大，养分含量、产量水平与四级地指标相符合，总体验证结果基本符合。

五级地验证地点为沙河乡大仉家村和王士希村，贾庄镇甜水井村和白佛院村，张坊乡小孙家村和老杨家村。上述村庄微地貌类型大部分为洼坡地，部分为平坡地。土壤质地多为轻壤，部分为沙壤；土体构型以均质壤为主，部分为厚砂腰。地下水矿化度为1.6～2.8g/L，存在不同程度的盐渍化。水利条件较差，为1水区和2水区。

土壤有机质平均含量为12.6g/kg，全氮平均含量为0.61g/kg，碱解氮平均含量为59mg/kg，有效磷平均含量为19.9mg/kg，速效钾平均含量为117mg/kg，pH为8.3。

平均粮食产量为10259.8kg/hm²，比该等级产量10639.2kg/hm²低379.4kg/hm²，差异率为−3.57%(见表6-20)。

表 6-20　　五级地粮食产量符合性验证情况表

| 乡、镇 | 村 | 调查产量(kg/hm²) | | | 常年产量(kg/hm²) | | | 差异率(%) | 验证结果 |
|---|---|---|---|---|---|---|---|---|---|
| | | 小麦 | 玉米 | 粮食产量 | 小麦 | 玉米 | 粮食产量 | | |
| 沙河乡 | 大仉家村 | 4752.6 | 4791.4 | 9544 | 4875.4 | 5763.8 | 10639.2 | −10.294 | 不符合 |
| | 王士希村 | 4886.3 | 5448 | 10334.3 | | | | −2.866 | 符合 |
| 贾庄镇 | 甜水井村 | 4692.4 | 6304.6 | 10997 | | | | 3.363 | 符合 |
| | 白佛院村 | 4976 | 5081.2 | 10057.2 | | | | −5.47 | 基本符合 |
| 张坊乡 | 小孙家村 | 5007.8 | 5683.4 | 10691.2 | | | | 0.489 | 符合 |
| | 老杨家村 | 4982.3 | 4952.6 | 9934.9 | | | | −6.62 | 基本符合 |

上述村庄耕地环境条件与五级地指标相符合，土壤理化性状和产量水平基本符合，总体验证结果符合。

六级地验证地点为殷巷镇崔洼村和展集村，沙河乡小胡家村和梨行村。上述村庄微地貌类型为洼坡地。土壤质地为轻壤和沙壤；土体构型为均质壤和均质砂。地下水矿化度为1.5～3.5g/L，盐渍化程度较重。水利条件较差，为1水区和2水区。

土壤有机质平均含量为 11.6g/kg，全氮平均含量为 0.55g/kg，碱解氮平均含量为 49mg/kg，有效磷平均含量为 17.8mg/kg，速效钾平均含量为 123mg/kg，pH 为 8.4。

平均粮食产量为 8689.8kg/hm$^2$，比该等级产量 8803.7kg/hm$^2$ 低 113.9kg/hm$^2$，差异率为－1.29%（见表 6-21）。

**表 6-21　　六级地粮食产量符合性验证情况表**

| 乡、镇 | 村 | 调查产量(kg/hm$^2$) | | | 常年产量(kg/hm$^2$) | | | 差异率(%) | 验证结果 |
|---|---|---|---|---|---|---|---|---|---|
| | | 小麦 | 玉米 | 粮食产量 | 小麦 | 玉米 | 粮食产量 | | |
| 殷巷镇 | 崔洼村 | 3682.4 | 4524.6 | 8207 | 3755 | 5048.7 | 8803.7 | －6.778 | 基本符合 |
| | 展集村 | 3792.5 | 5240.4 | 9032.9 | | | | 2.603 | 符合 |
| 沙河乡 | 小胡家村 | 3627.5 | 4855.8 | 8483.3 | | | | －3.639 | 符合 |
| | 梨行村 | 3858.4 | 5177.6 | 9036 | | | | 2.639 | 符合 |

上述村庄耕地环境条件、土壤养分及产量水平均与六级地指标相符合。

# 第七章　耕地资源的合理利用与改良

## 第一节　耕地资源的现状与特点

耕地既是一个民族安身立命的根本，也是一个国家经济发展、人民富足的基础。我国人口多、土地少的国情决定了珍惜和合理利用土地，切实保护耕地这项基本国策必须长期坚持，任何时候都不能放松。耕地保护关系国家的粮食安全，保护耕地就是保护我们的生命线。

### 一、耕地资源较为丰富

据了解，2009 年年底，全国耕地面积已降至 $1.217\times10^7 hm^2$，人均耕地面积仅 $900m^2$，只相当于世界平均水平的 40%。山东省 2007 年底耕地面积为 $7.5\times10^6 hm^2$，人均耕地面积为 $807m^2$。截至 2009 年年底，商河耕地面积为 $6.87\times10^4 hm^2$，人均耕地面积为 $0.11hm^2$，高于全国和全省的平均水平。较为丰富的耕地资源为商河县社会经济的持续发展和人民生活水平的不断提高提供了有力保障。

### 二、耕地高产地块较多

按照本次耕地地力等级划分，全县耕地分为 6 个等级，其中一、二级地面积占到耕地面积的 43.7%，这部分耕地是全县最好的耕地；三、四级地占到耕地面积的 40.7%，这部分耕地经过改造也能够实现高产稳产；五、六级地属于低产田类型，面积仅占耕地面积的 15.6%。商河县一级、二级、三级地相当于国家的一级地，四级地相当于国家的二级地，五级地相当于国家的三级地，六级地相当于国家的五级地。从养分含量看，商河县土壤主要养分状况总体较为均衡。单一缺乏有机质的耕地面积为 $6876.43hm^2$，占耕地总面积的 10.1%；缺乏有效磷的耕地面积为 $2376.94hm^2$，占耕地面积的 3.46%；缺乏速效钾的耕地面积为 $7438.35hm^2$，占耕地面积的 10.83%；缺乏有机质和有效磷的耕地面积为 $1526.89hm^2$，占耕地面积的 2.22%；缺乏有机质和速效钾的耕地面积为 $2494.41hm^2$，占耕地面积的 3.63%；缺乏有效磷和速效钾的耕地面积为 $1744.84hm^2$，占耕地面积的2.54%；缺乏有机质、有效磷和速效钾的耕地面积为 $1712.48hm^2$，占耕地面积的 2.49%。

### 三、耕地类型较为单一

商河县属黄泛冲积平原，耕地类型较为单一。从作物布局上可分为南部大蒜种植区、设施蔬菜种植区和中北部粮棉种植区;从灌溉类型上可分为引黄灌区、井河并用灌区和排涝改碱灌区。引黄灌区主要集中在县城南部,徒骇河、土马河流域,灌溉水源以引黄为主;井河并用灌区分布在土马河以北、沙河以南的广大区域;井灌区主要集中在县中北部个别乡、镇(街道办事处)的部分村庄。

### 四、耕地利用率高,产出较大

2009 年,商河县农作物播种面积为 $1.341\times10^5hm^2$,复种指数达到 195%,粮食总产量为 74.5 万吨,小麦产量为 $6450kg/hm^2$,玉米产量为 $7635kg/hm^2$,整体进入高产水平。种植业内部结构趋于合理,粮经比例也趋于合理,达到 7.8∶2.3;农业基础设施较为完善,水利化程度提高,节水灌溉面积达到 $9.4\times10^3hm^2$,有效灌溉面积达到 $5.97\times10^4hm^2$。

### 五、粮食生产潜力大

通过新品种、新技术的推广应用,商河县已出现小麦单产为 $9750kg/hm^2$、夏玉米单产为 $11250kg/hm^2$ 的高产典型。其耕地地力水平与一般大田基本相同,只要依据耕地地力调查结果,提出切实可行的耕地保养方案,通过实施平衡施肥、沃土工程等一系列行之有效的耕地建设措施,全面提升耕地地力,利用现有的品种和技术,粮食产量每公顷可提高 1500kg,按 $5\times10^4hm^2$ 耕地种植粮食计算,全县将增加粮食产量 7.5 万吨。

## 第二节 耕地改良的实践与效果

商河县在生产过程中,结合实际,根据耕地质量、利用方向、利用方式、生产潜力和改良措施上的相似性和差异性,以及商河县农业生产的区域性,结合测土配方施肥分区,将全县划分为三个改良区,即南部高产深耕养分协调区、中部生产条件改善地力培肥区和北部耕地综合治理区。

### 一、南部高产深耕养分协调区

该区域包括玉皇庙镇、白桥乡、许商街道办事处南部和孙集乡、郑路镇的商展路以南。这部分耕地土壤养分含量高,灌溉水源充足,复种指数高,利用方向应在发展优质商品粮基地、常规种子繁育基地、设施农业建设、标准化生产基地等方面下功夫。其利用改良措施应以培肥地力,深耕活化土壤,增加耕作层,提高耕地生产能力为主。配方施肥、因土施肥是解决目前氮、磷、钾肥料施用比例失调的根本措施。在查清土壤条件、养分状况的基础上,确定最佳肥料配比和最佳施用量,以最小的投资获得最大的经济效益,使粮食产量稳中有增。坚持以有机肥为主、化肥为辅的原则。合理进行秸秆还田、推广粮菜间作是耕地用养结合的良好方法,是改善土壤理化性状、增加土壤养分、培肥地力的有效措施,但必须切实掌握好秸秆还田技术,确定合理的翻压时期。

### 二、中部生产条件改善地力增肥区

该区域位于商河县沙河以南、土马河以北,包括贾庄镇、许商街道办事处大部、孙集乡北部、郑路镇北部、沙河乡南部和龙桑寺镇，是全县面积最大的区域。这部分耕地土壤养分适中，质地较好，改良利用方向是改善生产条件，建设高产稳产农田。主要措施是：进一步加强农田基本建设，搞好排灌设施配套，推广管道灌溉和喷、滴灌；扩大保护地栽培面积，发展节水农业；进一步扩大秸秆还田面积，推广免耕技术，保护耕地地力。坚持有机肥与化肥并重的原则，增施有机肥料；在化肥施用上，合理搭配氮、磷、钾比例，做到因土、因作物施肥，提高肥料利用率；通过农业产业化和发展农村合作组织等形式，逐步实现耕地规模化经营。

### 三、北部耕地综合治理区

该区域位于商河县沙河以北，包括怀仁镇、殷巷镇、沙河乡、韩庙乡。该区域耕地土壤质地偏砂，土壤养分含量较低，灌溉保证率较低，存在不同程度的盐渍化，需采取生物措施、农业耕作措施、工程措施综合治理。生物措施包括营造农田内的防护林，种植棉花牧草等耐盐作物；农田耕作措施主要有平整土地、覆盖耕作、增施有机肥、粮草结合、不同作物套种间作、免耕及留茬种植等。工程措施是指水利改良措施，包括挖沟（或暗沟）排水，打井排水，"井灌井排，以灌代排"等。搞好灌溉配套工程，对易受洪涝灾害的地区要整修农田疏通渠道，保证汛期不受危害，在旧河床及漫滩地可种植季节菜或栽植耐涝的林木。增施肥料，提高土壤养分；坚持有机、无机并重的原则，有机肥以优质厩肥为主。在化肥施用上，合理搭配氮、磷、钾各元素比例，提高肥料利用率；针对土质偏砂的特点，适当增加追肥次数。

## 第三节　耕地资源合理利用的对策

### 一、提高现有耕地单位面积产量

目前，同一类型地区粮食单产水平相差悬殊，中低产田与高产田产量相差更大，达到40%～60%。商河粮食单产虽整体处于高产水平，但县域内发展极不平衡。这既反映了地区农业资源和气候条件的差异，也反映了耕作方式和技术操作上的差别。换言之，差距就是未来农业发展的潜力。因此，在耕地面积不断减少的大背景下，只有通过改造中低产田、兴修水利、扩大灌溉面积、推广先进实用技术等工程和农艺措施，主攻单产，才能满足社会需求，确保粮食安全。

### 二、开发后备耕地资源

商河县现有耕地后备资源 $8.2\times10^3 hm^2$，因此，在加强对现有耕地保护的同时，还应有计划地对宜农荒地进行开发利用，同时加快工矿废弃地的复垦，以弥补同期耕地的占用，达到占补平衡，保持耕地面积的长期稳定。此外，还可以通过间作、套种等模式提高复种指数，扩大农作物播种面积。

## 三、依靠科技进步，提高农业生产潜力

(一)良种已成为农业增产的重要因素

据测算，良种对农业生产的贡献率已达到20%，近年来通过良种直补、农业科技入户等措施，大力推广农作物优良品种，淘汰劣质品种，良种覆盖率达到了85%以上，增产幅度在10%左右。良种的大面积推广应用，显著提高了农作物产量。应在加强育种科研的同时，加快新品种的引进、繁育示范步伐；把良种繁育、种子加工、农机农艺配套及推广体系建设有机结合起来，进一步提高良种覆盖率。

(二)先进适用技术的推广使农业大幅度增产增收

科学技术来源于实践，又服务于生产，推动生产的发展。目前，农业科技日新月异，新品种、新材料、新技术不断涌现，已实施的农业科技入户工程、农机推广示范县项目为农业科技与农业生产之间架起了新的桥梁。针对农业生产的关键问题，应大力推广小麦宽幅精播技术、氮肥后延技术、夏玉米一增四改技术、测土配方施肥技术、少耕免耕技术、节水灌溉技术、病虫害综合防治技术等。专用设备、专用农机具、专用新材料的推广应用，为农业生产作出了突出的贡献。

(三)农业机械化已成为现代农业的重要支柱

改革开放以来，农业机械化已进入新的发展阶段。粮食生产基本实现了机械化，农田基本建设、设施农业建设也以机械作业为主。机械化水平的发展，提高了农业的生产率和商品率，成为现代农业的重要支柱。

(四)加强新型农民培训，发挥农民积极性

农民是农业技术的直接应用者和获益者，要推广农业先进技术，必须大力培训农民，提高农民的技术素质。各乡、镇(街道办事处)已全部建起农业技术推广机构，部分乡、镇(街道办事处)建起了科技示范基地，涌现出一大批科技示范户、种养大户，起到了较好的示范带动作用，从而加快了农业技术的推广普及。其做法是：培训工作重点下移，重点培训生产骨干、示范户以及农民技术人员，造就一支能在农村起示范作用的技术骨干队伍；建立农民科技书屋，使农民能更直观、更实在地学到技术知识和操作方法；利用现代多媒体技术，开展多种形式的培训。

# 第八章　耕地地力管理信息系统的建立

耕地资源管理信息系统以一个行政区划内的耕地资源为管理对象，应用GPS、田间观测仪器等现代技术采集信息，引用GIS技术构建耕地资源基础信息系统，以此数据平台结合各类管理模型，对辖区内的耕地资源进行系统的动态管理。耕地地力的评价结果不仅可为农业决策者提供决策参考，也可为基层农技推广人员进行技术指导，农民科学施肥、节水灌溉等农事操作提供重要依据，在提高农产品品质、提高产量、节约成本的同时，保护耕地的生产能力，减轻农事操作对环境的负面影响。

商河县耕地资源信息系统数据库的建设工作，是测土配方施肥工作的重要组成部分，是国家实现农业科学种田，促进粮食稳定生产，实现农业科学施肥经常化、普及化的重要工作，是实现农业耕地地力评价成果资料统一化、标准化的重要计划，是实现综合农业信息资料共享的技术手段。商河县耕地资源信息系统数据库的建设工作是对最新的土地利用现状调查成果，第二次土壤普查的土壤、地貌等成果，本次耕地地力评价工作采集的土壤化学分析等成果进行汇总，建立一个集空间数据库和属性数据库的存储、管理、查询、分析、显示为一体的数据库，为科学种田及施肥、农业的可持续发展、深化农业科学管理工作服务。

## 第一节　概　述

### 一、建库单位的组成

为加快商河县耕地资源信息系统数据库的建设，依据农业部县域耕地资源信息系统数据库建设工作的要求，由多年来一直从事农业测土施肥研究、耕地地力评价、数据库建设工作有一定经验的单位组成联合工作组。

(1)山东省土壤肥料总站：负责评价及建库工作组织、协调、标准制定、土壤图成果资料的归属核查处理等。

(2)山东农业大学资源与环境学院：负责耕地地力评价图、土壤化学微量元素系列图及研究报告的编制等。

(3)山东天地亚太国土遥感有限公司：负责土地、土壤、矿化度、地貌、灌溉分区等图件扫描矢量化及几何校正处理等编图工作，耕地地力评价所有建库资料统一化、标准化处理，空间数据库和属性数据库建设，耕地地力评价成果图件修改编辑及图件输出、数据库建设报告编制等工作。

### 二、建库工作的软硬件环境

主要硬件为 P4 3.0 计算机 10 台、HP5000 和 HP3500 绘图仪各 1 台，软件包括 MAPGIS 6.7 软件 10 套、ARCGIS 9.2 软件 2 套、县域耕地资源信息系统软件 2 套、ENVI 4.6 遥感图像处理与分析软件 1 套。

## 第二节　建库内容及建库工作中主要问题的处理

### 一、建库内容

依据农业部耕地地力评价工作数据库建设的要求，商河县耕地资源信息系统数据库包括空间数据库和属性数据库两部分内容。属性数据库严格按照县域耕地资源信息系统数据字典及建库县提供的有关数据编制。空间数据库包括土地利用现状图、土壤图、坡度图、灌溉分区图、地貌图、耕地地力调查点点位图、耕地地力评价等级图、土壤化学微量元素系列图等。

### 二、建库工作中的主要问题

商河县耕地资源信息系统数据库建设工作由于涉及的内容多，加之部分资料为第二次土壤普查的资料，与县域耕地资源信息系统数据字典的要求对比存在以下问题：

(1)第二次土壤普查的成果均为纸介质图，因图纸折叠和自然伸缩的影响，图件变形大，形成较大的误差。

(2)土地利用现状图为 2006 年以前的现状，近年来交通用地和蔬菜地等出现了较大的变化等。

(3)商河县土壤图中的土种名称和编码与山东省土种归属要求、全国土种标准名称与编码等不一致。

(4)商河县的地貌图为微地貌图，与县域耕地资源信息系统数据字典中地貌划分的名称不能一一对应。

(5)已有成果资料专业内容和地名注释错漏等。

(6)已有资料坐标系不统一问题，如第二次土壤普查图件为 1954 年北京坐标系，土地利用现状图或行政区划图为 1980 年西安坐标系等。

### 三、建库工作中有关问题的处理

(1)依据 1∶50000 标准分幅地形图，对所有建库的纸介质成果图全部进行几何校正处理，以消除纸介质成果图的误差。

(2)依据较新的航天卫星资料对近年来变化的公路、铁路等进行修改补充。

(3)为使商河县土种的名称及代码与省标和国标相对应，在耕地资源信息系统数据库建设前，首先对土壤图中所有图斑内容进行了检查统计，对于错漏问题，交项目县修改及编制土种归属表,最后由省土肥站进行土种归属复查处理。在此基础上编制了国标、省标、县土壤名称及代码对比表。为方便县域土壤图的利用和对比,建库后的图中仍保留了原县域土壤图的土种代码,属性挂接为国标代码。

(4)由于县域耕地资源信息系统数据字典中划分的地貌名称少,其地貌名称不能一一对应,在建库时尽量选择与数据字典中相近的地貌名称进行编码,为方便地貌图的利用和对比,在地貌图中保留了原地貌图的名称和代码,图例中增加了建库数据字典中规定的地貌名称、代码与县原地貌名称、代码的对比表,属性挂接为数据字典中规定的地貌名称和代码。

(5)对于已有成果资料专业内容和地名注释错漏问题,全部打印成图件和文字交项目县进行全面检查和补充,依据项目县的检查稿逐条进行修改。

(6)对于同一个县已有资料坐标系不统一问题,依据数据库建设要求,所有成果全部统一到高斯—克吕格投影、6 度分带,1954 年北京坐标系中。

## 第三节 数据库标准化

### 一、标准引用

县域耕地资源信息系统数据字典中规定的国标及行业有关技术标准有:

1.《中华人民共和国行政区划代码》(GB 2260-2002)

2.《全国耕地类型区、耕地地力等级划分标准》(NY/T 309-1996)

3.《全国中低产田类型划分与改良技术规范》(NY/T 310-1996)

4.《中国土壤分类与代码》(GB/T 17296-2000)

5. 全国农业区划委员会:《土地利用现状调查技术规程》

6. 国土资源部:《土地利用现状变更调查技术规程》

7.《国家基本比例尺地形图分幅与编号》(GB/T 13989-1992)

8.《国土基础信息数据分类与代码》(GB/T 13923-1992)

9.《地球空间数据交换格式》(GB/T 17798-1999)

10.《国际单位制及其应用》(GB 3100-1993)

11.《地理点位置的纬度、经度和高程表示方法》(GB/T 16831-1997)

12.《分类编码通用术语》(GB/T 10113-2003)

13.《县以下行政区划代码编制规则》(GB/T 10114-2003)

14.《国际单位制代码》(GB/T 9648-1988)

15. 农业部:《全国耕地地力调查与评价技术规程》

16. 农业部:《测土配方施肥技术规范(试行)》

17. 农业部:《测土配方施肥专家咨询系统编制规范(试行)》

18. 山东省县域土种归属标准

19. 山东省县域耕地地力评价标准等

## 二、空间坐标系及建库平台

(一)空间数据坐标系

投影:高斯—克吕格,6 度分带,1954 年北京坐标系,1956 年黄海高程系,比例尺为1∶50000。

(二)数据库采集模板和数据库文件格式

为使所有建库资料达到统一化和标准化,以及满足所有成果图件的输出和耕地资源地力评价工作的需要,对建库资料的扫描矢量化和几何校正处理工作均采用 MAPGIS 平台,数据库的文件格式为 MAPGIS 的点、线、面文件。待数据库成果评审验收和修改后,将 MAPGIS 的点、线、面格式转换为 shape 格式,由 ARCGIS 平台进行数据库规范化处理,最后将数据库资料导入县域耕地资源信息管理信息系统。

# 第四节　数据库结构

## 一、空间数据库图层划分

空间数据库图层划分是严格按照县域耕地资源信息系统数据字典要求分层的,每层只反映属性相同的内容。商河县耕地资源信息系统数据库建设包括土地利用现状图、第二次土壤普查成果和耕地地力评价三部分内容,其全省空间数据库图层划分情况如表8-1所示。

表 8-1　耕地资源信息系统空间数据库分层表

| 序号 | 图层代码 | 图层名称 | 序号 | 图层代码 | 图层名称 |
|---|---|---|---|---|---|
| 1 | AD101 | 行政区划图 | 18 | SP103 | 耕层土壤有效磷等值线图 |
| 2 | AD102 | 县乡村位置图 | 19 | SP104 | 耕层土壤速效钾等值线图 |
| 3 | AD103 | 行政界线图 | 20 | SP105 | 耕层土壤缓效钾等值线图 |
| 4 | AD201 | 辖区边界图 | 21 | SP106 | 耕层土壤有效锌等值线图 |
| 5 | AD202 | 装饰边界图 | 22 | SP108 | 耕层土壤有效钼等值线图 |
| 6 | GE103 | 面状水系图 | 23 | SP109 | 耕层土壤有效铜等值线图 |
| 7 | GE104 | 线状水系图 | 24 | SP110 | 耕层土壤有效硅等值线图 |
| 8 | GE105 | 道路图 | 25 | SP111 | 耕层土壤有效锰等值线图 |
| 9 | GE201 | 坡度图 | 26 | SP112 | 耕层土壤有效铁等值线图 |
| 10 | GE203 | 地貌类型分区图 | 27 | SP201 | 耕层土壤 pH 等值线图 |
| 11 | LM102 | 灌溉分区图 | 28 | SP113 | 耕层土壤交换性钙等值线图 |
| 12 | LU101 | 土地利用现状图 | 29 | SP114 | 耕层土壤交换性镁等值线图 |

续表

| 序号 | 图层代码 | 图层名称 | 序号 | 图层代码 | 图层名称 |
|---|---|---|---|---|---|
| 13 | SB101 | 土壤图 | 30 | — | 耕层土壤有效硫等值线图 |
| 14 | SB203 | 地下水矿化度等值线图 | 31 | — | 耕层土壤水解性氮等值线图 |
| 15 | SB302 | 耕地地力调查点点位图 | 32 | — | 耕地地力评价等级图 |
| 16 | SP101 | 耕层土壤有机质等值线图 | 33 | — | 耕层土壤有效硼等值线图 |
| 17 | SP102 | 耕层土壤全氮等值线图 | | | |

## 二、属性数据库结构

属性数据库结构内容严格按县域耕地资源管理信息系统数据字典及建库县提供的资料编制，如表 8-2 所示。

表 8-2　耕地资源信息系统属性数据库结构表

| 图名 | 属性数据结构 | 字段类型 |
|---|---|---|
| 行政区划图 | 内部标识码：系统内部 ID 号 | 长整型，9 |
| | 实体类型：point，polyline，polygon | 文本型，8 |
| | 实体面积：系统内部自带 | 双精度，19，2 |
| | 实体长度：系统内部自带 | 长整型，10 |
| | 县内行政码：根据国家统计局“统计上使用的县以下行政区划代码编制规则”编制 | 长整型，6 |
| 县乡村位置图 | 内部标识码：系统内部 ID 号 | 长整型，9 |
| | 实体类型：point，polyline，polygon | 文本型，8 |
| | X 坐标：无，Y 坐标：无 | 双精度，19，2 |
| | 县内行政码：根据国家统计局“统计上使用的县以下行政区划代码编制规则”编制 | 长整型，6 |
| | 标注类型：村标注，乡标注，县标注 | 字符串，6 |
| 行政界线图 | 内部标识码：系统内部 ID 号 | 长整型，9 |
| | 实体类型：point，polyline，polygon | 文本型，8 |
| | 实体长度：系统内部自带 | 长整型，10 |
| | 界线类型：根据国家基础信息标准(GB 13923-92)填写 | 文本型，40 |
| 辖区边界图 | 内部标识码：系统内部 ID 号 | 长整型，9 |
| | 实体类型：point，polyline，polygon | 文本型，8 |
| | 实体面积：系统内部自带 | 双精度，19，2 |
| | 实体长度：系统内部自带 | 长整型，10 |
| | 要素代码：依据《国家基础地理信息数据分类与代码》编制要素代码 | 长整型，5 |
| | 要素名称：依据《国家基础地理信息数据分类与代码》编制要素名称 | 文本型，40 |
| | 行政单位名称：单位的实际名称填写 | 文本型，20 |

续表

| 图名 | 属性数据结构 | 字段类型 |
|---|---|---|
| 装饰边界图 | 内部标识码:系统内部 ID 号 | 长整型,9 |
| 面状水系图 | 内部标识码:系统内部 ID 号 | 长整型,9 |
| | 实体类型:point,polyline,polygon | 文本型,8 |
| | 实体面积:系统内部自带 | 双精度,19,2 |
| | 实体长度:系统内部自带 | 长整型,10 |
| | 要素代码:依据《国家基础地理信息数据分类与代码》编制要素代码 | 长整型,5 |
| | 要素名称:依据《国家基础地理信息数据分类与代码》编制要素名称 | 文本型,40 |
| | 面状水系码:自定义编码 | 字符串,5 |
| | 面状水系名称:依据 2006 年 10 月版山东省地图册编制 | 字符串,20 |
| | 湖泊储水量:依据 1∶50000 地形图 | 字符串,8 |
| 线状水系图 | 内部标识码:系统内部 ID 号 | 长整型,9 |
| | 实体类型:point,polyline,polygon | 文本型,8 |
| | 实体长度:系统内部自带 | 长整型,10 |
| | 要素代码:依据《国家基础地理信息数据分类与代码》编制要素代码 | 长整型,5 |
| | 要素名称:依据《国家基础地理信息数据分类与代码》编制要素名称 | 文本型,40 |
| | 线状水系码:自定义编码 | 长整型,4 |
| | 线状水系名称:依据 2006 年 10 月版山东省地图册编制 | 文本型,20 |
| | 河流流量:无 | 长整型,6 |
| 道路图 | 内部标识码:系统内部 ID 号 | 长整型,9 |
| | 实体类型:point,polyline,polygon | 文本型,8 |
| | 实体长度:系统内部自带 | 长整型,10 |
| | 要素代码:依据《国家基础地理信息数据分类与代码》编制要素代码 | 长整型,5 |
| | 要素名称:依据《国家基础地理信息数据分类与代码》编制要素名称 | 文本型,40 |
| | 公路代码:根据国家标准 GB 917.1-89《公路路线命名编号和编码规则命名和编号规则》编制 | 文本型,11 |
| | 公路名称:根据国家标准 GB 917.1-89《公路路线命名编号和编码规则命名和编号规则》编制 | 文本型 20 |
| 地貌类型分区图 | 内部标识码:系统内部 ID 号 | 长整型,9 |
| | 实体类型:point,polyline,polygon | 文本型,8 |
| | 实体面积:系统内部自带 | 双精度,19,2 |
| | 实体长度:系统内部自带 | 长整型,10 |
| | 地貌类型:数据引用自"中国科学院生物多样性委员会　地貌类型代码库"(四类码) | 文本型,18 |

续表

| 图名 | 属性数据结构 | 字段类型 |
| --- | --- | --- |
| 灌溉分区图 | 内部标识码:系统内部 ID 号 | 长整型,9 |
| | 实体类型:point,polyline,polygon | 文本型,8 |
| | 实体面积:系统内部自带 | 双精度,19,2 |
| | 实体长度:系统内部自带 | 长整型,10 |
| | 灌溉水源:县局提供数据 | 文本型,10 |
| | 灌溉水质:无 | 文本型,4 |
| | 灌溉方法:县局提供数据 | 文本型,18 |
| | 年灌溉次数:县局提供数据 | 文本型,2 |
| | 灌溉条件:无 | 文本型,4 |
| | 灌溉保证率:无 | 长整型,3 |
| | 灌溉模数:无 | 双精度,5,2 |
| | 抗旱能力:无 | 长整型,3 |
| 土地利用现状图 | 内部标识码:系统内部 ID 号 | 长整型,9 |
| | 实体类型:point,polyline,polygon | 文本型,8 |
| | 实体面积:系统内部自带 | 双精度,19,2 |
| | 实体长度:系统内部自带 | 长整型,10 |
| | 地类号:国土资源部发布的《全国土地分类》三级类编码 | 长整型,3 |
| | 平差面积:无 | 双精度,7,2 |
| 土壤图 | 内部标识码:系统内部 ID 号 | 长整型,9 |
| | 实体类型:point,polyline,polygon | 文本型,8 |
| | 实体面积:系统内部自带 | 双精度,19,2 |
| | 实体长度:系统内部自带 | 长整型,10 |
| | 土壤国标码:土壤类型国标分类系统编码 | 长整型,8 |
| 地下水矿化度等值线图 | 内部标识码:系统内部 ID 号 | 长整型,9 |
| | 实体类型:point,polyline,polygon | 文本型,8 |
| | 实体长度:系统内部自带 | 长整型,10 |
| | 地下水矿化度:依据县级矿化度图实际数据填写 | 双精度,5,1 |
| 耕地地力调查点点位图 | 内部标识码:系统内部 ID 号 | 长整型,9 |
| | 实体类型:point,polyline,polygon | 文本型,8 |
| | X 坐标:北京 54 坐标系 | 双精度,19,2 |
| | Y 坐标:北京 54 坐标系 | 双精度,19,2 |
| | 调查点县内编号 AP310102:自定义编号 | 长整型,8 |

续表

| 图名 | 属性数据结构 | 字段类型 |
|---|---|---|
| 行政区基本情况数据表 | 县内行政码 SH110102:根据国家统计局“统计上使用的县以下行政 | 长整型,6 |
| | 区划代码编制规则”编制 | 字符串,6 |
| | 省名称:山东省 | 字符串,8 |
| | 县名称:××市,××区,××县 | 字符串,18 |
| | 乡名称:××乡,××镇,××街道 | 字符串,18 |
| | 村名称:××村,××委员会 | 字符串 20 |
| | 行政单位名称:××市,××区,××县,××乡,××镇,××街道,×× | |
| | 村,××委员会 | 字符串 7 |
| | 总人口:无 | 字符串 7 |
| | 农业人口:无 | 字符串 7 |
| | 非农业人口:无 | 双精度,11,2 |
| | 国民生产总值 GNP:无 | 字符串,20 |
| 县级行政区划代码表 | 行政单位名称:××市,××区,××县,××乡××镇××街道××村× | |
| | ×委员会 | 长整型,6 |
| | 县内行政码 SH110102:根据国家统计局“统计上使用的县以下行政区划 | |
| | 代码编制规则”编制 | 长整型 9 |
| 土地利用现状地块数据表 | 内部标识码:系统内部 ID 号 | 长整型 9 |
| | 地类号:国土资源部发布的《全国土地分类》三级类编码 | 字符串,3 |
| | 地类名称:国土资源部发布的《全国土地分类》三级类名称 | 字符串,20 |
| | 计算面积:无 | 双精度,7,2 |
| | 地类面积:无 | 双精度,7,2 |
| | 平差面积:无 | 双精度,7,2 |
| | 报告日期:无 | 日期型,10 |
| 土壤类型代码表 | 土壤国标码:土壤类型国标分类系统编码 | 字符串,8 |
| | 土壤国标名:土壤类型国标分类系统名称 | 字符串,20 |
| 耕地地力调查点基本情况及化验结果数据表 | 灌溉水源:县提供数据 | 字符串,10 |
| | 灌溉方法:县提供数据 | 字符串,18 |
| | 调查点国内统一编号:自定义编号 | 字符串,14 |
| | 调查点县内编号:自定义编号 | 字符串,8 |
| | 调查点自定义编号 AP310103:自定义编号 | 字符串,40 |
| | 调查点类型:耕地地力调查点 | 字符串,20 |
| | 户主联系电话:区号—本地电话号码 | 字符串,13 |
| | 调查人联系电话:区号—本地电话号码 | 字符串,13 |

续表

| 图名 | 属性数据结构 | 字段类型 |
| --- | --- | --- |
| 耕地地力调查点基本情况及化验结果数据表 | 调查人姓名:×××× | 字符串,8 |
| | 调查日期:采集当天日期 | 日期型,10 |
| | ≥0℃积温:无 | 字符串,5 |
| | ≥10℃积温:无 | 字符串,5 |
| | 年降水量:县提供数据 | 字符串,4 |
| | 全年日照时数:无 | 字符串,4 |
| | 光能辐射总量:无 | 字符串,4 |
| | 无霜期:县提供数据 | 字符串,3 |
| | 干燥度 CW210107:无 | 双精度,4,2 |
| | 东经:县提供数据 | 双精度,9,5 |
| | 北纬:县提供数据 | 双精度,8,5 |
| | 坡度:县提供数据 | 双精度,6,1 |
| | 海拔:县提供数据 | 双精度,4,1 |
| | 坡向:县提供数据 | 字符串,4 |
| | 地形部位:数据引用自 NY/T 309-1996《全国耕地类型区、耕地地力等级划分》和 NY/T 310-1996《全国中低产田类型划分与改良技术规范》 | 字符串,4 |
| | 田面坡度:依据田面实际坡度 | 字符串,50 |
| | 灌溉保证率:无 | 双精度,4,1 |
| | 排涝能力:无 | 字符串,3 |
| | 梯田类型:无 | 字符串,2 |
| | 梯田熟化年限:无 | 字符串,10 |
| | 保护块面积:无 | 字符串,3 |
| | 土壤侵蚀类型:无 | 双精度,7,2 |
| | 土壤侵蚀程度:无明显侵蚀,轻度侵蚀 | 字符串,8 |
| | 污染源企业名称:无 | 字符串,20 |
| | 污染源企业地址:无 | 字符串,50 |
| | 液体污染物排放量:无 | 字符串,50 |
| | 粉尘污染物排放量:无 | 双精度,6,1 |
| | 污染面积 LE220105:无 | 双精度,6,1 |
| | 污染物类型:无 | 双精度,9,2 |
| | 污染范围:无 | 字符串,20 |
| | 污染造成的损害:无 | 字符串,40 |
| | 距污染源距离:无 | 字符串,30 |
| | 污染物形态:无 | 字符串,5 |
| | 污染造成的经济损失:无 | 字符串,4 |
| | 省名称:山东省 | 字符串,9 |
| | 县名称:××市,××区,××县 | 字符串,8 |
| | 乡名称:××乡,××镇,××街道 | 字符串,18 |
| | 村名称:××村,××委员会 | 字符串,18 |
| | 户主姓名 | 字符串,8 |
| | 土壤类型代码(国标):根据县提供数据填写 | 字符串,8 |
| | 土类名称(县级):县提供数据 | 字符串,20 |

续表

| 图名 | 属性数据结构 | 字段类型 |
|---|---|---|
| 耕地地力调查点基本情况及化验结果数据表 | 亚类名称(县级):县提供数据 | 字符串,20 |
| | 土属名称(县级):县提供数据 | 字符串,20 |
| | 土种名称(县级):县提供数据 | 字符串,20 |
| | 剖面构型:土层符号代码表、土层后缀符号代码表、剖面构型数据编 | 字符串,10 |
| | 码表是根据《中国土种志》整理 | 字符串,8 |
| | 质地构型:无 | 字符串,2 |
| | 耕层厚度:县提供数据 | 字符串,10 |
| | 障碍层类型:无 | 字符串,3 |
| | 障碍层出现位置:无 | 字符串,3 |
| | 障碍层厚度:无 | 字符串,30 |
| | 成土母质:数据引用于《土壤调查与制图》(第二版),农业出版社 | 字符串,6 |
| | 质地:中壤土,重壤土,沙壤土 | 双精度,4,2 |
| | 容重:县提供数据 | 字符串,2 |
| | 田间持水量:县提供数据 | 双精度,4,1 |
| | pH:依据土壤化学分析 pH 耕地地力等级评价成果填写 | 双精度,4,1 |
| | CEC:依据土壤化学分析 CEC 值耕地地力等级评价成果填写 | 双精度,5,1 |
| | 有机质:依据土壤化学分析有机质值耕地地力等级评价成果填写 | 双精度,6,3 |
| | 全氮:依据土壤化学分析全氮值耕地地力等级评价成果填写 | 字符串,5 |
| | 全磷:依据土壤化学分析全磷值耕地地力等级评价成果填写 | 双精度,5,1 |
| | 有效磷:依据土壤化学分析有效磷值耕地地力等级评价成果填写 | 字符串,4 |
| | 缓效钾:依据土壤化学分析缓效钾值耕地地力等级评价成果填写 | 字符串,3 |
| | 速效钾:依据土壤化学分析速效钾值耕地地力等级评价成果填写 | 双精度,5,2 |
| | 有效锌:依据土壤化学分析有效锌值耕地地力等级评价成果填写 | 双精度,4,2 |
| | 水溶态硼:依据土壤化学分析水溶态硼值耕地地力等级评价成果填写 | 双精度,6,2 |
| | 有效硅:依据土壤化学分析有效硅值耕地地力等级评价成果填写 | 双精度,4,2 |
| | 有效钼:依据土壤化学分析有效钼值耕地地力等级评价成果填写 | 双精度,5,2 |
| | 有效铜:依据土壤化学分析有效铜值耕地地力等级评价成果填写 | 双精度,5,1 |
| | 有效锰:依据土壤化学分析有效锰值耕地地力等级评价成果填写 | 双精度,6,1 |
| | 有效铁:依据土壤化学分析有效铁值耕地地力等级评价成果填写 | 双精度,6,1 |
| | 交换性钙:依据土壤化学分析交换性钙值耕地地力等级评价成果填写 | 双精度,5,1 |
| | 交换性镁:依据土壤化学分析交换性镁值耕地地力等级评价成果填写 | 双精度,5,1 |
| | 有效硫:依据土壤化学分析有效硫值耕地地力等级评价成果填写 | 双精度,5,1 |
| | 盐化类型:无 | 字符串,20 |
| | 1m 土层含盐量:无 | 双精度,5,1 |
| | 耕层土壤含盐量:无 | 双精度,5,1 |
| | 水解性氮:依据土壤化学分析水解性氮值耕地地力等级评价成果填写 | 双精度,5,3 |
| | 旱季地下水位:无 | 字符串,3 |
| | 采样深度:县提供数据 | 字符串,7 |

续表

| 图名 | 属性数据结构 | 字段类型 |
| --- | --- | --- |
| 耕层土壤有机质等值线图 | 内部标识码:系统内部ID号<br>实体类型:point,polyline,polygon<br>实体长度:系统内部自带<br>有机质:依据土壤化学分析有机质值耕地地力等级评价成果填写 | 长整型,9<br>文本型,10<br>长整型,10<br>双精度,5,1 |
| 耕层土壤全氮等值线图 | 内部标识码:系统内部ID号<br>实体类型:point,polyline,polygon<br>实体长度:系统内部自带<br>全氮:依据土壤化学分析全氮值耕地地力等级评价成果填写 | 长整型,9<br>文本型,10<br>长整型,10<br>双精度,4,2 |
| 耕层土壤有效磷等值线图 | 内部标识码:系统内部ID号<br>实体类型:point,polyline,polygon<br>实体长度:系统内部自带<br>有效磷:依据土壤化学分析有效磷值耕地地力等级评价成果填写 | 长整型,9<br>文本型,10<br>长整型,10<br>双精度,5,1 |
| 耕层土壤速效钾等值线图 | 内部标识码:系统内部ID号<br>实体类型:point,polyline,polygon<br>实体长度:系统内部自带<br>速效钾:依据土壤化学分析速效钾值耕地地力等级评价成果填写 | 长整型,9<br>文本型,10<br>长整型,10<br>长整型,3 |
| 耕层土壤缓效钾等值线图 | 内部标识码:系统内部ID号<br>实体类型:point,polyline,polygon<br>实体长度:系统内部自带<br>缓效钾:依据土壤化学分析缓效钾值耕地地力等级评价成果填写 | 长整型,9<br>文本型,10<br>长整型,10<br>长整型,4 |
| 耕层土壤有效锌等值线图 | 内部标识码:系统内部ID号<br>实体类型:point,polyline,polygon<br>实体长度:系统内部自带<br>有效锌:依据土壤化学分析有效锌值耕地地力等级评价成果填写 | 长整型,9<br>文本型,10<br>长整型,10<br>双精度,5,2 |
| 耕层土壤有效钼等值线图 | 内部标识码:系统内部ID号<br>实体类型:point,polyline,polygon<br>实体长度:系统内部自带<br>有效钼:依据土壤化学分析有效钼值耕地地力等级评价成果填写 | 长整型,9<br>文本型,10<br>长整型,10<br>双精度,4,2 |
| 耕层土壤有效铜等值线图 | 内部标识码:系统内部ID号<br>实体类型:point,polyline,polygon<br>实体长度:系统内部自带<br>有效铜:依据土壤化学分析有效铜值耕地地力等级评价成果填写 | 长整型,9<br>文本型,10<br>长整型,10<br>双精度,5,2 |
| 耕层土壤有效硅等值线图 | 内部标识码:系统内部ID号<br>实体类型:point,polyline,polygon<br>实体长度:系统内部自带<br>有效硅:依据土壤化学分析有效硅值耕地地力等级评价成果填写 | 长整型,9<br>文本型,10<br>长整型,10<br>双精度,6,2 |

续表

| 图名 | 属性数据结构 | 字段类型 |
| --- | --- | --- |
| 耕层土壤有效锰等值线图 | 内部标识码:系统内部 ID 号<br>实体类型:point,polyline,polygon<br>实体长度:系统内部自带<br>有效锰:依据土壤化学分析有效锰值耕地地力等级评价成果填写 | 长整型,9<br>文本型,10<br>长整型,10<br>双精度,5,1 |
| 耕层土壤有效铁等值线图 | 内部标识码:系统内部 ID 号<br>实体类型:point,polyline,polygon<br>实体长度:系统内部自带<br>有效铁:依据土壤化学分析有效铁值耕地地力等级评价成果填写 | 长整型,9<br>文本型,10<br>长整型,10<br>双精度,5,1 |
| 耕层土壤 pH 等值线图 | 内部标识码:系统内部 ID 号<br>实体类型:point,polyline,polygon<br>实体长度:系统内部自带<br>pH:依据土壤化学分析 pH 耕地地力等级评价成果填写 | 长整型,9<br>文本型,10<br>长整型,10<br>双精度,4,1 |
| 耕层土壤交换性钙等值线图 | 内部标识码:系统内部 ID 号<br>实体类型:point,polyline,polygon<br>实体长度:系统内部自带<br>交换性钙:依据土壤化学分析交换性钙值耕地地力等级评价成果填写 | 长整型,9<br>文本型,10<br>长整型,10<br>双精度,6,1 |
| 耕层土壤交换性镁等值线图 | 内部标识码:系统内部 ID 号<br>实体类型:point,polyline,polygon<br>实体长度:系统内部自带<br>交换性镁:依据土壤化学分析交换性镁值耕地地力等级评价成果填写 | 长整型,9<br>文本型,10<br>长整型,10<br>双精度,5,1 |
| 耕层土壤有效硫等值线图 | 内部标识码:系统内部 ID 号<br>实体类型:point,polyline,polygon<br>实体长度:系统内部自带<br>有效硫:依据土壤化学分析有效硫值耕地地力等级评价成果填写 | 长整型,9<br>文本型,10<br>长整型,10<br>双精度,5,1 |
| 耕层土壤水解性氮等值线图 | 内部标识码:系统内部 ID 号<br>实体类型:point,polyline,polygon<br>实体长度:系统内部自带<br>水解性氮:依据土壤化学分析水解性氮值耕地地力等级评价成果填写 | 长整型,9<br>文本型,10<br>长整型,10<br>双精度,5,3 |
| 耕地地力评价等级图 | 内部标识码:系统内部 ID 号<br>实体类型:point,polyline,polygon<br>实体面积:系统内部自带<br>等级(县内):'120' | 长整型,9<br>文本型,10<br>双精度,19,2<br>文本型,2 |

续表

| 图名 | 属性数据结构 | 字段类型 |
| --- | --- | --- |
| 耕层土壤有效硼等值线图 | 内部标识码:系统内部 ID 号<br>实体类型:point,polyline,polygon<br>实体长度:系统内部自带<br>有效硼:依据土壤化学分析有效硼值耕地地力等级评价成果填写 | 长整型,9<br>文本型,10<br>长整型,10<br>双精度,4,2 |
| 土壤全盐含量分布图 | 内部标识码:系统内部 ID 号<br>实体类型:point,polyline,polygon<br>实体长度:系统内部自带<br>全盐:依据土壤化学分析全盐值耕地地力等级评价成果填写 | 长整型,9<br>文本型,10<br>长整型,10<br>双精度,4,1 |
| 耕层土壤有效镁等值线图 | 内部标识码:系统内部 ID 号<br>实体类型:point,polyline,polygon<br>实体长度:系统内部自带<br>有效镁:依据土壤化学分析有效镁值耕地地力等级评价成果填写 | 长整型,9<br>文本型,10<br>长整型,10<br>长整型,2 |
| 耕层土壤有效钙等值线图 | 内部标识码:系统内部 ID 号<br>实体类型:point,polyline,polygon<br>实体长度:系统内部自带<br>有效钙:依据土壤化学分析有效钙值耕地地力等级评价成果填写 | 长整型,9<br>文本型,10<br>长整型,10<br>长整型,2 |

## 第五节　建库工作方法

### 一、数据库质量控制

数据库质量涉及三个方面的工作:一要满足耕地地力评价工作的需要;二要满足耕地资源信息系统数据库建设的需要;三要满足建库所有成果图件输出的需要。为满足以上三个方面的要求,在数据库建设工作开展前,首先在有关国标、部标和行业标准的基础上,制定了统一的工作平台、工作方法和流程,成果图件图名、图例和色彩编制要求,成果质量检查工作方法,对耕地地力评价基础性图件首先在建库单位进行初步检查,然后交项目县进行全面检查和修改补充错漏内容,再返回建库单位对所有成果图件安排专人进行全面检查和修改,从而保证了数据库的成果质量。

### 二、建库工作有关规定

(一)建库项目组

设立技术负责一人,全面负责建库工作有关规程的学习,日常建库工作安排、工作进度、质量检查、建库数据库资料汇总、MAPGIS 格式建库成果经 ARCGIS 规范化处理,导入县域耕地资源信息系统等工作。

（二）质量检查组

安排具有工作经验的人员成立检查组，负责所有建库资料的质量检查及修改工作。

（三）制定建库工作标准

在建库工作前，首先将建库图形子图的大小、线的粗细及线型、面的色彩搭配，图件分层，工作方法和流程下发到每一个建库工作人员手中，统一建库图形扫描矢量化的技术要求。

（四）最终成果检查

待所有成果图评审验收后，依据专家意见，由建库组和耕地地力评价组依据专家和甲方意见进行成果图和数据库修改补充，最后输出成果图件和导入县域耕地资源信息系统。

## 三、建库资料精度及建库工作流程

（一）建库资料精度

为保证建库资料的数学精度，首先形成大于商河县范围的 1∶50000 标准图幅理论图框，拼接形成县域的 1∶50000 理论图框，以 1∶50000 标准分幅地形图为基础，在地形图和县域土地利用现状图上选择同名地物点（主要为农村道路交叉点等）为几何校正点。为保证县域图件的精度，商河县选择了不少于 30 个几何校正点，每一个几何校正点均选择地形图附近的四个公里网交叉点，将其校正到县域的理论图框上，形成满足 1∶50000 精度要求的县域地理底图。以该图为基础，将所有建库成果图件校正到县域地理底图上。

（二）建库工作流程

第一步：首先按照建库工作的基本要求对土地利用现状、土壤、矿化度、灌溉分区、地貌、采样点位等图件进行扫描矢量化和几何校正处理、建库组错漏自查和交甲方进行错漏检查、返回建库组修改及编辑、拓扑检查、属性挂接处理等；第二步：将以上成果交耕地地力评价组进行耕地地力评价工作；第三步：耕地地力评价组将其评价成果资料再返回建库组，由建库组按照县域耕地资源信息系统数据库的建设要求，对所有建库成果资料进行全面的质量检查及编辑处理、拓扑处理、属性挂接，最后由 MAPGIS-ARCGIS-县域耕地资源信息系统输出成果图件。

（三）主要空间数据库说明

1. 行政区划图（地理底图）

以土地利用现状图为背景，分别提取乡镇（街道办事处）、村庄、主要工矿企业建设用地，主要道路、河流、境界、行政区划等内容。参考地图或 1∶50000 地形图，对主要道路、双线河流等地物进行连接并加注地物注记。依据卫星影像等资料，对近年来增加的主要道路进行更新。

2. 土壤图

依据土壤调查研究报告、土壤志、山东省土壤分类归属标准，编制土种归属对比表和国标、省标、县三级对比表图例。在土壤图上保留土壤图原始代码，属性挂接为国标代码，可满足部、省、县各级政府工作的需要。

3. 地貌图

由于地貌图为微地貌图，为满足部、省、县各级政府的使用及建库工作的需要，在地貌图中保留了原地貌代码，其属性尽量对应到数据字典中的名称及代码，在图例中增加了对比表，满足了各项工作的需要。

(四)属性库编制方法

严格按照建库数据字典中的要求及建库单位提供的资料编制各种成果图属性代码。

## 第六节　建库成果

商河县耕地资源信息系统数据库建设成果包括农业部规定格式的数据库和MAPGIS格式的成果共计24幅图(见表8-3)。

表8-3　商河县耕地资源信息系统数据库建设成果表

| 序号 | 成果图名称 |
| --- | --- |
| 1 | 商河县土地利用现状图 |
| 2 | 商河县地貌图 |
| 3 | 商河县土壤图 |
| 4 | 商河县矿化度含量分布图 |
| 5 | 商河县耕地地力调查点点位图 |
| 6 | 商河县灌溉分区图 |
| 7 | 商河县土壤pH分布图 |
| 8 | 商河县耕地地力评价等级图 |
| 9 | 商河县土壤缓效钾含量分布图 |
| 10 | 商河县土壤碱解氮含量分布图 |
| 11 | 商河县土壤全氮含量分布图 |
| 12 | 商河县土壤速效钾含量分布图 |
| 13 | 商河县土壤有机质含量分布图 |
| 14 | 商河县土壤有效磷含量分布图 |
| 15 | 商河县土壤有效硫含量分布图 |
| 16 | 商河县土壤有效锰含量分布图 |
| 17 | 商河县土壤有效硼含量分布图 |
| 18 | 商河县土壤有效铁含量分布图 |
| 19 | 商河县土壤有效铜含量分布图 |
| 20 | 商河县土壤有效钼含量分布图 |
| 21 | 商河县土壤有效硅含量分布图 |
| 22 | 商河县土壤有效锌含量分布图 |
| 23 | 商河县土壤交换性镁含量分布图 |
| 24 | 商河县土壤交换性钙含量分布图 |

商河县耕地资源管理信息系统数据库建设包括空间数据库和属性数据库两部分内容。空间数据库全部是按照县域耕地资源管理信息系统数据字典要求进行的。属性数据库由于部分资料难以收集到(如土地平差面积等),因此它仅按照县域耕地资源管理信息系统数据字典要求编制了部分内容。例如,由于耕地地力评价土壤采样点位图利用GPS坐标展绘到地理底图上的点与实际点位误差较大,达不到精度要求,所以耕地地力评价土壤调查采样点位图是依据野外采样点位图经扫描矢量化后形成的,属性挂接为GPS定点的坐标。

# 第二篇　耕地地力评价专题

## 专题一　商河县耕地改良利用分区专题研究

耕地是农业生产和农业可持续发展的重要基础;耕地维持着作物生产力、影响着环境的质量和动物、植物甚至人类的健康。自 1984 年第二次土壤普查以来,随着农村经营体制、耕作制度、作物品种、种植结构、产量水平和肥料使用等方面的显著变化,耕地利用状况也发生了明显改变。近年来,虽然对部分耕地实施了地力监测,但至今对区域中低产耕地状况及其障碍因素等缺乏系统性、实用性的调查分析,使耕地利用与改良难于适应新形势下农业生产发展的要求。因此,开展区域耕地地力调查评价,摸清区域中低产耕地状况及其障碍因素,有的放矢地开展中低产耕地的科学改良利用,挖掘区域耕地的生产潜力,对于商河县耕地资源的可持续利用具有十分重要的意义。

### 一、耕地改良利用分区原则与分区系统

(一)耕地改良利用分区原则

耕地改良利用区划的基本原则是:从耕地自然条件出发,主导性、综合性、实用性和可操作性相结合。按照因地制宜、因土适用、合理利用和配置耕地资源,充分发挥各类耕地的生产潜力,坚持用地与养地相结合,近期与长远相结合的原则进行。以土壤组合类型、肥力水平、改良方向和主要改良措施的一致性为主要依据,同时考虑地貌、气候、水文和生态等条件以及植被类型,参照历史与现状等因素综合考虑进行分区。

(二)耕地改良利用分区系统

根据耕地改良利用原则,将影响耕地利用的各类限制因素归纳为耕地自然环境要素、耕地土壤养分要素和耕地土壤物理要素,将全县耕地改良利用划分为 3 个改良利用类型区,即耕地自然环境条件改良利用区、耕地土壤培肥改良利用区、耕地土体整治改良利用区,并分别用大写字母 E、N 和 P 表示。各改良利用类型区内,再根据相应的限制性主导因子,续分为相应的改良利用亚类。

## 二、耕地改良利用分区方法

(一)耕地改良利用分区因子的确定

耕地改良利用分区因子是指参与评定改良利用分区类型的耕地诸属性。由于影响因素很多,我们根据耕地地力评价,遵循主导因素原则、差异性原则、稳定性原则、敏感性原则,进行了限制性主导因素的选取。考虑与耕地地力评价中评价因素的一致性,考虑各土壤养分的丰缺状况及其相关要素的变异情况,选取耕地土壤有机质含量、耕地土壤有效磷含量、耕地土壤速效钾含量、耕地土壤有效锌含量和耕地土壤有效硼含量因素作为耕地土壤养分状况的限制性主导因子;选取灌溉保证率、盐渍化水平作为耕地自然环境状况的限制性主导因子;选取耕层质地条件和土体构型条件作为耕地土壤物理状况的限制性主导因子。

(二)耕地改良利用分区标准

依据农业部《全国中低产田类型划分与改良技术规范》,根据山东省各县区耕地地力评价资料,综合分析目前全省各耕地改良利用因素的现状水平,同时针对影响商河县耕地利用水平的主要因素,邀请具有土壤管理经验的相关专家进行分析,制定了耕地改良利用各主导因子的分区及其耕地改良利用类型的确定标准。具体分级标准如表 1 所示。

表 1　　耕地改良利用主导因子分区标准表

| 耕地改良利用区划 | 限制因子 | 代号 | 分区标准 |
|---|---|---|---|
| 耕地土壤培肥改良利用区(N) | 有机质(o,g/kg) | No | <12 |
| | 有效磷(p,mg/kg) | Np | <15 |
| | 速效钾(k,mg/kg) | Nk | <100 |
| | 有效锌(zn,mg/kg) | Nzn | <0.5 |
| | 有效硼(b,mg/kg) | Nb | <0.5 |
| 耕地自然环境条件改良利用区(E) | 灌溉保证(i,%) | Ei | 灌溉保障率低于 50% |
| | 盐渍化(s) | Es | 盐渍化程度轻度以上 |
| 耕地土体整治改良利用区(P) | 耕层质地(t) | Pt | 砂土、沙壤、粗骨土 |
| | 土体构型(c) | Pc | 土体中有障碍层次 |

(三)耕地改良利用分区方法

在 GIS 支持下,利用耕地地力评价单元图,根据耕地改良利用各主导因子分区标准在其相应的属性库中进行检索分析,确定各单元相应的耕地改良利用类型,通过图面编辑生成耕地改良利用分区图,并统计各类型面积比例。

## 三、耕地改良利用分区专题图的生成

(一)耕地土壤培肥改良利用分区图的生成

根据耕地土壤养分限制因素分区标准把商河县耕地有机质分为两类,即有机质改良利用区和有机质非改良利用区。有机质改良利用区以代号 No 标注;同样,有效磷改良利用区用代号 Np 标注,速效钾改良利用区用代号 Nk 标注,有效锌改良利用区用符号 Nzn 标注,有效硼改良利用区用代号 Nb 表示。编辑生成的耕地土壤培肥改良利用分区图如图 1 所示。

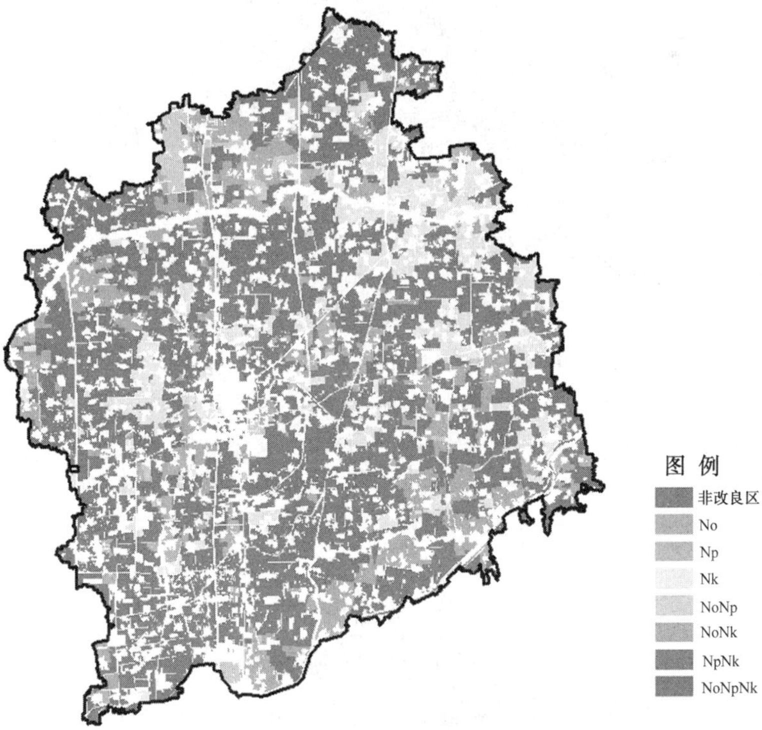


图 1　耕地土壤培肥改良利用分区图

(二)耕地自然环境条件改良利用分区图的生成

根据耕地自然环境条件限制因素分区标准进行商河县耕地改良利用分区。灌溉保证条件分为灌溉保证条件改良利用区和灌溉保证条件非改良利用区,改良利用区用代号 Ei 标注;盐渍化程度分为盐渍化改良利用区和非改良利用区,盐渍化改良利用区用代号 Es 标注。在 GIS 下检索生成的耕地自然环境条件改良利用分区图如图 2 所示。

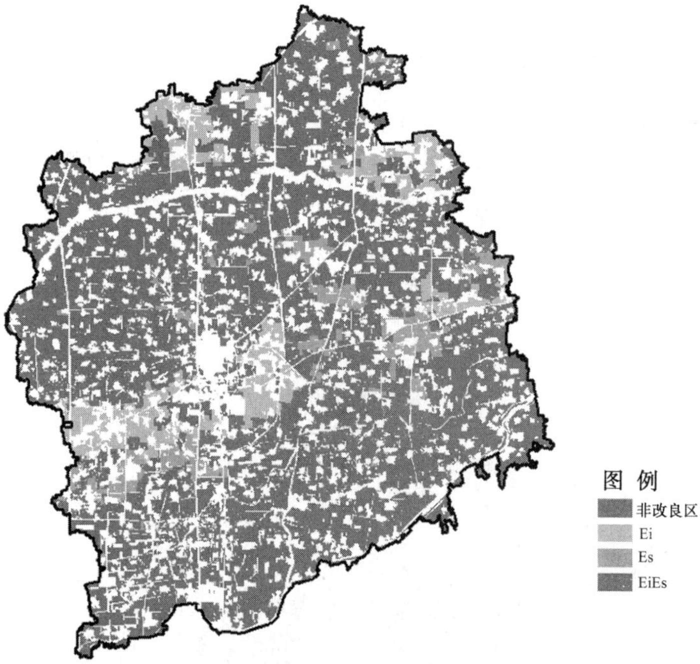


图 2　耕地自然环境条件改良利用分区图

（三）耕地土体整治改良利用分区图的生成

根据耕地土地条件限制因素分区标准，耕层质地条件改良利用区用符号 Pt 标注，土体构型改良利用区用符号 Pc 标注。在 GIS 下检索生成的耕地土体整治改良利用分区图如图 3 所示。

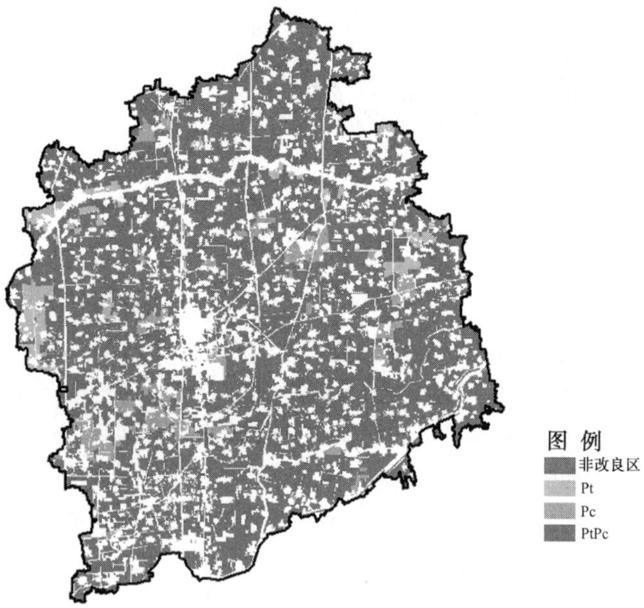


图 3　耕地土体整治改良利用分区图

## 四、耕地改良利用分区结果分析

(一)耕地土壤培肥改良利用分区面积统计及问题分析

商河县耕地土壤培肥改良利用区各改良利用类型面积及其比例如表2所示。

表2　　商河县耕地土壤培肥改良利用分区面积统计表

| 改良利用分区 | No | Np | Nk | NoNp | NoNk | NpNk | NoNpNk | 非改良区 |
|---|---|---|---|---|---|---|---|---|
| 面积($hm^2$) | 6876.43 | 2376.94 | 7438.35 | 1526.89 | 2494.41 | 1744.84 | 1712.48 | 44527.19 |
| 百分比(%) | 10.01 | 3.46 | 10.83 | 2.22 | 3.63 | 2.54 | 2.49 | 64.82 |

由图1和表2可以看出,商河县土壤养分状况较好,土壤养分不需培肥改良的耕地占耕地总面积的64.82%,需要培肥改良的土地在区域内呈斑驳状分布。其中单一缺乏有机质的耕地面积为6876.43$hm^2$,占耕地总面积的10.01%,分布较为零散,主要分布在怀仁镇西南部、殷巷镇北部、白桥乡中南部;单一缺乏磷肥的耕地面积为2376.94$hm^2$,占耕地总面积的3.46%,在全县范围内呈斑状分布;单一缺乏钾肥的耕地面积为7438.35$hm^2$,占耕地总面积的10.83%,主要分布在许商街道办事处西部、贾庄镇东北部、龙桑寺镇南部、郑路镇北部、沙河乡大部及韩庙乡东南部。缺乏两种养分的耕地面积为5766.14$hm^2$,占耕地总面积的8.39%,主要分布在郑路镇北部、白桥乡东北部、孙集乡北部、殷巷镇西北部、沙河乡中部和韩庙乡东南部。缺乏三种养分的耕地面积为1712.48$hm^2$,占耕地总面积的2.49%,主要分布在郑路镇南部、沙河乡中部、殷巷镇北部。从各类型面积比例可看出,商河县耕地土壤培肥改良的主要方向为有针对性地增施有机肥料和磷肥。商河县土壤中锌素、硼素含量较高,不需培肥改良。

(二)耕地自然环境条件改良利用分区面积统计及问题分析

商河县耕地自然环境条件改良利用区各改良利用类型面积及其比例如表3所示。

表3　　商河县耕地自然环境条件改良利用分区面积统计表

| 改良利用分区 | Ei | Es | EiEs | 非改良区 |
|---|---|---|---|---|
| 面积($hm^2$) | 5932.54 | 3993.12 | 2334.01 | 56437.87 |
| 百分比(%) | 8.64 | 5.81 | 3.4 | 82.15 |

由图2和表3可以看出,商河县耕地自然环境条件较好,地形平坦,灌溉条件较好,不需改良的耕地面积达到56437.87$hm^2$,占耕地总面积的82.15%。单一需要提高灌溉保证率的耕地面积为5932.54$hm^2$,占耕地总面积的8.64%,主要分布在贾庄镇中部、许商街道办事处东部、龙桑寺镇南部、沙河乡北部、殷巷镇北部;单一需要治理土壤盐渍化的耕地面积为3993.12$hm^2$,占耕地总面积的5.81%,主要分布在玉皇庙北部、贾庄镇南部、郑路镇北部、龙桑寺镇南部及东部、孙集乡北部和沙河乡西南部;两项都需要要治理的耕地

面积为 2334.01hm²，占耕地总面积的 3.4%，主要分布在殷巷镇北部、沙河乡中部和许商街道办事处西南部。可见，商河县耕地自然环境条件改良利用的主要方向为改善灌溉方式，防止土壤的次生盐渍化。

（三）耕地土体整治改良利用分区面积统计及问题分析

商河县耕地土体整治改良利用区各改良利用类型面积及其比例如表 4 所示。

表 4　　商河县耕地土体整治改良利用分区面积统计表

| 改良利用分区 | Pt | Pc | PtPc | 非改良区 |
| --- | --- | --- | --- | --- |
| 面积（$hm^2$） | 2276.78 | 3296.71 | 6143.64 | 56980.40 |
| 百分比（%） | 3.31 | 4.80 | 8.94 | 82.94 |

由图 3 和表 4 可以看出，商河县耕地土体结构较好。质地需要改良的耕地面积仅为 2276.78hm²，占耕地总面积的 3.31%，主要分布在贾庄镇西北部、怀仁镇西南部；土体构型需要改良的面积占总面积的 4.8%，主要分布在贾庄镇西南部、玉皇庙镇西北部、许商街道办事处西南部、沙河乡西南部；两者都需要整治的面积为 6143.64hm²，占耕地总面积的 8.94%，主要分布在沙河两岸和龙桑寺镇东部。所以，商河县土体整治的重点应着力改善土壤偏砂的特点，宜采取秸秆还田、增施有机肥料、深耕等措施，改良偏砂的土壤表层质地及不良的土体结构，这将是商河县耕地土体整治改良的主要方向。

## 五、耕地改良利用对策及措施

（一）增加经济投入，加大耕地保护力度

农业是既要承担自然风险又有市场风险的弱质产业，保护农业是国民经济发展中面临的重大问题。由于调控体制不健全，受比较利益驱使，各层次资金投入重点向非农业倾斜，资金投入不足已成为农业生产发展的主要制约因素。要达到农业增产的途径就要增加耕地投入，加强中低产田改造，不断提高耕地的质量，从而提高耕地利用的经济效益。商河县宜进一步加强对耕地的保护，实行最严格的耕地保护制度，杜绝乱占耕地现象的发生；应多方筹集资金，加大对耕地改良的投入。一是用足用好现有耕地改良项目资金；二是制定各项优惠政策，调动社会资金投入耕地改良；三是从土地出让金中提取一定比例，用于耕地改良；四是积极争取上级部门的资金支持。通过对耕地的改良逐步消除制约耕地生产力的限制因素，培肥地力，改善农业生产条件和农田生态环境。

（二）平衡施肥，用养结合，增施有机肥料，培肥地力

长期以来，商河县在耕地开发利用上重利用，轻培肥；重化肥，轻有机肥。虽然全县化肥的施用量逐年增加，但有机肥投入量明显不足，且化肥投入比例不合理，造成土壤养分失衡，制约着产量的进一步提高。自第二次土壤普查以来，商河县土壤有机质含量从 8.9g/kg增加到 13.9g/kg，增加了 5g/kg，但粮食产量提高了 52%。2009 年，全年化肥用量为 6.9 万吨，氮、磷、钾比例为 1∶0.51∶0.24，钾肥比例明显不足，导致商河县土壤速效钾含量明显下降，由 1984 年的 145mg/kg 降至 2009 年的 125mg/mg，难以满足当前农

业生产的需要。因此，要持续提高耕地的基础地力，为农作物生长创造高产基础，必须将用土与养土妥善结合起来，重视有机肥的施用，广辟有机肥源，大力推广秸秆还田，提倡冬种绿肥和使用商品有机肥。同时利用耕地调查评价成果，科学指导化肥的调配，根据不同作物、不同产量水平、不同的土壤养分状况制定配方，优化平衡施肥，重视磷、钾肥及微肥的施用，不断培肥地力，实现中低产耕地资源的持续利用。

（三）加强水利建设，改善灌溉条件，注重盐碱地的改良

水是作物生长的必要条件，灌排条件与耕地的基础地力有着密切的关系，因而可以通过采取以下措施，实现自然降水的空间聚集，改善区域农田的土壤水分状况，推广节水灌溉技术，改善和扩大灌溉面积。

(1)健全灌溉工程，改善灌区输水、配水设备，加强灌溉作业管理，改进地面灌溉技术，采用增产、增值的节水灌溉方法和灌溉技术。加强水利建设，修筑田埂，防止水土冲刷；安排好水利规划，修好水渠，防止渗漏，加强管理，提高引灌水的利用率。

(2)人工富集天然降水，建造大、中、小型蓄水池、塘等蓄水体系，将集纳雨水、拦截径流和蓄水有效结合起来，在作物需水的关键时期进行灌溉，解决作物的需求和降水错位的矛盾，以充分发挥水分的增产效果。

(3)改善土壤结构，增加土壤的蓄水能力，通过对土壤增施有机物料（如施用有机肥，秸秆还田等）和应用土壤改良剂，改良土壤结构，增强土壤结构的稳定性，提高土壤对降水的入渗速率和持水量。

（四）采用农业措施改良土壤质地，改善土体结构

商河县耕地土壤限制性因素主要为耕层土壤沙化，可以采用以肥改沙的方法，一方面增加土壤中养分含量；另一方面增加土壤中的有机胶体，对改良土壤沙化和提高土壤肥力有显著的作用。此外，选择适宜性的作物种植，既能改善土壤性质又能获得较好的经济效益。因而，因地制宜地发展当地名优产品，是适应自然、提高经济效益的有效措施。

（五）集约化利用耕地资源，发展生态型可持续农业，改善生态环境

耕地生态环境质量的高低是保证农作物持续稳产、高产、优产、高效的重要前提。根据商河县资源优势以及生态环境的特点，因地制宜地利用耕地资源，通过合理轮作、科学间套种等措施，增加复种指数，努力提高耕地资源的利用率；注重多物种、多层次、多时序、多级质能、多种产业的有机结合，农、林、牧、副、渔并举，建立生态型可持续农业系统，达到经济、生态和社会效益的高度统一。此外，应重新审视耕地承包到户政策所致的耕地经营权分散在新形势下出现的不利耕地资源规模集约经营的缺点，努力探讨建立“公司＋农户”或各种专业化合作组织等耕地规模集约经营模式，提高全县耕地资源的集约经营和经济效益。

# 专题二　商河县粮食生产潜力分析

农业是国民经济的基础，粮食生产是基础的基础。俗话说："无农不稳，无工不富，无粮则乱。"粮食生产事关改革发展和政治社会稳定的大局。一方面，随着人口的增长，人民生活水平提高，对粮食的需求日益增加；另一方面，随着城镇化、工业化进程的加快，耕地不断减少，水资源短缺、环境污染和气候变化对粮食生产的制约日益突显，使粮食供求关系日趋紧张。因此，确保粮食安全已成为摆在各级政府面前的严峻课题。

商河是粮食生产大县，是国家批复的粮食生产基地县和新增1000亿斤粮食生产能力建设项目县。2009年，全县粮食播种面积为$1.049\times10^5hm^2$，粮食总产量为74.46万吨。粮食生产历来是商河县农业生产的重点。本专题旨在应用耕地地力评价的成果，分析全县粮食的生产潜力，提出商河县粮食稳定增产的措施，供有关部门参考。

## 一、商河县粮食生产现状

### （一）商河县粮食生产回顾

新中国成立以后，商河县粮食生产经历了四个发展阶段。第一阶段：1949年至1979年，期间经历了国民经济恢复、农业合作化运动、三年自然灾害和文革等不同时期，粮食生产在徘徊中缓慢发展。粮食播种面积从$11.44\times10^4hm^2$下降到$9\times10^4hm^2$，单产由$934kg/hm^2$上升到$1523kg/hm^2$，总产由10.69万吨增加到13.7万吨（见表1）。主要粮食作物有小麦、大豆、高粱、玉米、谷子、甘薯等（见表2）。此期间粮食生产虽长期徘徊不前，但全县人民艰苦奋斗，大搞农田基本建设，兴修水利，建成了现在农业排灌体系的基本框架，在后来的农业发展中发挥了关键作用。第二阶段：1980年至1986年，改革开放后，实行了以"大包干"为主要形式的家庭联产承包责任制，极大地调动了农民的生产积极性，粮食生产实现了跨越式发展，生产水平整体进入中产阶段。到1986年，粮食播种面积为$6.44\times10^4hm^2$，单产达到了$4975kg/hm^2$，总产达到了30.04万吨（见表1）。粮食作物以小麦、玉米为主（见表2）。第三阶段：1987年至2003年，此期间政策的带动效果已不明显，农民负担逐年加重，各项生产成本上升，种粮效益相对低下，出现了粮食生产的短期徘徊局面。2003年，粮食播种面积为$7.61\times10^4hm^2$，单产为$6108kg/hm^2$，仅比1986年增产$1133kg/hm^2$（见表1）。第四阶段：2003年至2009年，国家出台了一系列鼓励政策，全部取消农业税，对种粮农民实行粮食直补、种子直补、农机作业直补、农资综合补贴，逐步提高粮食收购价格等。此期间农业科技也发展到了相当高的水平，一大批高产良种的出现，以及农业综合配套技术的应用，使商河县粮食生产又上了一个新的台阶，到2009年，粮食播种面积达到

$10.49\times10^4hm^2$,单产达到$7098kg/hm^2$,总产达到74.46万吨(见表1)。

表1 商河县历年粮食生产情况统计表

| 年份 | 粮食播种面积(×104hm²) | 粮食单产(kg/hm²) | 粮食总产(万吨) |
|---|---|---|---|
| 1949 | 11.44 | 934 | 10.69 |
| 1979 | 9 | 1523 | 13.7 |
| 1986 | 6.44 | 4975 | 30.4 |
| 2003 | 7.61 | 6108 | 46.47 |
| 2009 | 10.49 | 7098 | 74.46 |

表2 商河县主要粮食作物播种面积变化情况表

| 年份 | 小麦 (×10⁴hm²) | 玉米 (×10⁴hm²) | 大豆 (×10⁴hm²) | 高粱 (×10⁴hm²) | 甘薯 (×10⁴hm²) | 其他 (×10⁴hm²) |
|---|---|---|---|---|---|---|
| 1949 | 3.34 | 0.77 | 2.52 | 2.11 | 0.013 | 2.69 |
| 1979 | 3.57 | 1.46 | 1.02 | 1.13 | 0.35 | 1.47 |
| 1986 | 3.31 | 2.67 | 0.31 | — | — | 0.15 |
| 2003 | 3.65 | 4.01 | 0.27 | — | — | 0.18 |
| 2009 | 4.77 | 5.65 | — | — | — | 0.07 |

(二)商河县粮食生产现状

截至2009年,商河县粮食播种面积为$10.49\times10^4hm^2$,粮食总产为74.46万吨,单产为$7098kg/hm^2$。根据本次耕地地力调查结果,全县耕地共分为6级,各级耕地粮食产量统计如表3所示。

表3 各级耕地粮食产量统计表

| 等级 | 一级地 | 二级地 | 三级地 | 四级地 | 五级地 | 六级地 |
|---|---|---|---|---|---|---|
| 粮食面积(hm²) | 10024.3 | 13752.2 | 14087.6 | 7601.4 | 4571.8 | 1432.7 |
| 单产(kg/hm²) | 17541.3 | 15703.8 | 14350 | 13151.9 | 10639.2 | 8803.7 |
| 总产(万吨) | 17.58 | 21.6 | 20.22 | 10 | 4.86 | 1.26 |

注:1.本表所引面积为耕地面积,单产为耕亩产量。
2.本表产量为农户调查表产量,虽与统计产量有所差异,但差异不大。

## 二、粮食生产潜力分析

(一)商河县粮食生产条件分析

商河县地处鲁北平原腹地,属暖温带半湿润季风气候,年均日照时数4434.1h,日均12.1h,平均气温12.63℃,0℃以上的积温4836.1℃,无霜期193天,年平均降水量

611.5mm，气候条件完全满足农作物一年两熟的要求。

商河县拥有耕地 $6.87\times10^4hm^2$，人均耕地面积为 $0.11hm^2$，略高于全国平均水平，另有 $8.2\times10^3hm^2$ 土地尚未开发利用，土地资源较为丰富。全县土壤属黄泛冲积物，区域内地势平坦，土层深厚，其中潮土面积为 $6.81\times10^4hm^2$，占全县耕地面积的 99%以上。土壤质地分为沙壤、轻壤、中壤和重壤 4 级，分别占耕地面积的 11.94%、72.55%、15.3%和 0.21%，适宜于田间耕作和机械化作业。

商河县属海河流域徒骇河水系，县内河网密布、沟渠纵横，常年引黄水量为 $7.5\times10^7m^3$；水利工程拦蓄库容为 $5.2\times10^7m^3$。地下水储量为 $4.55\times10^8m^3$，其中淡水储量为 $2.27\times10^8m^3$，且埋藏较浅，易于农业灌溉。截至 2009 年底，全县水浇地面积为 $6.41\times10^4hm^2$，占全县耕地面积的 93.3%，粮田灌溉保证率达到 90%以上。

（二）粮田土壤养分状况分析

1. 土壤 pH

根据 739 个样点的检测结果，全县粮田耕层土壤 pH 为 7.6～8.5，属弱碱性土壤。土壤酸碱度的大小是由成土母质和成土环境造成的，生产上很难改变。

2. 土壤有机质

根据 1480 个样点的检测结果，全县粮田耕层土壤有机质含量平均为 14.1g/kg，属中等水平，略高于全县平均值，比第二次土壤普查时的 0.89g/kg 提高 3.21g/kg。

3. 土壤大量元素含量

根据 561 个样点的检测结果，全县粮田耕层全氮含量平均为 0.77g/kg，属于相对缺乏水平，比全县平均值 0.76g/kg 略高，比第二次土壤普查时的 0.63g/kg 提高了 0.14g/kg。根据 553 个样点的检测结果，全县粮田耕层碱解氮含量平均为 75mg/kg，属中等偏低水平，略高于全县平均水平，比第二次土壤普查时的 47mg/kg 提高了 28mg/kg。根据 1480 个样点的检测结果，全县粮田耕层有效磷含量平均为 22.1mg/kg，比全县平均值 22.3mg/kg 低 0.2mg/kg，比第二次土壤普查时的 5.4mg/kg 提高了 16.7mg/kg，提高了 3 倍。近 30 年间，土壤有效磷含量虽有成倍提高，但养分含量仍处于较低水平。全县粮田耕层速效钾含量平均为 117mg/kg，处于中等水平，比全县平均水平 125mg/kg 低 8mg/kg，比第二次土壤普查时的 145mg/kg 下降了 28mg/kg。

4. 土壤中量元素

根据 581 个样点的检测结果，全县粮田交换性钙含量平均为 11472mg/kg，含量极为丰富；全县粮田交换性镁含量平均为 413mg/kg，含量丰富。根据 550 个样点的检测结果，全县粮田有效硫含量平均为 49.8mg/kg，略高于全县平均水平，含量中等。根据 566 个样点的检测结果，全县粮田有效硅含量平均为 123.8mg/kg，略低于全县平均水平，属中等水平。

5. 土壤微量元素

根据本次耕地地力调查结果，全县耕层有效锌含量平均为 1.02mg/kg，有效硼含量平均为 1.08mg/kg，较为丰富；有效铁含量平均为 12.13mg/kg，有效锰含量为 7.86mg/kg，属中等偏上水平；有效钼含量平均为 0.13mg/kg，较为缺乏；有效铜含量平均为 1.3mg/kg，属丰富水平（见表 4）。

表 4　　商河县粮田土壤养分状况表

| 项目 | 样本数(个) | 平均值 | 最小值 | 最大值 | 丰缺水平 |
|---|---|---|---|---|---|
| pH | 739 | 8.2 | 7.6 | 8.5 | — |
| 有机质(g/kg) | 1480 | 14.1 | 3.76 | 25.6 | 中等 |
| 全氮(g/kg) | 561 | 0.77 | 0.17 | 1.37 | 中等偏低 |
| 碱解氮(mg/kg) | 553 | 75 | 28 | 133 | 中等偏低 |
| 有效磷(mg/kg) | 1480 | 22.1 | 3.7 | 69.6 | 较低 |
| 速效钾(mg/kg) | 1480 | 117 | 31 | 311 | 中等 |
| 交换性钙(mg/kg) | 581 | 11472 | 3437 | 27029 | 极丰富 |
| 交换性镁(mg/kg) | 581 | 413 | 184 | 1013 | 丰富 |
| 有效硫(mg/kg) | 550 | 49.8 | 2.4 | 400.7 | 中等 |
| 有效硅(mg/kg) | 566 | 123.8 | 40.3 | 228.2 | 中等 |
| 有效锌(mg/kg) | 991 | 1.02 | 0.33 | 5.51 | 较丰富 |
| 有效硼(mg/kg) | 995 | 1.08 | 0.18 | 2.03 | 较丰富 |
| 有效铁(mg/kg) | 793 | 12.13 | 2.39 | 24.06 | 中等偏上 |
| 有效锰(mg/kg) | 808 | 7.86 | 2.45 | 19.4 | 中等偏上 |
| 有效钼(mg/kg) | 1020 | 0.13 | 0.05 | 0.27 | 较缺乏 |
| 有效铜(mg/kg) | 818 | 1.3 | 0.44 | 3.69 | 丰富 |

6.粮田物理性状

根据全县 178 个样点的测定结果，粮田土壤容重平均值为 1.37g/cm$^3$，最小值为 1.19g/cm$^3$，最大值为 1.55g/cm$^3$，其中容重为 1.19～1.4g/cm$^3$ 的有 149 个点，占总数的 83.7%；平均土壤孔隙度为 49.1%，最小为 33.1%，最大为 60.9%，其中孔隙度为 47%～52%的有 135 个点，占总数的 75.8%。这表明商河县粮田土壤具有良好的通透性和保水性能，适合粮食生产。

(三)粮食生产要素分析

1.水资源分析

水是农业的命脉，要确保粮食生产的可持续发展，没有水资源的保障是不可能的。据调查，商河县粮田年平均灌溉次数为 4.1 次，按每公顷每次浇水 900m$^3$ 计算，全县 5.25 $\times 10^4$ hm$^2$ 粮田年灌溉需水量为 1.94 $\times 10^8$ m$^3$，全县年引黄量为 7.5 $\times 10^7$ m$^3$，除沟渠渗漏和其他作物用水外，粮田可用水量为 5.3 $\times 10^7$ m$^3$，水利工程年拦蓄地面径流粮田用 4.2 $\times 10^7$ m$^3$，剩余 9.9 $\times 10^7$ m$^3$ 缺口由地下水补充。据测算，全县年降水总量为 7.1 $\times 10^8$ m$^3$，加上引黄水量，地下水可及时得到补充。

随着节水工程建设力度的加大和节水技术的推广普及，到 2015 年按单位灌溉面积节水 10%，到 2020 年再节水 10%计算，在现有粮田面积不变的情况下，2015 年每年粮田灌溉次数将达到 4.56 次，2020 年粮田灌溉将次数达到 5.07 次；在目前灌溉次数不变的情况下，到 2015 年可扩大灌溉面积为 $5.9\times10^3 hm^2$，到 2020 年可扩大灌溉面积为 $1.24\times10^4 hm^2$。

2.良种潜力分析

品种是影响粮食生产的重要因素之一，据研究，在影响粮食产量的诸要素中，品种的贡献率约占 20%，因此，品种的生产潜力是粮食生产潜力分析的重要组成部分。

当前小麦生产上推广的主要品种有济麦 22 号、烟农 19 号、潍麦 8 号、淄麦 22 号等，上述品种大面积示范产量均在 $7500kg/hm^2$ 以上，高产示范方产量达到 $8500\sim9000kg/hm^2$，高产纪录突破 $10000kg/hm^2$。玉米生产的主要栽培品种有浚单 20、郑单 958、中科 11 号和先玉 335 等，上述品种大面积示范产量均在 $9000kg/hm^2$ 以上，高产示范方产量达到 $9750\sim10500kg/hm^2$，高产记录达到 $11250kg/hm^2$ 以上。按 2009 年的小麦、玉米单产计算，若要达到目前大面积示范田水平，小麦需增产 $1047kg/hm^2$，增产率为 16.2%，玉米需增产 $1319kg/hm^2$，增产率为 17.17%。

3.有机肥资源分析

商河县小麦播种面积为 $4.77\times10^4 hm^2$，年产秸秆 42.9 万吨；玉米播种面积为 $5.65\times10^4 hm^2$，年产秸秆 46.6 万吨；棉花播种面积为 $1.3\times10^4 hm^2$，年产秸秆 12.68 万吨；共生产作物秸秆 102.2 万吨。商河县拥有人口 61.8 万人，年产人粪尿 6.18 万吨；大牲畜存栏量 9.5 万头，羊存栏量 9.37 万只，产生厩肥 5.69 万吨；猪存栏量 35.6 万头，禽类存养量 367.5 万只，产生排泄物 17.43 万吨。另外，现有运行沼气池 5000 个，年产沼渣 1 万吨，沼液 2.3 万吨。全县有机肥资源量达 32.51 万吨。大量的作物秸秆和丰富的有机肥资源为培肥地力打下了良好的基础。

4.社会因素分析

截至 2009 年，商河县拥有农村劳动力 27.6 万人，除 10.4 万人常年外出务工，直接服务于农业的劳动力 13.5 万人，季节性服务于农业的劳动力 3.7 万人。

由于全社会文化水平的不断提高，农村劳动力的文化结构也在不断发生变化，具有初中以上文化不平的农村劳动力由 2000 年的 5.2 万人增加到 8.7 万人；具有一技之长的新型农民大量涌现，由 2000 年的 0.25 万人增加到 1.13 万人。近年来，随着标准粮田建设项目、科技入户项目、现代农业项目、高产创建项目、测土配方施肥项目、全国农技推广示范县项目的实施，县、乡、村加大了对农民的培训力度，年培训农民 2.5 万人以上，农业劳动力素质有了显著提高，为今后粮食生产的稳定发展提供了保障。

自 2000 年后，中央先后出台了免除农业税、粮食直补、良种直补、农资综合补贴、农机购置补贴、抗旱补贴、农业政策性保险等一系列促进粮食生产的政策措施，省、市、县政府也相继出台了稳定土地承包责任制、规范土地流转、重奖种粮大户的文件，加之近年来粮食价格的持续走高，农民的种粮积极性有了不同程度的提高。

(四)粮食生产潜力分析

综合以上对商河县自然条件、耕地动力、品种潜力、有机肥资源及社会条件的分析，对商河县粮食生产潜力作如下分析：

1. 粮食播种面积预测

粮食产量是粮食播种面积和粮食单产二者的乘积。确保充足的粮田面积是提高粮食生产能力的前提。影响粮食播种面积的因素是多方面的，包括政策因素、市场因素和社会因素。一方面，随着经济社会发展，工业化和城市化进程加快，必然造成耕地被大量占用；由于种粮比较效益低，粮食播种面积在农业结构调整中首当其冲。以上皆为影响粮食播种面积的不利因素。另一方面，国家对粮食生产的支持力度持续加大；粮食供求日趋紧张，价格持续上涨；粮食生产机械化水平高，省工省时；商河县耕地资源较为丰实，每年新增耕地 200～300$hm^2$。以上皆是影响粮食播种面积的有利因素。综合上述因素分析，商河县在今后较长时期内保持粮田面积的基本稳定是完全可能的。预测到 2015 年，粮食播种面积为 $1.05\times10^5hm^2$，到 2020 年，粮食播种面积为 $1.345\times10^5hm^2$。

2. 粮食单产预测

在确保粮食播种面积相对稳定的前提下，提高单产是确保粮食增产的唯一途径。目前，商河县粮食单产仍有较大潜力。从近几年的生产实践看，2003 年平均粮食单产为 6108$kg/hm^2$，2009 年达到了 7098$kg/hm^2$，6 年间粮食单产增加 990$kg/hm^2$，增产率为 16.2%，年递增率为 2.45%。

自 2008 年起，商河县开始承担农业部下达的粮食高产创建项目，涉及玉皇庙和孙集两个核心乡镇，面积为 1340.6$hm^2$。通过选用良种、测土配方施肥、合理密植、病虫草害综合防治等措施，粮食单产大幅度提高，达到了粮食高产创建项目的设计要求。粮食高产创建项目实施以来粮食单产情况如表 5 和表 6 所示。

表 5　小麦高产创建项目单产统计表

| 年份 | 十亩高产攻关田($kg/hm^2$) | 百亩示范方($kg/hm^2$) | 万亩示范区($kg/hm^2$) |
|---|---|---|---|
| 2008 | 10515.3 | 9348.2 | 8356.7 |
| 2009 | 10657.5 | 9600.1 | 8462.3 |
| 2010 | 10815.8 | 9512.6 | 8579.4 |
| 2011 | 10969.1 | 10058.7 | 9073.1 |

表 6　玉米高产创建项目单产统计表

| 年份 | 十亩高产攻关田($kg/hm^2$) | 百亩示范方($kg/hm^2$) | 万亩示范区($kg/hm^2$) |
|---|---|---|---|
| 2008 | 13525.5 | 12078.2 | 9079.5 |
| 2009 | 13602.8 | 12153.7 | 9324.1 |
| 2010 | 13836.4 | 12408.3 | 9508.8 |
| 2011 | 14067 | 12649.5 | 9670.5 |

从表 5 和表 6 可看出，目前粮食单产虽然已达到较高水平，但仍存在巨大的增产潜力。

随着农业生产条件的改善和土壤肥力的逐步提高，利用现有的品种和技术，扣除粮食产量因气候变化波动的因素，粮食单产按年递增 2.3%计算，到 2015 年，小麦单产将达到 $7396kg/hm^2$，玉米单产将达到 $8804kg/hm^2$，比 2009 年增产 14.6%。2015 年后，农业生产组织方式将发生重大变化，生产要素配置将进一步优化，农业生产条件将进一步改善，土壤肥力将进一步提高，一批新品种、新技术将被广泛应用，粮食单产按年递增 2%计算，到 2020 年，小麦单产将达到 $8166kg/hm^2$，玉米单产将达到 $9720kg/hm^2$，比 2015 年增产 10.4%。

3. 粮食生产潜力预测

根据以上对全县粮食播种面积和单位面积产量的分析，可对 2015 年和 2020 年粮食生产潜力进行预测（见表 7）。

表 7　　2015 年和 2020 年粮食生产潜力预测表

| 年份 | 2009 | 2015 | 2020 |
|---|---|---|---|
| 粮食播种面积($hm^2$) | 10.49 | 10.5 | 10.5 |
| 粮食单产($kg/hm^2$) | 7098 | 8160 | 9006 |
| 粮食总产(万吨) | 74.46 | 85.68 | 94.56 |

## 三、提高粮食生产潜力的途径

（一）加强以农田水利为中心的农田基本建设，不断改善农业生产条件

第一，加强对现有农田水利设施的维护。商河县农田水利设施多建于 20 世纪 60～70 年代，水利设施老化、退化严重，首先，应搞好对现有河道的疏浚，提高其拦蓄能力；其次，应加快大型排灌设备的维护及更新换代，提高其排灌能力；再次，尽快完成病险水利工程的加固出险，增强调蓄功能。第二，突出重点，分区实施。在南部水利条件较好的乡、镇（街道办事处），重点搞好铺设 PVC 低压管道，发展喷、滴灌；在中部广大区域，重点搞好机电井配套、渠道防渗，发展移动管道灌溉；在北部以打井为主，同时搞好沟、渠、桥、路配套。第三，农田基本建设应与中低产田改造、治理土壤盐渍化和土壤养分提升密切结合。

（二）加强耕地资源维护，不断提高地力水平

第一，增施有机肥料，进一步扩大秸秆还田面积，提高还田质量；广开肥源，大力积造有机肥；借助商河县实施垃圾处理城乡一体化的契机，在县城和中心镇建造数个以生活垃圾为原料的有机肥加工厂。第二，合理施用化肥，大力推进测土配方施肥项目的深化和普及。建立健全农作物施肥指标体系，并不断调整优化其配方；开发完善测土配方施肥专家信息系统；建立商河县耕地质量监测站；努力提高测土配方施肥技术的覆盖率和到位率。第三，坚持深耕与旋耕相结合的耕作方式，改善土壤理化性状；逐步推广免耕与深松相结合的耕作模式，保护土壤养分。第四，推广普及粮食标准化生产技术，有效遏制和降低地膜、化肥、农药和除草剂对土壤的污染。

（三）依靠科技进步，提高粮食生产的科技含量

第一，加强良种繁育体系建设，提高良种覆盖率。完善良种繁育体系，实现引种、示范、繁育、供种一条龙服务，确保全县大田用种；添置种子加工设备，扩大仓储能力，确保供

种质量。到2015年,全县良种覆盖率将达到95%,到2020年,将达到98%。第二,大力推广农业综合实用技术,重点加快小麦宽幅精播技术、小麦垄作栽培技术、玉米一增四改技术、肥水一体化技术、病虫害综合防治技术的推广应用。第三,加快农业新材料的应用。加快粮食新品种引进、示范;搞好可降解地膜、土壤保水剂、生物菌肥、生物农药等新材料的示范推广。第四,加强对灾害性天气的预测、预报,提高农业的防灾减灾能力。

(四)用好国家的扶持政策,提高农民的种粮积极性

第一,认真执行基本农田保护制度,坚决查处乱占耕地的违法行为,确保商河县耕地的占补平衡和粮田面积的基本稳定。第二,坚决兑现国家及省市出台的扶持政策,让农民得到实惠。第三,按照依法、有偿、自愿的原则,促进土地的有序流转,提高粮食生产的集约化水平。第四,逐步建立粮食生产合作组织,探索粮食产业化生产模式,开发有机粮、专用粮等高端产品,提高粮食生产的效益。

# 专题三　商河大蒜产区土壤现状与施肥技术研究

商河大蒜生产基地始建于1994年，主要位于商河东南部的白桥和岳桥两个乡，覆盖玉皇庙、许商、白桥、孙集、郑路5个乡、镇（街道办事处），200余个村庄，从事大蒜生产的农民近10万人。2005年11月，商河县撤销岳桥乡，将其行政区域并入白桥乡。白桥乡是大蒜生产行政划分最完整的乡。2001年，商河大蒜以“商玉宝”品牌商标在国家工商总局注册，2002年，被农业部认证为“无公害农产品”。2004年，商河大蒜基地被认定为国家级大蒜出口标准化基地示范区；2007年，“商玉宝”品牌大蒜被农业部认证为“绿色食品”；2007年，白桥乡被农业部命名为“中国大蒜第一乡”和“科技兴农示范基地”。大蒜生产基地内省道248线纵贯南北，蒜区公路网络化建设已全部完成，交通十分便利。整个大蒜基地产区内水源清洁、林网环绕、空气新鲜、土地肥沃、乡风淳朴；路、林、沟、渠、井五位一体配套，成为商河县生态环境优美的特色观光农业风景区。

2005年，商河县把发展龙头企业作为推动大蒜产业化经营和加快大蒜加工业发展的引擎来抓。围绕建设大的龙头、培育大市场、搞活大流动、促进大发展的总目标，商河县政府出台优惠政策，在信息、信贷等方面给予全方位服务，集中力量大力培育龙头企业。通过各方的积极努力，商河县大蒜加工销售龙头企业如雨后春笋般地涌现出来，现已达到200余家，仅大蒜第一乡白桥就有蒜片加工厂148家，冷藏厂18家，蒜片年加工能力为10万吨。商河大蒜的产品内销到潍坊、德州、江苏、河北、北京、天津及东北地区；80%的加工产品从青岛出口到日本，同时还出口到俄罗斯、韩国、马来西亚等国家。

商河大蒜生产品种主要有两个：一是苍山大蒜，二是金乡大蒜（改良红皮蒜）。苍山大蒜以收获蒜薹为主，一般亩产蒜薹600kg，亩产蒜头1250kg。它所产蒜薹粗长质优，长度一般在60cm以上，且品质优良，质脆味美，深受广大消费者青睐。该品种在主栽培蒜区占70%以上，是主导品种。金乡大蒜以收获蒜头为主，一般亩产蒜薹300kg，亩产蒜头1500kg。该品种主要分布在白桥乡，在整个大蒜产区占30%左右，其所产蒜头个大味美，蒜头直径一般为6～7cm，且香辣味浓，可生食、腌制，并可加工成蒜片、蒜汁、蒜粉，市场发展潜力较大。为了保障人们的身体健康和提高大蒜产品在国内外市场上的竞争力，蒜区各乡、镇（街道办事处）强化质量意识，大力发展无公害大蒜、绿色大蒜的生产。

近年来，随着大蒜价格的上涨，蒜农收入显著提高。据调查，2010年大蒜平均亩纯收入达到5500元，高者达万元以上，成为蒜区农民收入的主要来源。

## 一、商河大蒜产区土壤现状

(一)大蒜产区的耕地地力现状

商河县大蒜产区包括白桥乡、玉皇庙镇东部、许商街道办事处南部、孙集乡南部和郑路镇西南部,面积为 $9.8\times10^3hm^2$,根据本次耕地评价结果,全部为一级地和二级地。其中,一级地面积为 $5.1\times10^3hm^2$,占 52%,二级地面积为 $4.7\times10^3hm^2$,占 48%。该区域排灌条件良好,灌溉水源以引黄为主,井灌为辅,年灌溉次数在 4 次以上,灌溉保证率为 100%。地下水矿化度平均值为 1.22g/L,最低值为 0.07g/L,最高值为 1.93g/L,属弱矿化度水。耕层质地以中壤为主,面积为 $7.4\times10^3hm^2$,占 75.5%;轻壤面积为 $2.2\times10^3hm^2$,占 22.4%;重壤面积为 $200hm^2$,占 2.1%。土体构型以黏腰、黏心为主,兼有部分均质黏和壤腰;无盐渍化。

(二)大蒜产区土壤养分现状

商河大蒜产区土壤有机质含量为 6.2~18.8g/kg,平均为 13.5g/kg,标准差为 2.6g/kg,变异系数为 20%;全氮含量为 0.2~1.02g/kg,平均为 0.74g/kg,标准差为 0.17g/kg,变异系数为 24%;碱解氮含量为 36~136mg/kg,平均为 77mg/kg,标准差为 20.6mg/kg,变异系数为 27%;有效磷含量为 5.5~51.6mg/kg,平均为 27.5mg/kg,标准差为 10mg/kg,变异系数为 36%;速效钾含量为 40~220mg/kg,平均 137mg/kg,标准差为 39mg/kg,变异系数为 28%;有效锌含量为 0.98~3.04mg/kg,平均为 1.77mg/kg,标准差为 0.25mg/kg,变异系数为 19%;有效硼含量为 0.56~1.97mg/kg,平均为 1.38mg/kg,标准差为 0.16mg/kg,变异系数为 15%。

(三)大蒜产区施肥现状

对蒜区 56 个农户 2009~2010 年度大蒜施肥情况进行调查,结果如下:

1. 有机肥

前茬玉米全部还田,根据夏玉米产量推算,亩平均还田量干重为 512kg。在还田方式上,有 37 户采用玉米秸秆直接还田,占调查农户的 66.1%,有 19 户采用粉碎堆沤后还田,占调查农户的 33.9%。有 16 户施用有机肥,品种为厩肥和土杂肥,亩平均施用量为 1650kg;有 13 户施用商品有机肥,亩施用量为 84.5kg。

2. 化肥

氮肥每亩施用量为 22.5~61kg,平均施用量为 38.4kg;$P_2O_5$ 每亩施用量为 8~33.4kg,平均施用量为 13.7kg;$K_2O$ 每亩施用量为 7.5~25kg,平均施用量为 16.4kg。施肥品种:基肥主要施用高浓度复合肥,部分农户施用单质肥料和磷铵;追肥主要施用尿素和多元素冲施肥。

综上所述,商河县大蒜产区土壤排灌良好,土质适中,养分含量相对较高,无盐渍化威胁,是商河县耕地地力最好的区域之一。

## 二、商河大蒜施肥技术研究

(一)大蒜施肥指标体系

在大蒜主产区白桥、玉皇庙、许商、孙集、郑路等乡、镇(街道办事处),共完成大蒜“3414”小区试验 6 处。大蒜小区试验点位表如表 1 所示。

表 1　　大蒜小区试验点位表

| 试验地点 | 土壤类型 | 土壤质地 | 试验时间 |
|---|---|---|---|
| 白桥窦家 | 潮土 | 中壤 | 2007.9～2008.5 |
| 白桥巍南 | 潮土 | 中壤 | 2007.9～2008.5 |
| 玉皇庙小仁河 | 潮土 | 中壤 | 2008.9～2009.5 |
| 许商张公家 | 潮土 | 中壤 | 2008.9～2009.5 |
| 孙集钱庙 | 潮土 | 中壤 | 2009.9～2010.5 |
| 郑路李坊 | 潮土 | 中壤 | 2009.9～2010.5 |

根据土壤养分丰缺指标法,通过对试验的不同处理进行分析,用缺素区相对产量表达土壤丰缺情况,并建立氮、磷、钾的相应回归模型,从而确定不同土壤养分的丰缺指标及施用肥料数量,建立大蒜的施肥模型。

1.大蒜碱解氮丰缺指标建立

将不同试验点的土壤碱解氮检测值($x$)与其相对产量($y$)及相关数值进行汇总,结果如表 2 所示。

表 2　　大蒜试验碱解氮及其相对产量统计汇总表

| 试验年份 | 试验地点 | 碱解氮 $x$ | 相对产量 $y$ | $1/x$ | $1/y$ | $\ln(x)$ |
|---|---|---|---|---|---|---|
| 2007～ | 白桥窦家 | 118 | 91.4 | 0.085 | 0.0109 | 4.771 |
| 2008 | 白桥巍南 | 116 | 90.03 | 0.086 | 0.0111 | 4.754 |
| 2008～ | 玉皇庙小仁河 | 99 | 88.04 | 0.101 | 0.114 | 4.595 |
| 2009 | 许商张公家 | 101 | 88.13 | 0.099 | 0.113 | 4.615 |
| 2009～ | 孙集钱庙 | 95 | 89.21 | 0.105 | 0.112 | 4.554 |
| 2010 | 郑路李坊 | 89 | 87.45 | 0.112 | 0.114 | 4.489 |

对各项数据进行相关性分析,结果如表 3 所示。

表 3　碱解氮与其相对产量相关系数表

| | 相对产量 $y$ | $1/x$ | $1/y$ | $\ln(x)$ |
|---|---|---|---|---|
| 相对产量 $y$ | 1 | — | — | — |
| $1/x$ | −0.942 | 1 | — | — |
| $1/y$ | −0.983 | 0.943 | 1 | — |
| $\ln(x)$ | 0.959 | −0.996 | −0.962 | 1 |

通过对比相关系数，选择 $y=a\ln(x)+b$ 为回归方程，并进行回归分析，建立回归模型 $y=24.6\ln(x)-36.90$。

2. 大蒜有效磷丰缺指标建立

将不同试验点的土壤有效磷检测值($x$)与其相对产量($y$)及相关数值进行汇总，结果如表 4 所示。

表 4　大蒜试验有效磷及其相对产量统计汇总表

| 试验年份 | 试验地点 | 有效磷 $x$ | 相对产量 $y$ | $1/x$ | $1/y$ | $\ln(x)$ |
|---|---|---|---|---|---|---|
| 2007～ | 白桥窦家 | 28.9 | 93.12 | 0.0346 | 0.0107 | 3.364 |
| 2008 | 白桥巍家 | 27 | 90.07 | 0.0370 | 0.0111 | 3.296 |
| 2008～ | 玉皇庙小仁河 | 25.4 | 89.36 | 0.0343 | 0.0112 | 3.235 |
| 2009 | 许商张公家 | 22.1 | 86.55 | 0.0452 | 0.0116 | 3.096 |
| 2009～ | 孙集钱庙 | 23 | 88.04 | 0.0434 | 0.0114 | 3.135 |
| 2010 | 郑路李坊 | 19.8 | 84.21 | 0.0505 | 0.0119 | 2.986 |

对各项数据进行相关性分析，结果如表 5 所示。

表 5　有效磷与其相对产量相关系数表

| | 相对产量 $y$ | $1/x$ | $1/y$ | $\ln(x)$ |
|---|---|---|---|---|
| 相对产量 $y$ | 1 | — | — | — |
| $1/x$ | −0.974 | 1 | — | — |
| $1/y$ | −0.986 | 0.962 | 1 | — |
| $\ln(x)$ | −0.953 | −0.991 | −0.951 | 1 |

通过对比相关系数，选择 $y=x/(bx+a)$ 为回归方程[即 $1/y=a(1/x)+b$]，并进行回归分析，建立回归模型 $y=x/(0.00914x+0.0603)$[即 $1/y=0.0603(1/x)+0.00914$]。

3. 大蒜速效钾丰缺指标建立

将不同试验点的土壤速效钾检测值($x$)与其相对产量($y$)及相关数值进行汇总，结果如表 6 所示。

表 6　大蒜试验速效钾及其相对产量统计汇总表

| 试验年份 | 试验地点 | 速效钾 $x$ | 相对产量 $y$ | $1/x$ | $1/y$ | $\ln(x)$ |
|---|---|---|---|---|---|---|
| 2007～ | 白桥窦家 | 168 | 92.4 | 0.00595 | 0.0108 | 5.124 |
| 2008 | 白桥巍家 | 165 | 91.3 | 0.00606 | 0.0109 | 5.106 |
| 2008～ | 玉皇庙小仁河 | 131 | 90.0 | 0.00763 | 0.0111 | 4.875 |
| 2009 | 许商张公家 | 134 | 88.2 | 0.00746 | 0.0113 | 4.898 |
| 2009～ | 孙集钱庙 | 129 | 88.3 | 0.00775 | 0.0113 | 4.860 |
| 2010 | 郑路李坊 | 116 | 86.9 | 0.00862 | 0.0115 | 4.754 |

对各项数据进行相关性分析，结果如表 7 所示。

表 7　速效钾与其相对产量相关系数表

| | 相对产量 $y$ | $1/x$ | $1/y$ | $\ln(x)$ |
|---|---|---|---|---|
| 相对产量 $y$ | 1 | — | — | — |
| $1/x$ | −0.966 | 1 | — | — |
| $1/y$ | −0.978 | 0.968 | 1 | — |
| $\ln(x)$ | 0.969 | −0.987 | 0.976 | 1 |

通过对比相关系数，选择 $y=x/(bx+a)$ 为回归方程[即 $1/y=a(1/x)+b$]，并进行回归分析，建立回归模型 $y=x/(0.0125x+0.0137)$[即 $1/y=0.0137(1/x)+0.0135$]。

4. 建立大蒜施肥模型

利用以上提出的氮、磷、钾回归方程，并结合相对产量对土壤肥力等级的分级标准，用以上求得相对产量在分级临界点时的对应土壤养分值，并根据此临界点将土壤碱解氮、有效磷、速效钾的丰缺指标划分为极低、低、中、高、极高五个等级，并根据丰缺指标提出相应的推荐施肥用量，如表 8 所示。

表 8　不同土壤的丰缺指标及推荐施肥量表

| 养分含量等级 | 极低 | 低 | 中 | 高 | 极高 |
|---|---|---|---|---|---|
| 相对产量 | ＜50% | 50%～75% | 75%～90% | 90%～95% | ＞95% |
| 碱解氮含量(mg/kg) | ＜24 | 24～68 | 68～110 | 110～125 | ＞125 |
| 氮肥推荐施用量(kg/亩) | 45 | 36 | 25 | 20 | 10 |
| 有效磷含量(mg/kg) | ＜13.2 | 13.2～24.8 | 24.8～28.4 | 28.4～34.1 | ＞34.1 |
| 磷肥推荐施用量(kg/亩) | 24 | 20 | 12.5 | 8 | 5 |
| 速效钾含量(mg/kg) | ＜50 | 50～76 | 76～103 | 103～157 | ＞157 |
| 钾肥推荐施用量(kg/亩) | 25 | 21.5 | 15 | 10 | 7.5 |

根据以上施肥模型，通过土壤养分测定，就可以了解土壤养分丰缺状况，提出相应施肥量。根据全县大蒜种植区的土壤平均养分含量可测算出平均施肥量，每亩施肥量可选择 N 25kg，$P_2O_5$ 12.5kg，$K_2O$ 15kg。

（二）大蒜田间示范

1.示范田施肥方案

为验证田间试验结果的可靠性，2010 年，在白桥乡徐李村、蒿子孙村、白桥村、赵屯村、段集村安排大蒜大田示范，面积为 66.7$hm^2$，其土壤养分状况如表 9 所示。

**表 9　　大蒜示范田土壤养分现状表**

| 村 | 面积（亩） | 有机质（g/kg） | 碱解氮（mg/kg） | 有效磷（mg/kg） | 速效钾（mg/kg） |
|---|---|---|---|---|---|
| 徐李村 | 200 | 13.7 | 99 | 29.4 | 139 |
| 蒿子孙村 | 150 | 14.9 | 104 | 30.3 | 142 |
| 白桥村 | 300 | 15.2 | 103 | 28.6 | 150 |
| 赵屯村 | 200 | 12.9 | 87 | 22.7 | 123 |
| 段集村 | 150 | 13 | 85 | 23 | 124 |

根据土壤测试结果和当地产量水平，制定施肥方案（见表 10）。

**表 10　　大蒜示范田亩施肥量明细表**

| 村 | N（kg/亩） | | $P_2O_5$（kg/亩） | | $K_2O$（kg/亩） | |
|---|---|---|---|---|---|---|
| | 示范 | 对照 | 示范 | 对照 | 示范 | 对照 |
| 徐李村 | 23 | 30.1 | 12 | 15.5 | 15 | 9.8 |
| 蒿子孙村 | 23 | 29.8 | 12 | 16.1 | 15 | 10 |
| 白桥村 | 23 | 28.5 | 12 | 15.9 | 15 | 10 |
| 赵屯村 | 21 | 30.2 | 10 | 14.3 | 12 | 9 |
| 段集村 | 21 | 31.3 | 10 | 14 | 12 | 9.3 |

在上述施肥方案中，氮肥 1/3 做基肥，2/3 做追肥（年后返青肥占追肥的 2/3，抽薹肥占追肥的 1/3）；磷肥全部用于基施；钾肥 3/5 用于基肥，2/5 用于年后返青期追肥。施用配方肥时可根据以上原则酌情按比例施用。

2.示范田产量结果

将示范田产量结果进行整理，如表 11 所示。

表 11　　大蒜示范田产量结果表

| 村 | 面积（亩） | 单产（kg/亩） | | | 对照（kg/亩） | | 增减（%） | |
|---|---|---|---|---|---|---|---|---|
| | | 蒜薹 | 蒜头 | 合计 | 蒜薹 | 蒜头 | 蒜薹 | 合计 |
| 徐李村 | 200 | 560.3 | 1298.6 | 1858.9 | 501.7 | 1204.9 | 1706.6 | 11.68 |
| 蒿子孙村 | 150 | 538.7 | 1284.1 | 1822.8 | 498.6 | 1251.2 | 1749.8 | 8.04 |
| 白桥村 | 300 | 550.4 | 1310 | 1860.4 | 512.2 | 1229.7 | 1741.9 | 7.46 |
| 赵屯村 | 200 | 572 | 1234.3 | 1806.3 | 505.4 | 1197.4 | 1702.8 | 13.18 |
| 段集村 | 150 | 559.8 | 1287.4 | 1847.2 | 484.6 | 1183 | 1667.6 | 15.52 |

3. 试验结果分析

将表 11 中的示范合计单产和对照合计单产进行 $t$ 测验，结果如表 12、表 13 所示。

表 12　　试验方差分析表

| 变异来源 | 自由度 | 平方和 | 均方 | $F$ 值 | $F_{0.05}$ | $F_{0.01}$ |
|---|---|---|---|---|---|---|
| 处理间 | 1 | 39300.361 | 39300.361 | 45.341 | 7.709 | 21.198 |
| 重复间 | 4 | 3178.626 | 794.657 | 0.917 | 6.388 | 15.977 |
| 误差 | 4 | 346.114 | 866.778 | — | — | — |
| 总变异 | 9 | 45946.101 | — | — | — | — |

表 13　　最小显著极差法进行多重比较表

| 处理名称 | 平均值 | 显著水准（凡有一个相同字母的处理表示差异） | |
|---|---|---|---|
| | | 5% | 1% |
| 示范 | 1839.120 | a | A |
| 对照 | 1713.740 | b | B |

$t$ 测验表明，示范与对照之间存在极显著差异，这表明应用以上施肥方案比常规施肥具有明显的增产作用。通过大田示范表明：试验结果用于大面积示范效果明显，从而验证了施肥方案的可靠性。

4. 经济效益分析

N 肥价格按 4.2 元/kg，$P_2O_5$ 价格按 5 元/kg，$K_2O$ 价格按 7.2 元/kg，蒜薹价格按 5 元/kg，蒜头价格按 4.5 元/kg 计算，示范田每亩施用纯氮 22.3kg，$P_2O_5$ 11.3kg，$K_2O$ 14kg，亩施肥量为 47.6kg；对照亩施用纯氮 29.8kg，$P_2O_5$ 15.2kg，$K_2O$ 9.7kg，亩施肥量为 54.7kg。示范田亩化肥成本为 250.6 元，对照亩化肥成本为 270.8 元。示范田与对照相比，亩减少化肥用量 7.1kg，亩节约成本 20.2 元。亩增产蒜薹 53.8kg，增值 269 元；亩增产蒜头 70.8kg，增值 318.6 元。两项合计亩增收 587.6 元。

由此可知，本示范田亩节约成本 20.2 元，亩增收 587.6 元，合计亩增加效益 607.8 元。

## 三、大蒜施肥改良技术

(一)增施有机肥

施用有机肥不仅可直接或间接地为大蒜生长提供各种养分,改善土壤的理化性状,还能显著改善大蒜品质,提高抗病抗逆能力。根据商河县实际,在有机肥施用上应做到以下几点:

1. 提高秸秆还田质量

大蒜产区的耕作制度是大蒜—玉米连作,玉米秸秆全部还田。还田方法有两种:一种方法是粉碎后堆沤还田,该方法还田质量高,但费工费时;另一种方法是直接还田,此方法简单易行,但还田质量较差。生产上应大力推广堆沤还田。堆沤时先将玉米秸秆粉碎至2~3cm,每1000kg秸秆加尿素7~10kg掺匀,踩实,然后盖塑料薄膜密封15天左右即可施用。

2. 广开肥源,加大有机肥施用量

充分利用人类尿、牲畜粪便、沼渣沼液、废弃秸秆、生活垃圾等有机肥资源,做到应施尽施。

3. 加大商品有机肥施用量

利用蒜区农民收入较高的有利条件,加大宣传引导,力争亩施商品有机肥达到200kg以上。

(二)平衡施肥

1. 根据不同土壤养分、不同产量水平确定施肥量

高产地块:亩施纯氮25~30kg,$P_2O_5$ 15kg,$K_2O$ 18kg。

中产地块:亩施纯氮20~25kg,$P_2O_5$ 12kg,$K_2O$ 15kg。

低产地块:亩施纯氮20kg,$P_2O_5$ 10~12kg,$K_2O$ 10~15kg。

2. 不同生育时期的施肥量

基肥:氮肥的30%,磷肥的70%,钾肥的50%,配合有机肥施用。

春季第一次追肥:氮肥的40%,磷肥的30%,钾肥的30%,结合浇水施用。

第二次追肥在抽薹期,结合浇水施用剩余的肥料。

3. 补施微肥和生物菌肥

虽然蒜区土壤的锌、硼等微量元素含量较为丰富,但由于常年连作,多数地块养分得不到补充。土壤微量元素呈连年下降趋势,故每亩需补施硫酸锌2kg,硼砂3kg,多元素矿物肥20kg。为促进土壤缓效养分的释放,每亩还需施生物菌肥10~20kg。

4. 推广水肥一体化技术

商河县大蒜采用的种植方式是地膜覆盖栽培,追肥时只能采用先将肥料撒在地膜之上,然后再浇水的方法进行。这不仅造成了肥料的浪费,增加了生产成本,还造成了严重的环境污染。采用肥水一体化技术是解决这一问题的有效途径。

# 主要参考文献


[1]沈其荣.土壤肥料学通论.北京:高等教育出版社,2001.

[2]山东省土壤肥料总站.山东省测土配方施肥工作暨培训会议材料,2006.

[3]山东省土壤肥料工作站.山东土壤.北京:中国农业出版社,1994.

[4]山东省土壤肥料工作站.山东土种志.北京:农业出版社,1993.

[5]济南市土壤肥料工作站.济南市土壤(内部资料),2004.

[6][日]大久保隆弘.作物轮作技术与理论.北京:农业出版社,1982.

[7]中国作物协会,全国耕作制度研究会.耕作制度研究论文集.北京:农业出版社,1981.

[8]南京土壤研究所.中国土壤系统分类(修订方案).北京:中国农业科学技术出版社,1995.

[9]岳玉德,李涛.青州耕地.济南:山东大学出版社,2004.

[10]商河县农业局土肥站.商河县土壤志(内部资料),1986.

[11]商河县气象局.历年气象资料(内部资料),2004.

[12]商河县统计局.商河统计年鉴(内部资料),2010.

[13]商河县国土资源局.土地面积年报表(内部资料),2010.

[14]杨彦程.农业测土配方施肥工作实务全书.北京:银声音像出版社,2005.

[15]褚天铎等.化肥科学使用指南.北京:金盾出版社,2002.

[16]张炳宁,彭世琪,张月平.县域耕地资源管理信息系统数据字典(第二版).北京:中国农业出版社,2008.

# 附　图

## 商河县土壤利用现状图

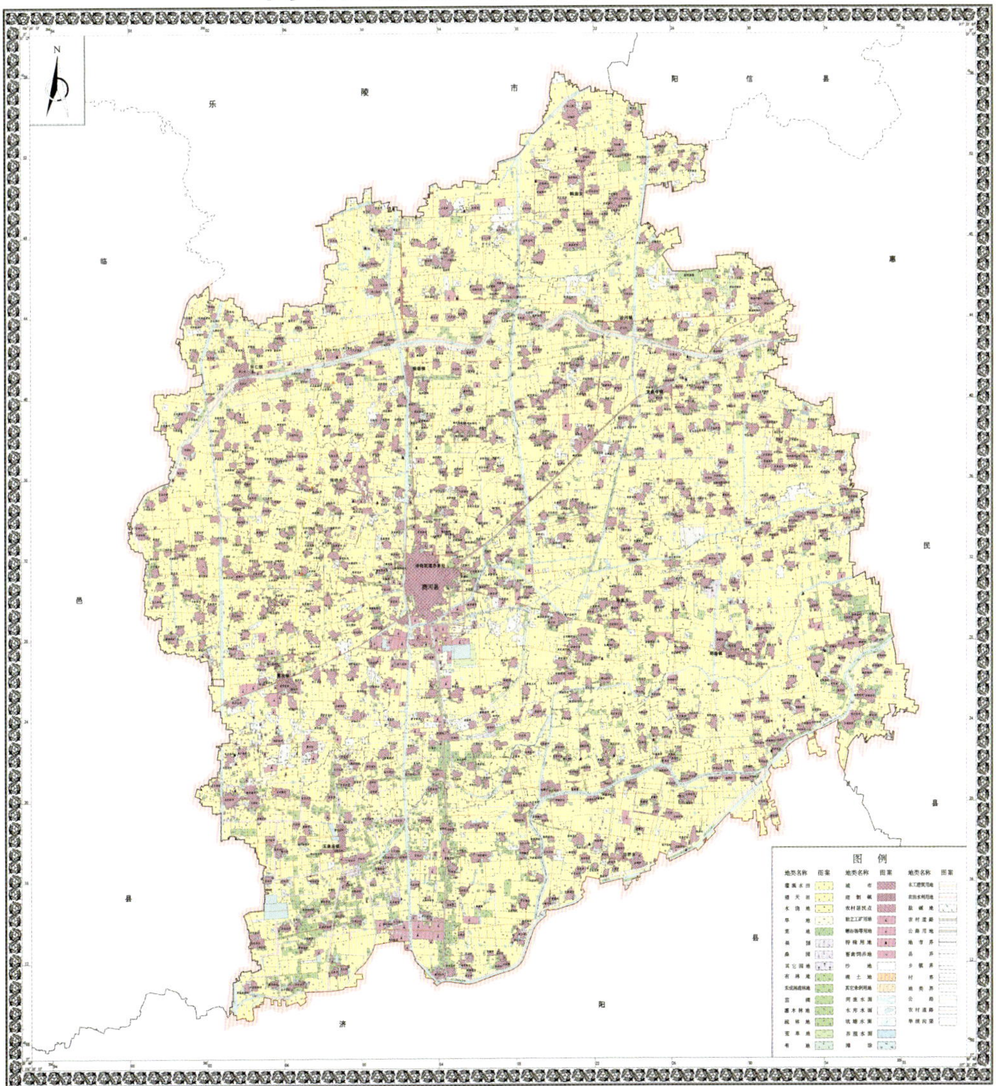


1954年北京坐标系　1956年黄海高程系　　比例尺：1∶375000　　山东农业大学资源与环境学院<br>山东天地亚太国土遥感有限公司　二〇一〇年十月

# 商河县地貌图

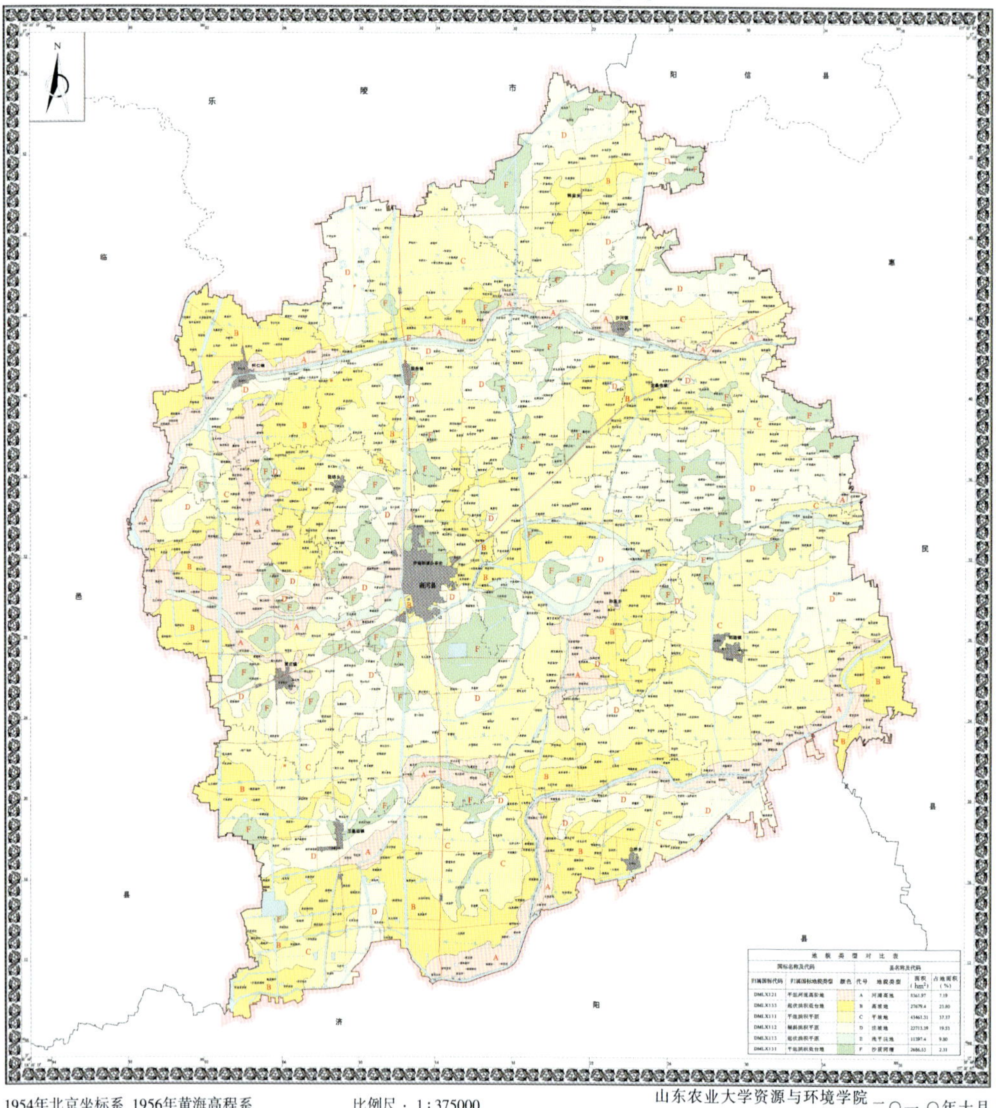


1954年北京坐标系 1956年黄海高程系　　比例尺：1∶375000　　山东农业大学资源与环境学院 山东天地亚太国土遥感有限公司 二〇一〇年十月

# 商河县土壤图

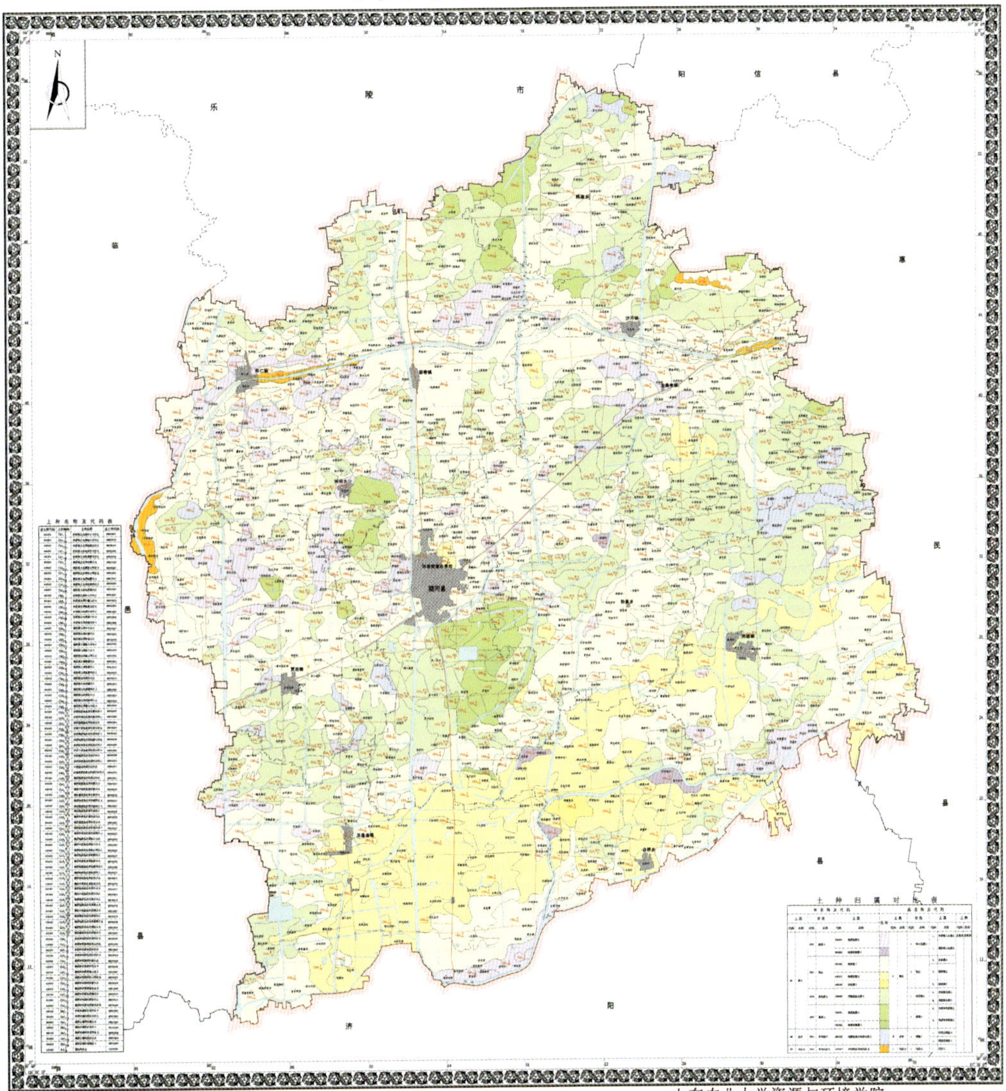

1954年北京坐标系 1956年黄海高程系　　比例尺：1：375000　　山东农业大学资源与环境学院 山东天地亚太国土遥感有限公司 二〇一〇年十月

# 商河县矿化度含量分布图

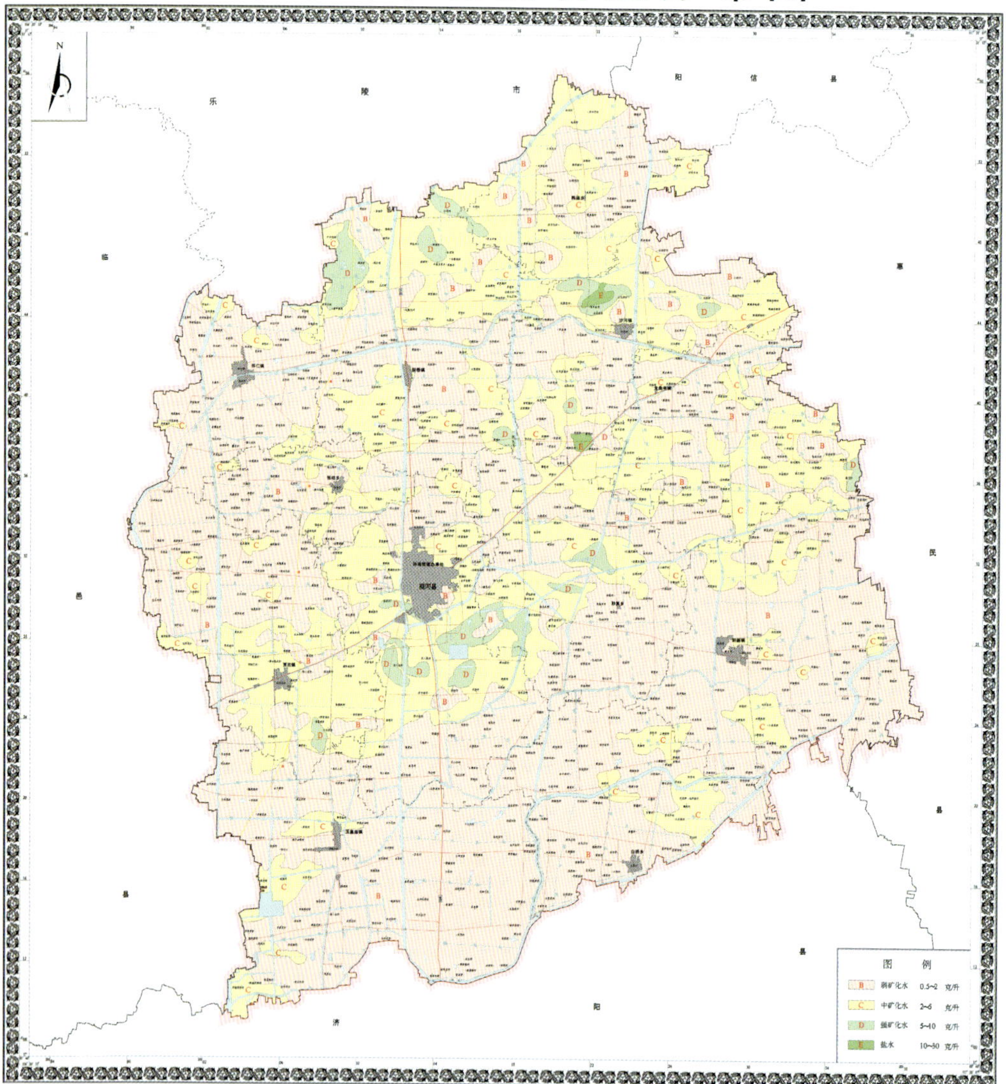


1954年北京坐标系 1956年黄海高程系　　比例尺：1∶375000　　山东农业大学资源与环境学院
山东天地亚太国土遥感有限公司 二〇一〇年十月

# 商河县耕地地力调查点点位图

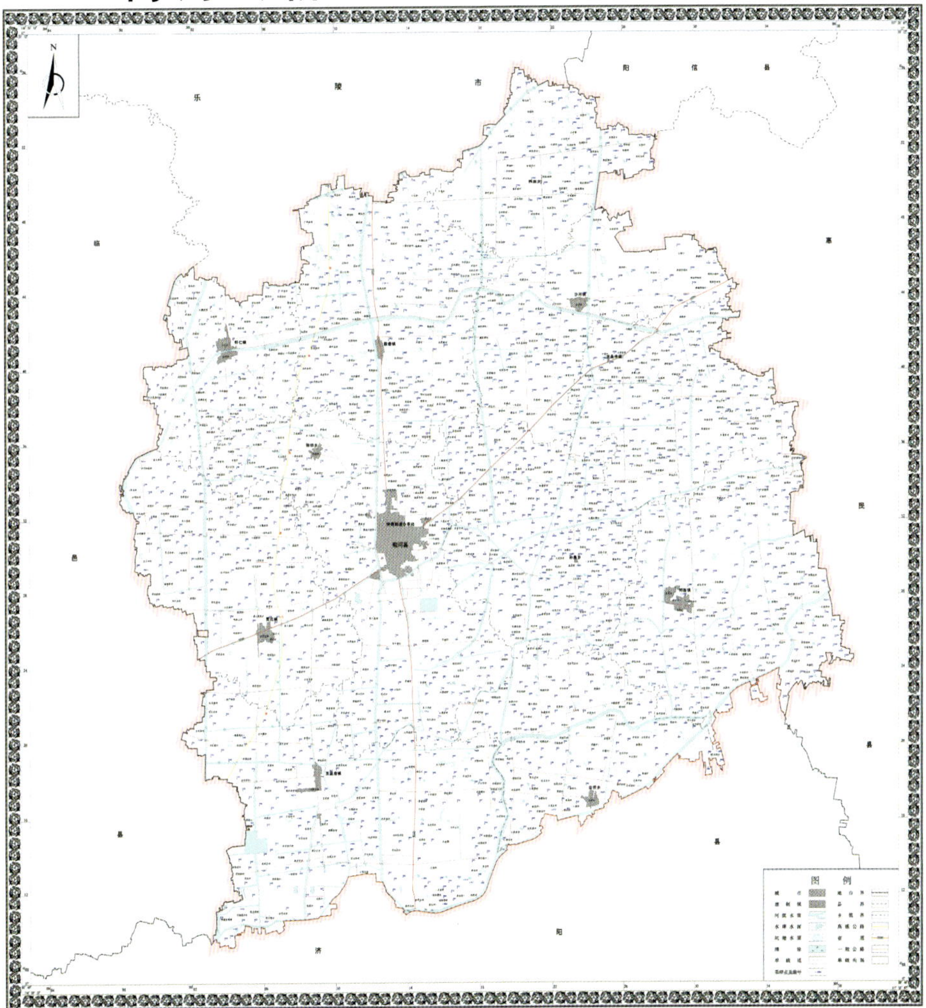


1954年北京坐标系 1956年黄海高程系　　比例尺：1∶375000　　山东农业大学资源与环境学院　山东天地亚太国土遥感有限公司　二〇一〇年十月

# 商河县灌溉分区图

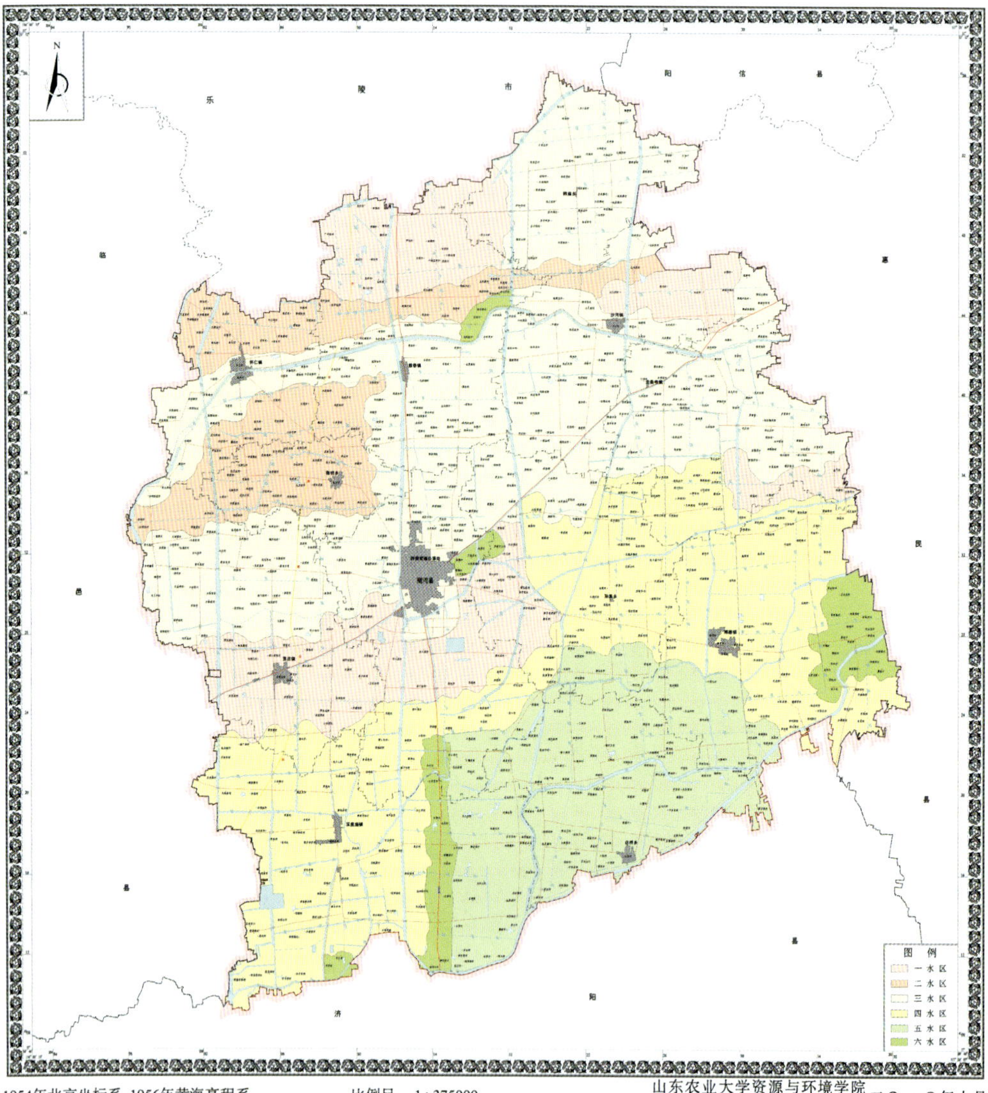


1954年北京坐标系 1956年黄海高程系　　比例尺：1:375000　　山东农业大学资源与环境学院
山东天地亚太国土遥感有限公司 二〇一〇年十月

# 商河县土壤pH分布图

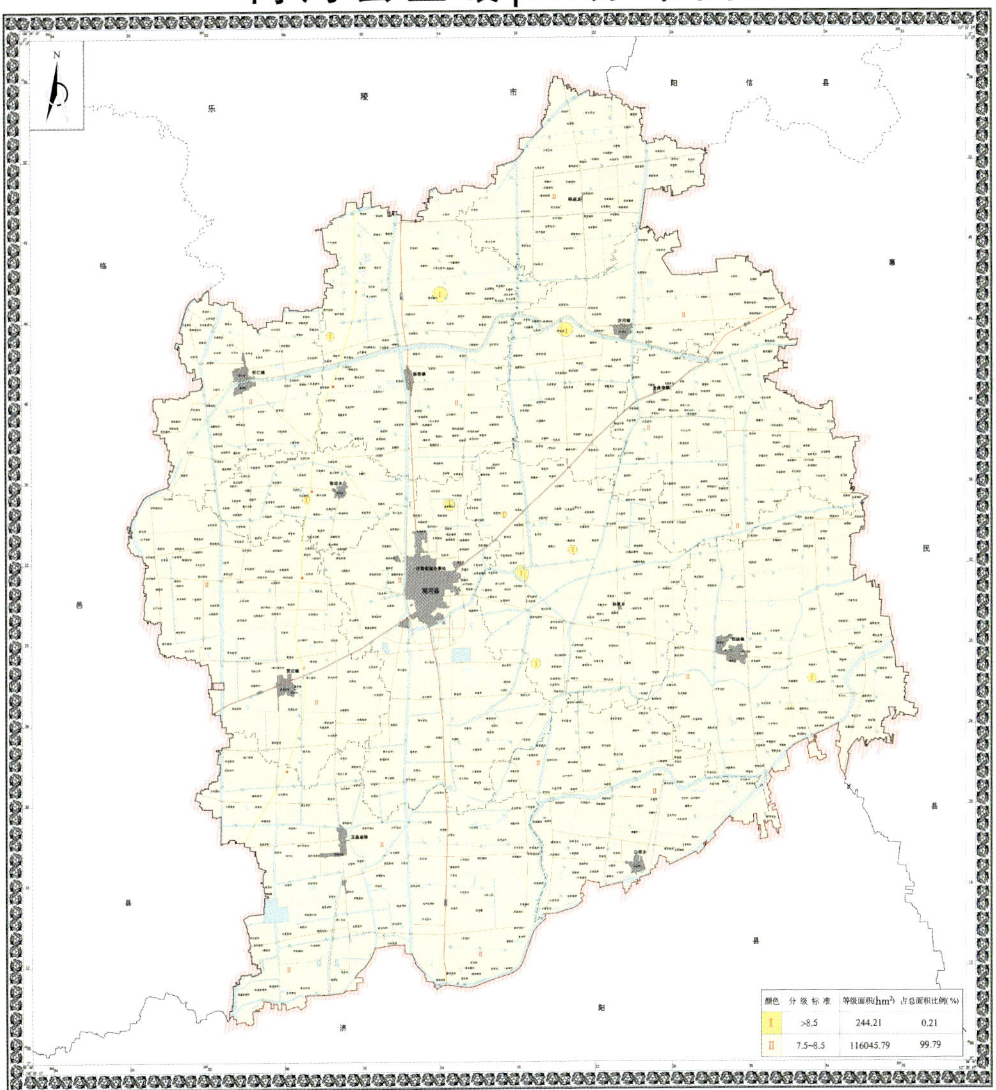


| 颜色 | 分级标准 | 等级面积($hm^2$) | 占总面积比例(%) |
|---|---|---|---|
| Ⅰ | >8.5 | 244.21 | 0.21 |
| Ⅱ | 7.5~8.5 | 116045.79 | 99.79 |

1954年北京坐标系 1956年黄海高程系　　比例尺：1∶375000　　山东农业大学资源与环境学院 山东天地亚太国土遥感有限公司 二〇一〇年十月

# 商河县耕地地力评价等级图

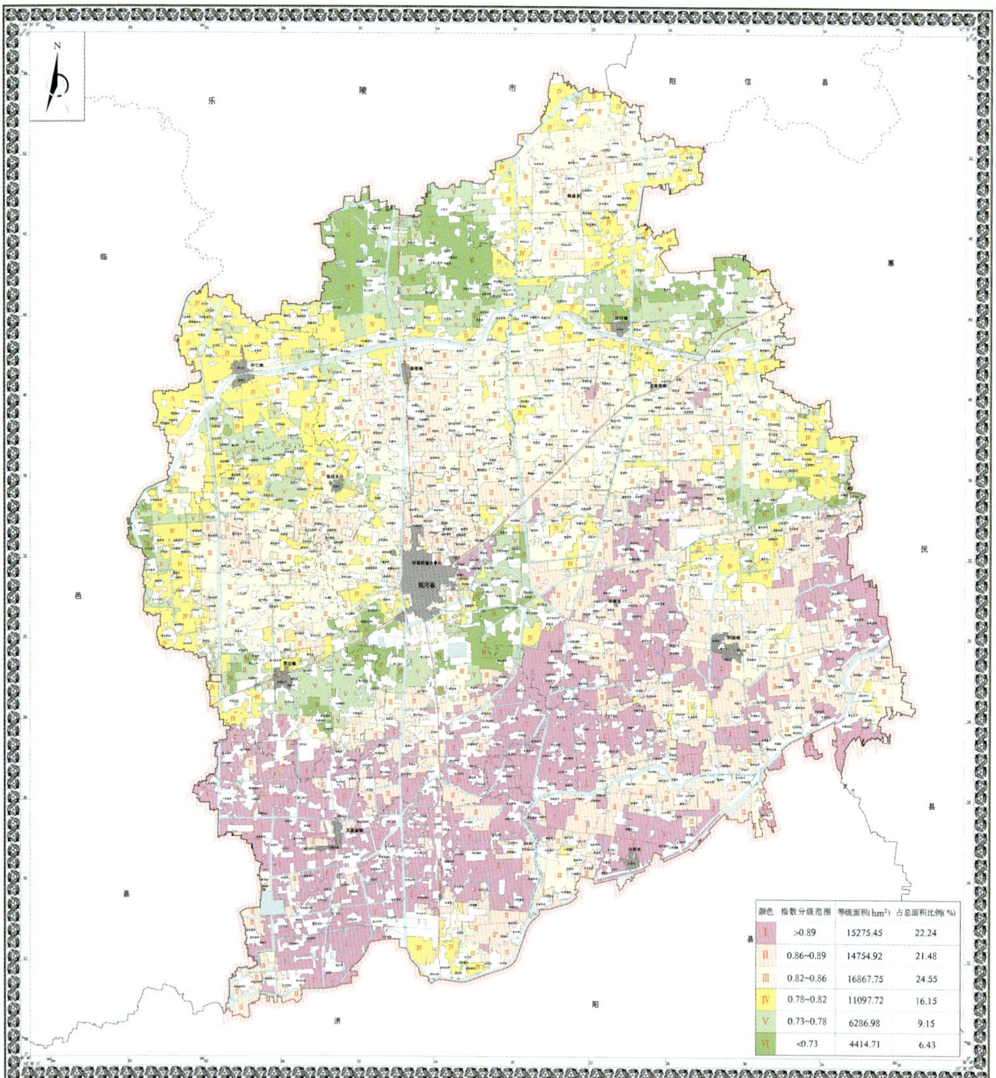


| 颜色 | 指数分级范围 | 等级面积(hm²) | 占总面积比例(%) |
| --- | --- | --- | --- |
| I | >0.89 | 15275.45 | 22.24 |
| II | 0.86~0.89 | 14754.92 | 21.48 |
| III | 0.82~0.86 | 16867.75 | 24.55 |
| IV | 0.78~0.82 | 11097.72 | 16.15 |
| V | 0.73~0.78 | 6286.98 | 9.15 |
| VI | <0.73 | 4414.71 | 6.43 |

1954年北京坐标系 1956年黄海高程系　　比例尺：1∶375000

山东农业大学资源与环境学院
山东天地亚太国土遥感有限公司　二〇一〇年十月

# 商河县土壤缓效钾含量分布图

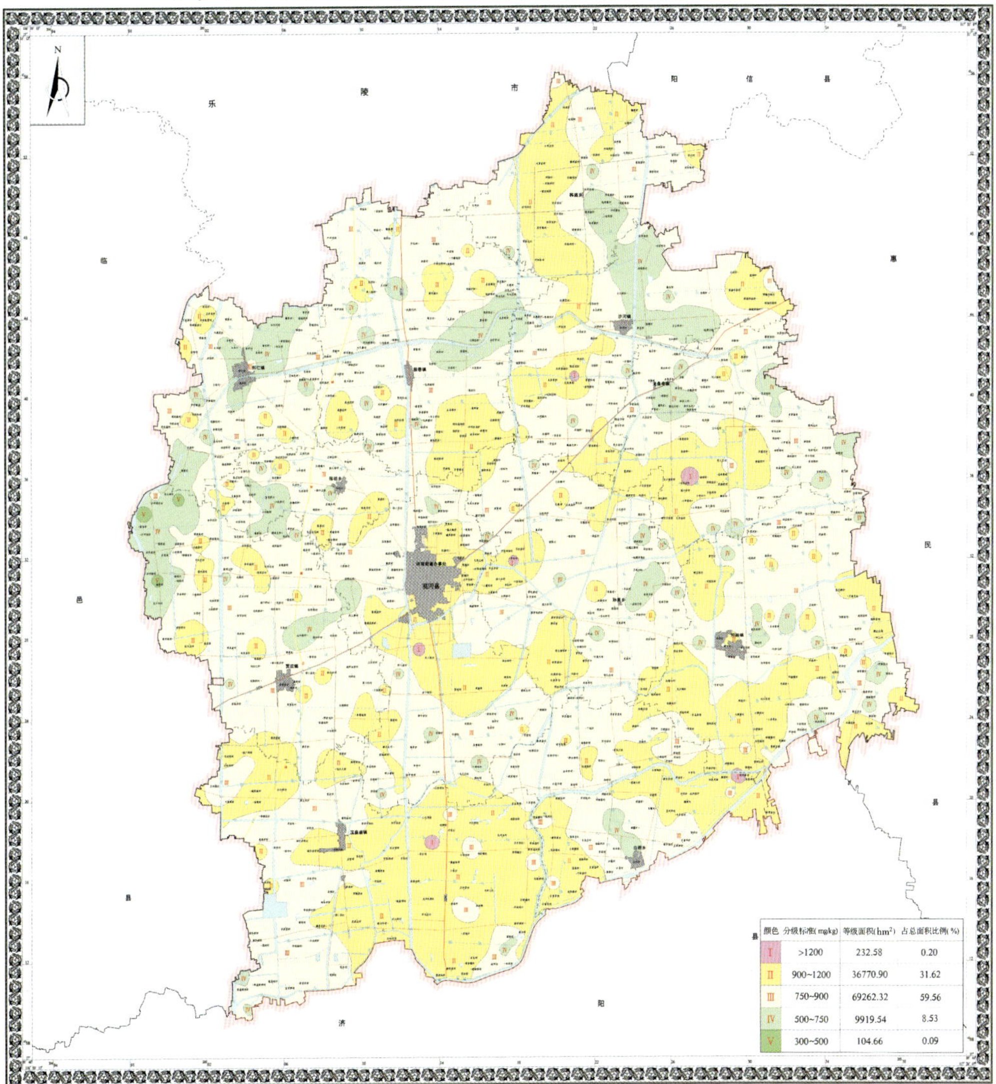


| 颜色 | 分级标准(mg/kg) | 等级面积($hm^2$) | 占总面积比例(%) |
| --- | --- | --- | --- |
| Ⅰ | >1200 | 232.58 | 0.20 |
| Ⅱ | 900~1200 | 36770.90 | 31.62 |
| Ⅲ | 750~900 | 69262.32 | 59.56 |
| Ⅳ | 500~750 | 9919.54 | 8.53 |
| Ⅴ | 300~500 | 104.66 | 0.09 |

1954年北京坐标系 1956年黄海高程系　　比例尺：1∶375000

山东农业大学资源与环境学院
山东天地亚太国土遥感有限公司
二〇一〇年十月

# 商河县土壤碱解氮含量分布图

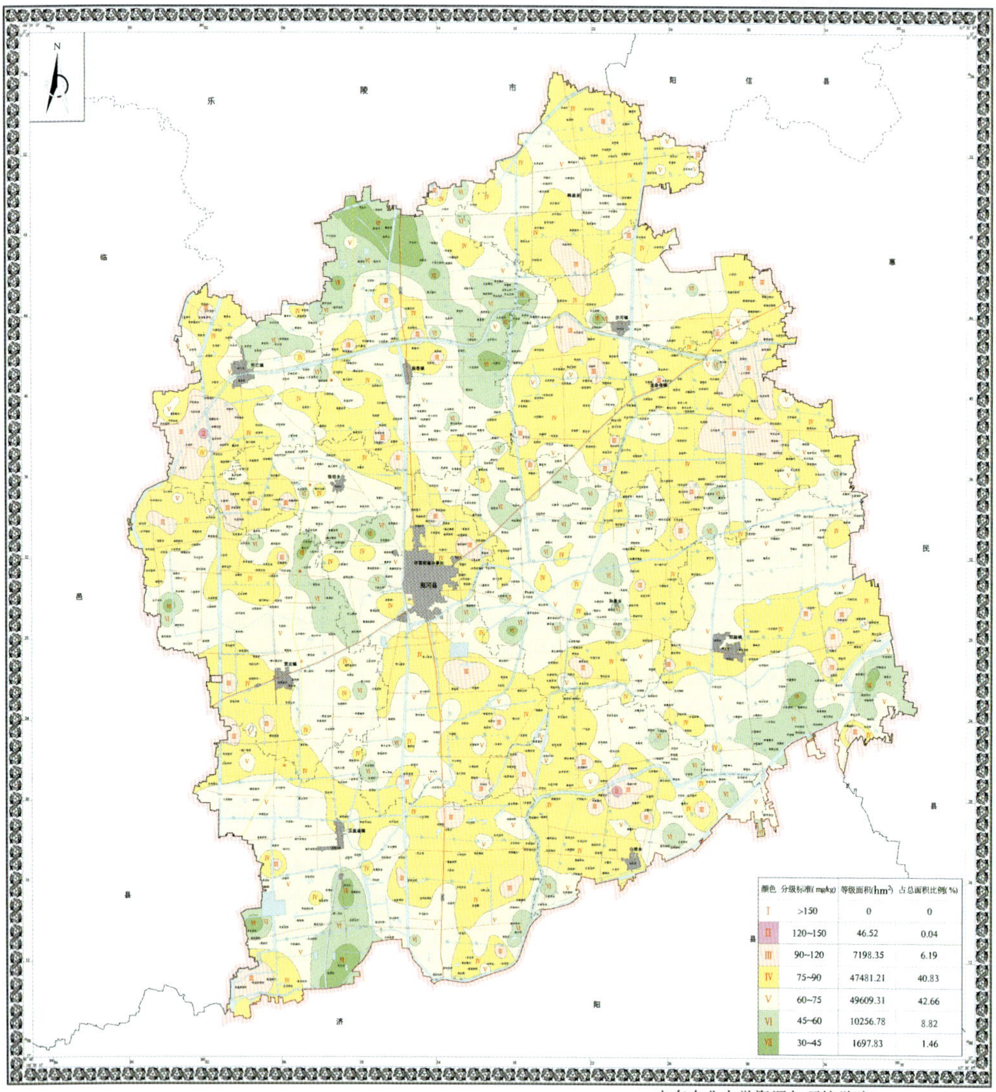


| 颜色 | 分级标准(mg/kg) | 等级面积(hm²) | 占总面积比例(%) |
| --- | --- | --- | --- |
| Ⅰ | >150 | 0 | 0 |
| Ⅱ | 120~150 | 46.52 | 0.04 |
| Ⅲ | 90~120 | 7198.35 | 6.19 |
| Ⅳ | 75~90 | 47481.21 | 40.83 |
| Ⅴ | 60~75 | 49609.31 | 42.66 |
| Ⅵ | 45~60 | 10256.78 | 8.82 |
| Ⅶ | 30~45 | 1697.83 | 1.46 |

1954年北京坐标系 1956年黄海高程系　　比例尺：1∶375000　　山东农业大学资源与环境学院<br>山东天地亚太国土遥感有限公司　二〇一〇年十月

# 商河县土壤全氮含量分布图

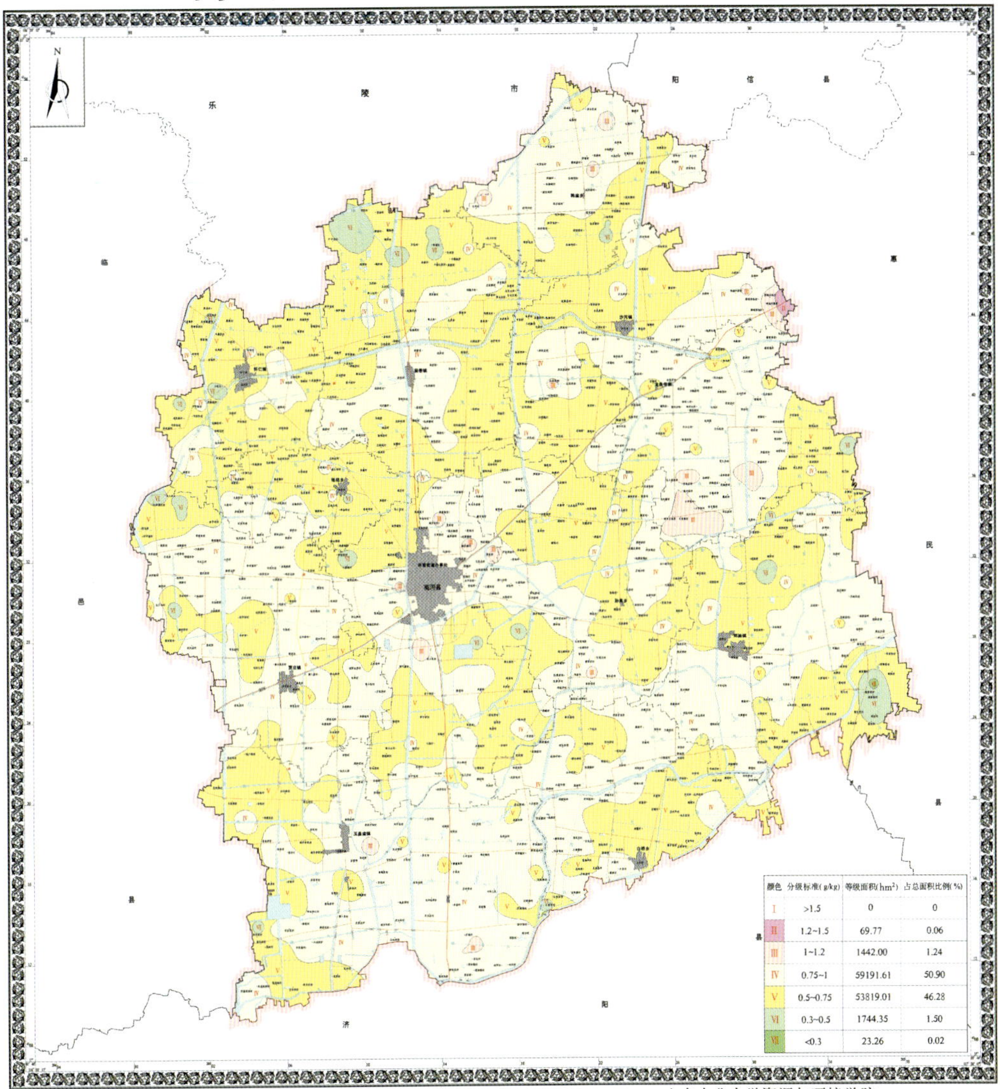


| 颜色 | 分级标准(g/kg) | 等级面积(hm²) | 占总面积比例(%) |
|---|---|---|---|
| Ⅰ | >1.5 | 0 | 0 |
| Ⅱ | 1.2~1.5 | 69.77 | 0.06 |
| Ⅲ | 1~1.2 | 1442.00 | 1.24 |
| Ⅳ | 0.75~1 | 59191.61 | 50.90 |
| Ⅴ | 0.5~0.75 | 53819.01 | 46.28 |
| Ⅵ | 0.3~0.5 | 1744.35 | 1.50 |
| Ⅶ | <0.3 | 23.26 | 0.02 |

1954年北京坐标系 1956年黄海高程系　　比例尺：1∶375000　　山东农业大学资源与环境学院 山东天地亚太国土遥感有限公司 二〇一〇年十月

# 商河县土壤速效钾含量分布图

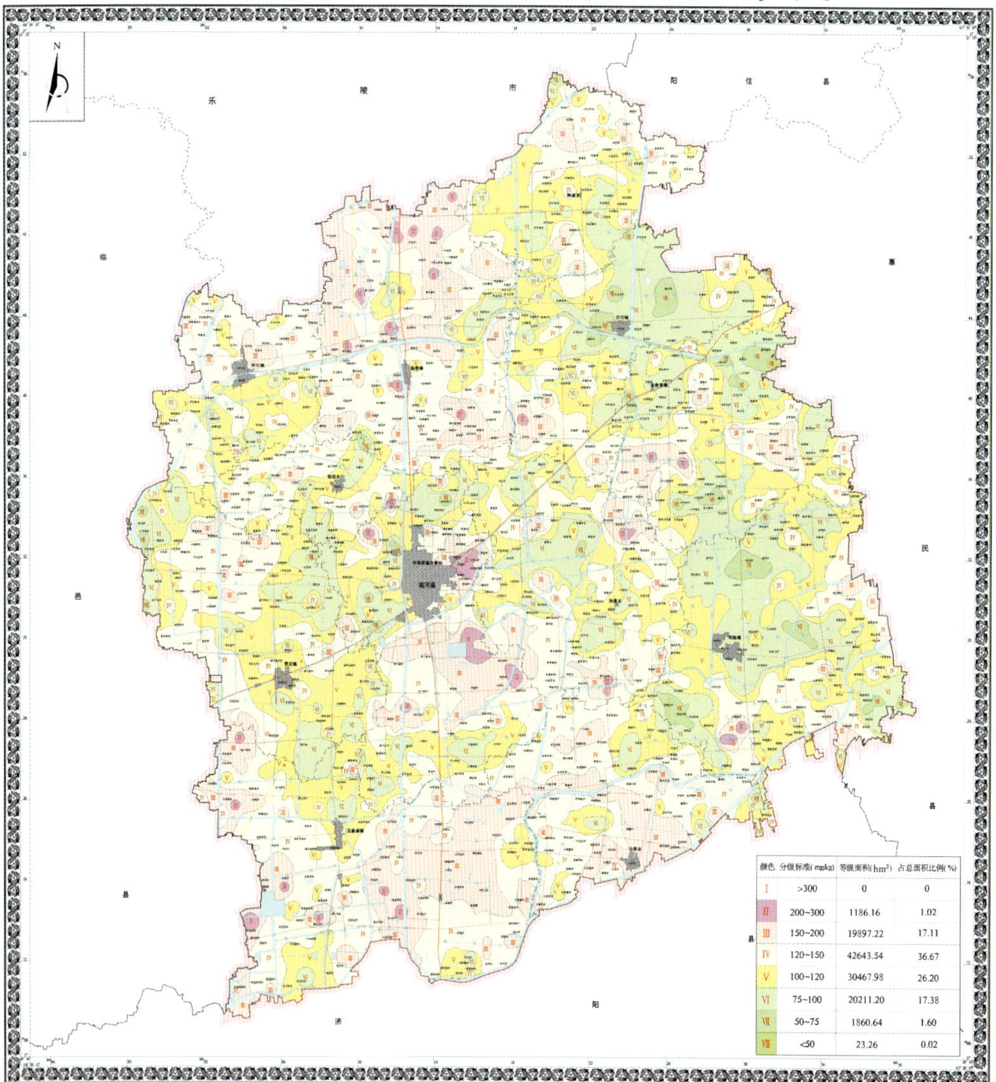


| 颜色 | 分级标准(mg/kg) | 等级面积($hm^2$) | 占总面积比例(%) |
|---|---|---|---|
| Ⅰ | >300 | 0 | 0 |
| Ⅱ | 200~300 | 1186.16 | 1.02 |
| Ⅲ | 150~200 | 19897.22 | 17.11 |
| Ⅳ | 120~150 | 42643.54 | 36.67 |
| Ⅴ | 100~120 | 30467.98 | 26.20 |
| Ⅵ | 75~100 | 20211.20 | 17.38 |
| Ⅶ | 50~75 | 1860.64 | 1.60 |
| Ⅷ | <50 | 23.26 | 0.02 |

1954年北京坐标系 1956年黄海高程系　　比例尺：1∶375000

山东农业大学资源与环境学院
山东天地亚太国土遥感有限公司　二〇一〇年十月

# 商河县土壤有机质含量分布图

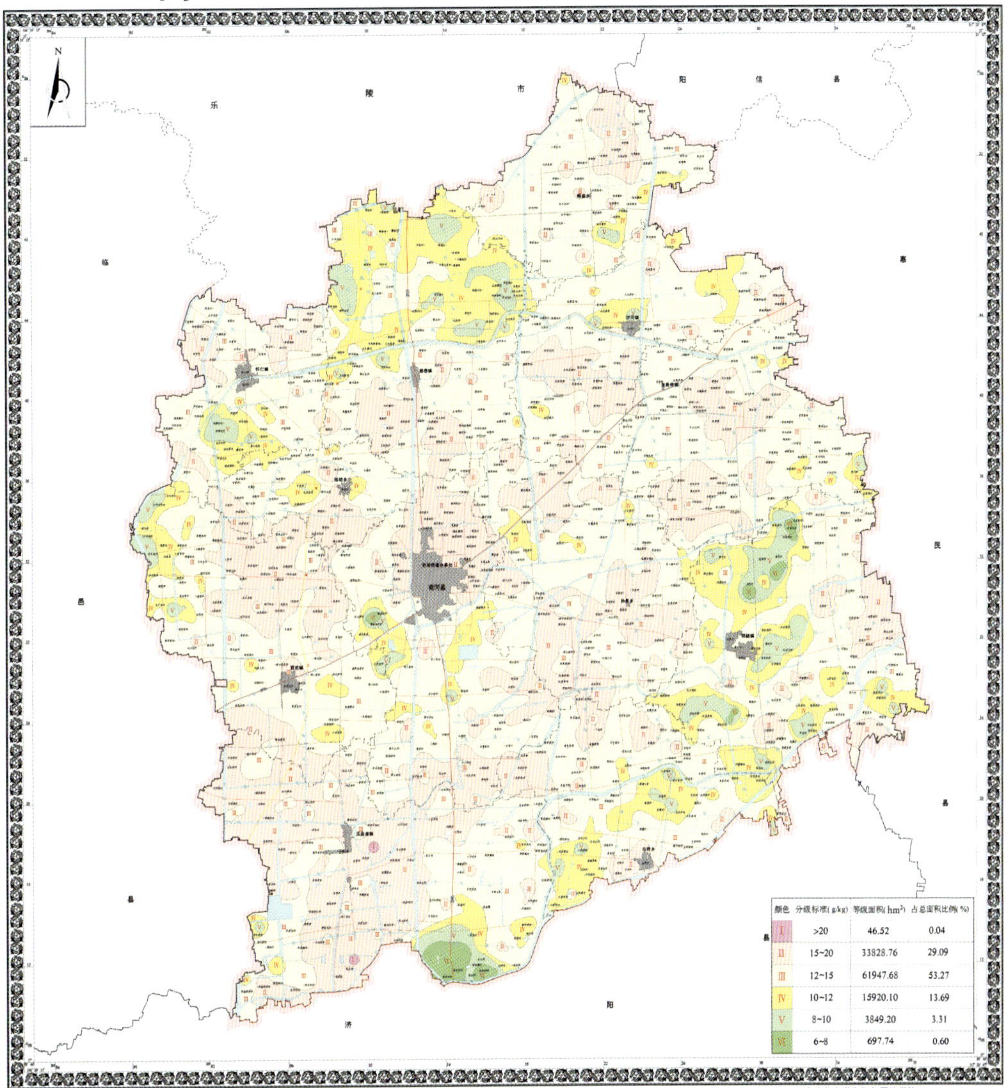


| 颜色 | 分级标准(g/kg) | 等级面积(hm²) | 占总面积比例(%) |
|---|---|---|---|
| Ⅰ | >20 | 46.52 | 0.04 |
| Ⅱ | 15~20 | 33828.76 | 29.09 |
| Ⅲ | 12~15 | 61947.68 | 53.27 |
| Ⅳ | 10~12 | 15920.10 | 13.69 |
| Ⅴ | 8~10 | 3849.20 | 3.31 |
| Ⅵ | 6~8 | 697.74 | 0.60 |

1954年北京坐标系 1956年黄海高程系　　比例尺：1∶375000　　山东农业大学资源与环境学院 山东天地亚太国土遥感有限公司 二〇一〇年十月

# 商河县土壤有效磷含量分布图

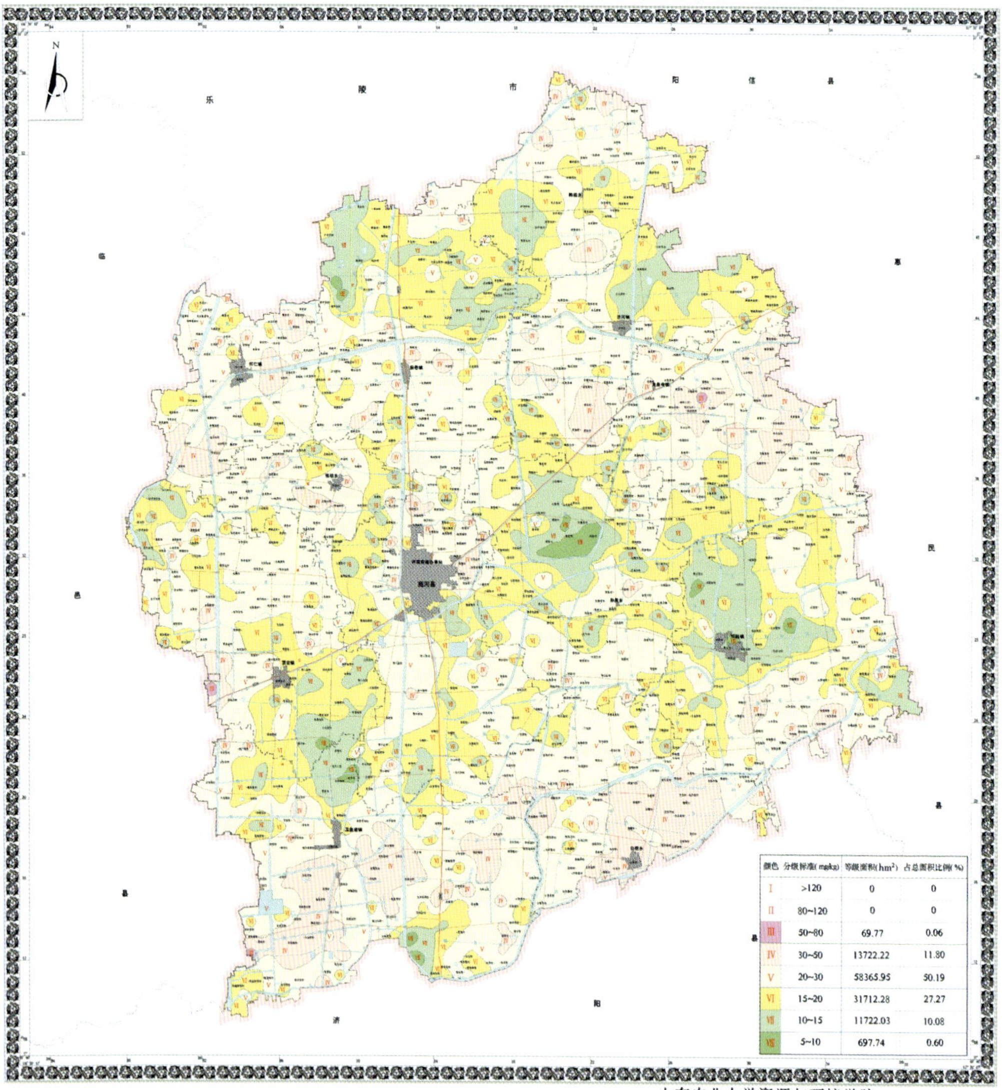


1954年北京坐标系 1956年黄海高程系 比例尺：1:375000

山东农业大学资源与环境学院
山东天地亚太国土遥感有限公司 二〇一〇年十月

# 商河县土壤有效硫含量分布图

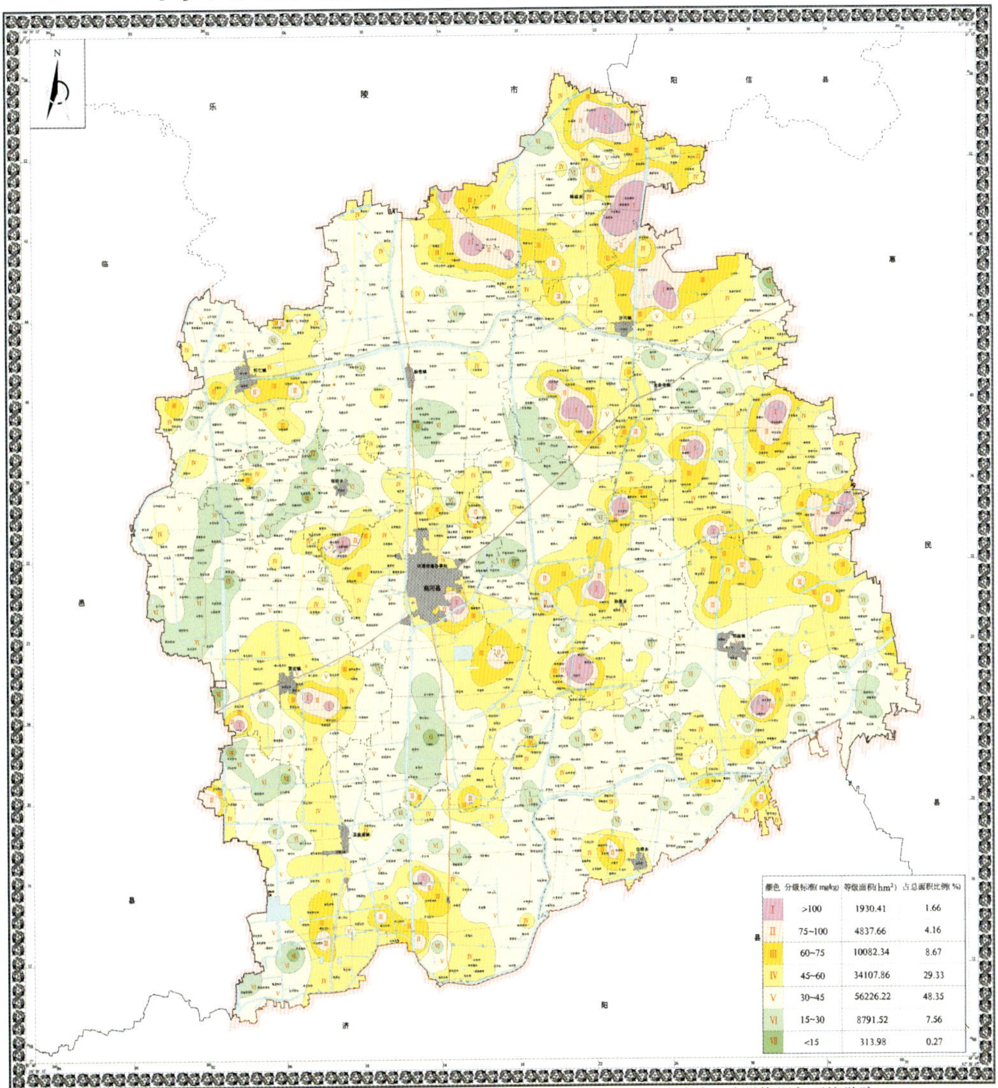


| 颜色 | 分级标准(mg/kg) | 等级面积(hm²) | 占总面积比例(%) |
|---|---|---|---|
| Ⅰ | >100 | 1930.41 | 1.66 |
| Ⅱ | 75~100 | 4837.66 | 4.16 |
| Ⅲ | 60~75 | 10082.34 | 8.67 |
| Ⅳ | 45~60 | 34107.86 | 29.33 |
| Ⅴ | 30~45 | 56226.22 | 48.35 |
| Ⅵ | 15~30 | 8791.52 | 7.56 |
| Ⅶ | <15 | 313.98 | 0.27 |

1954年北京坐标系 1956年黄海高程系　　比例尺：1∶375000　　山东农业大学资源与环境学院<br>山东天地亚太国土遥感有限公司　二〇一〇年十月

# 商河县土壤有效锰含量分布图

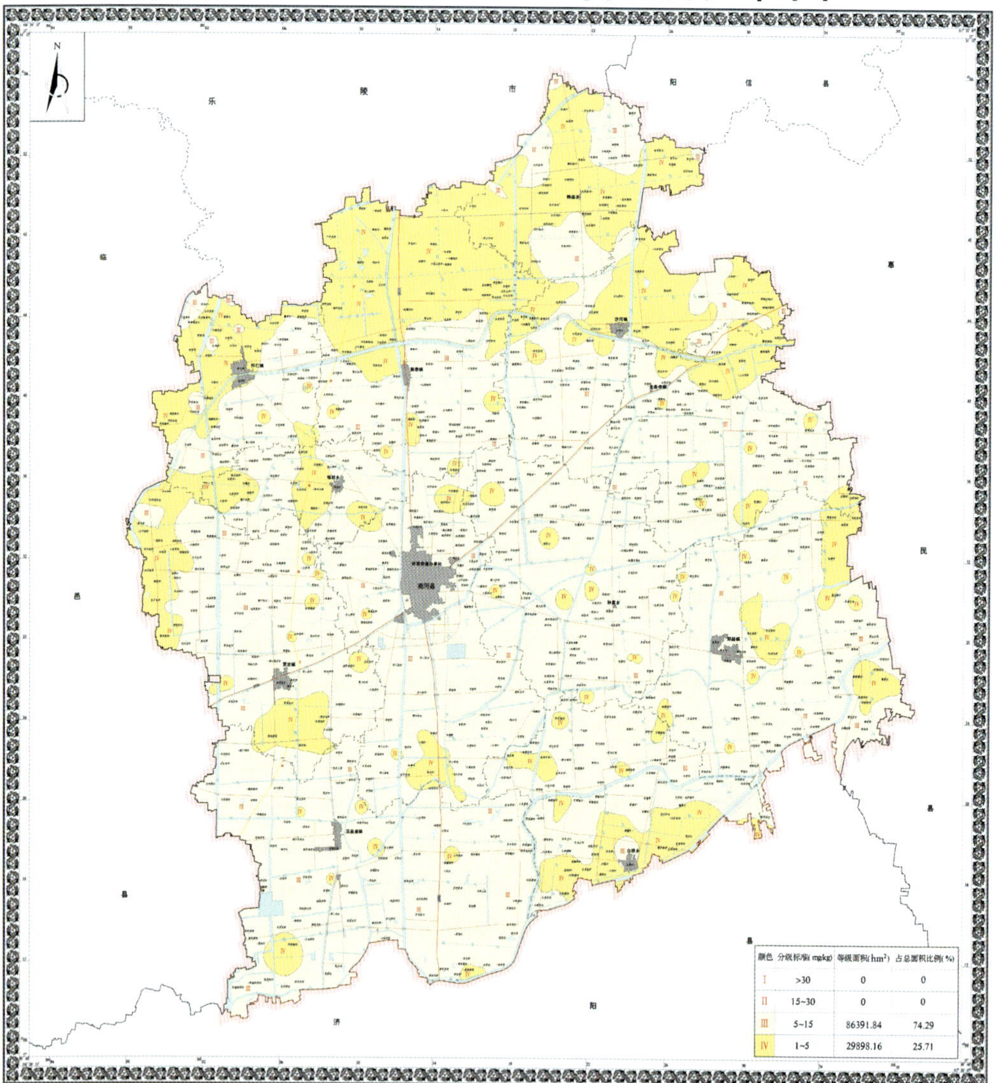


| 颜色 | 分级标准(mg/kg) | 等级面积(hm²) | 占总面积比例(%) |
|---|---|---|---|
| I | >30 | 0 | 0 |
| II | 15~30 | 0 | 0 |
| III | 5~15 | 86391.84 | 74.29 |
| IV | 1~5 | 29898.16 | 25.71 |

1954年北京坐标系 1956年黄海高程系　　比例尺：1：375000

山东农业大学资源与环境学院
山东天地亚太国土遥感有限公司　二〇一〇年十月

# 商河县土壤有效硼含量分布图

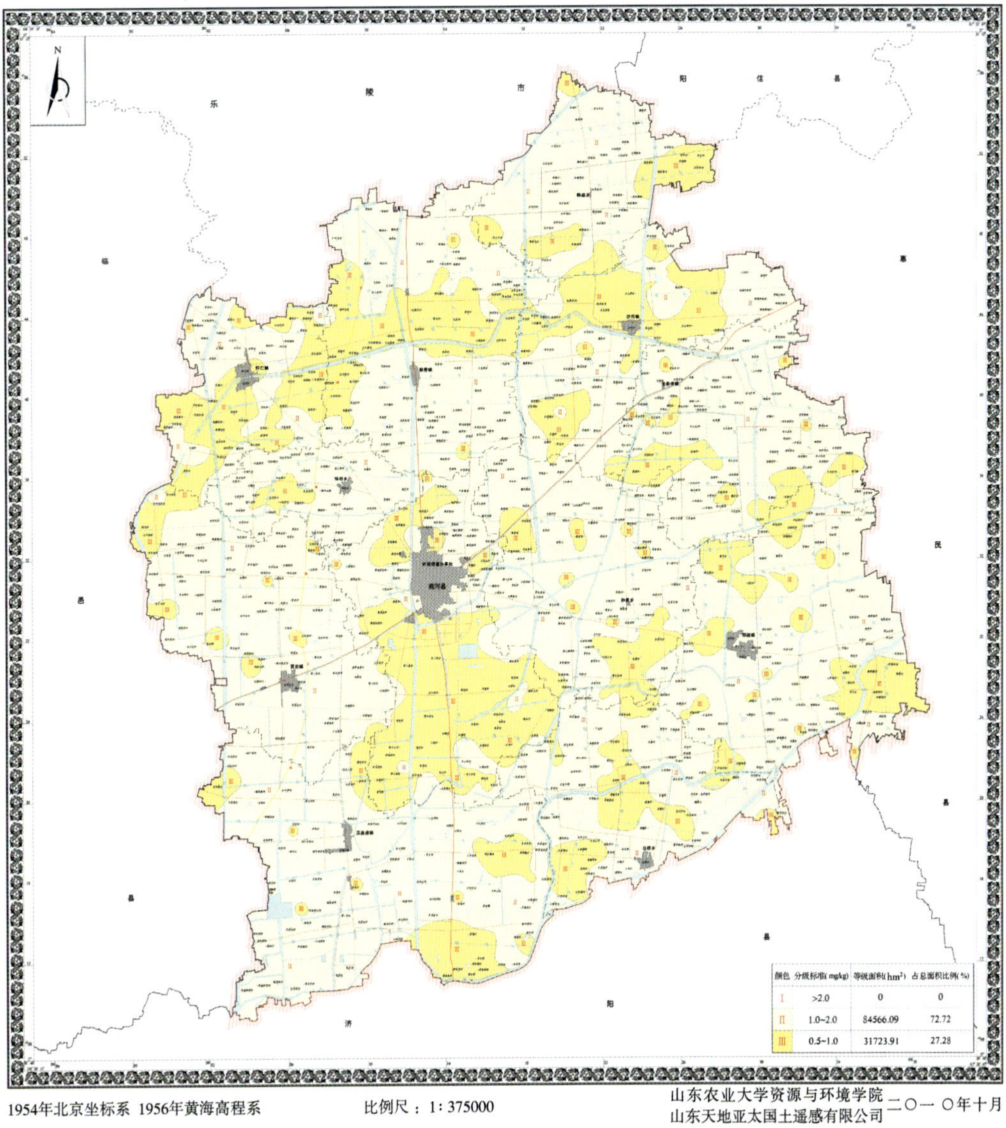


1954年北京坐标系 1956年黄海高程系　　比例尺：1∶375000　　山东农业大学资源与环境学院 山东天地亚太国土遥感有限公司 二〇一〇年十月

# 商河县土壤有效铁含量分布图

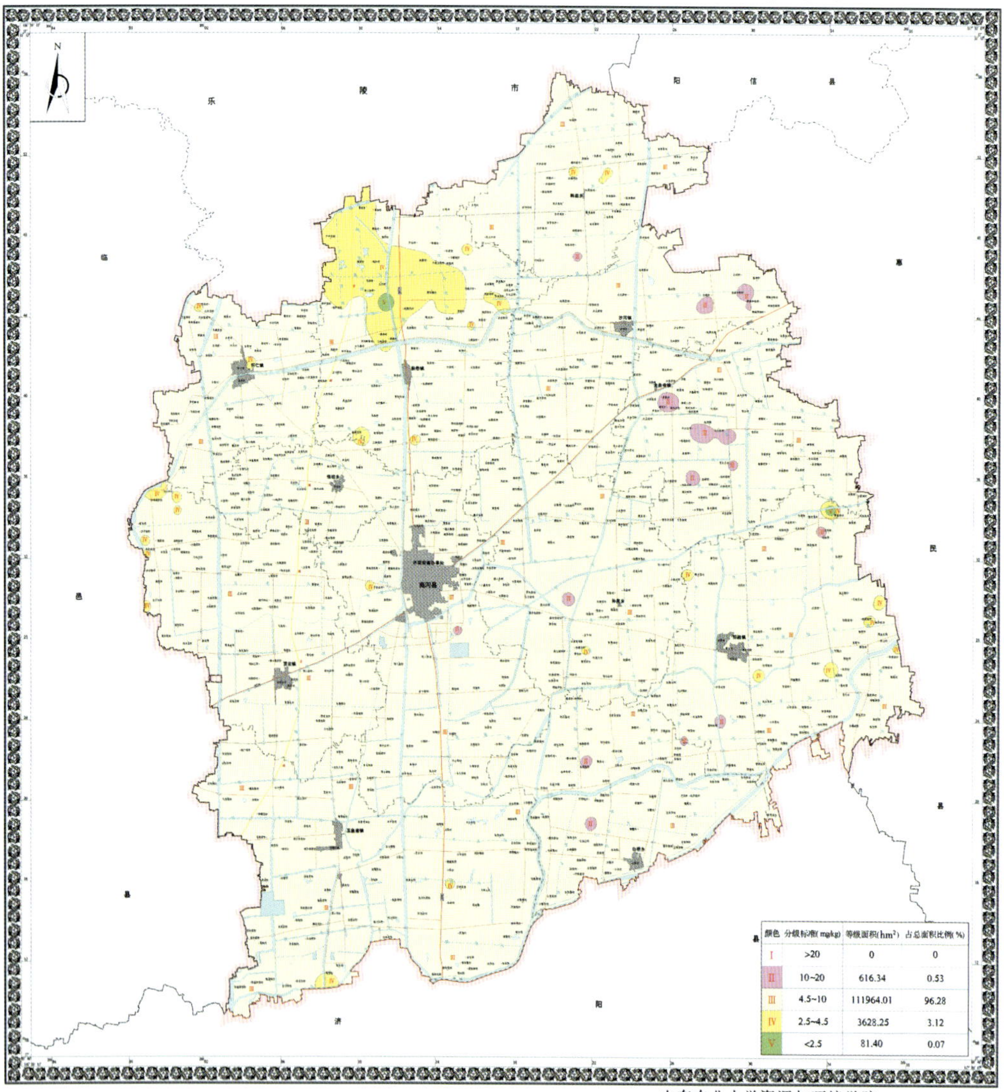

| 颜色 | 分级标准(mg/kg) | 等级面积(hm²) | 占总面积比例(%) |
|---|---|---|---|
| Ⅰ | >20 | 0 | 0 |
| Ⅱ | 10~20 | 616.34 | 0.53 |
| Ⅲ | 4.5~10 | 111964.01 | 96.28 |
| Ⅳ | 2.5~4.5 | 3628.25 | 3.12 |
| Ⅴ | <2.5 | 81.40 | 0.07 |

1954年北京坐标系 1956年黄海高程系　　比例尺：1∶375000

山东农业大学资源与环境学院
山东天地亚太国土遥感有限公司　二〇一〇年十月

# 商河县土壤有效铜含量分布图

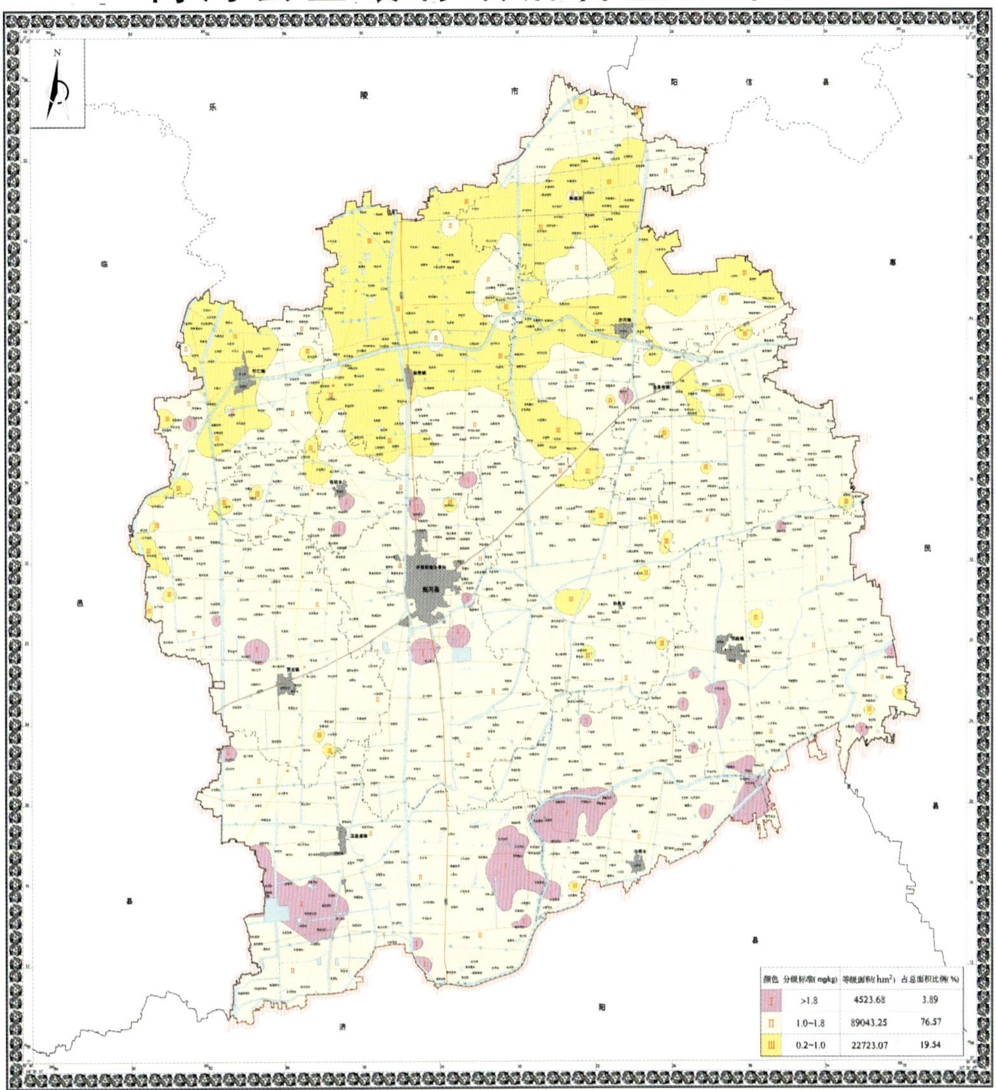


1954年北京坐标系 1956年黄海高程系

比例尺：1：375000

山东农业大学资源与环境学院
山东天地亚太国土遥感有限公司 二〇一〇年十月

# 商河县土壤有效钼含量分布图

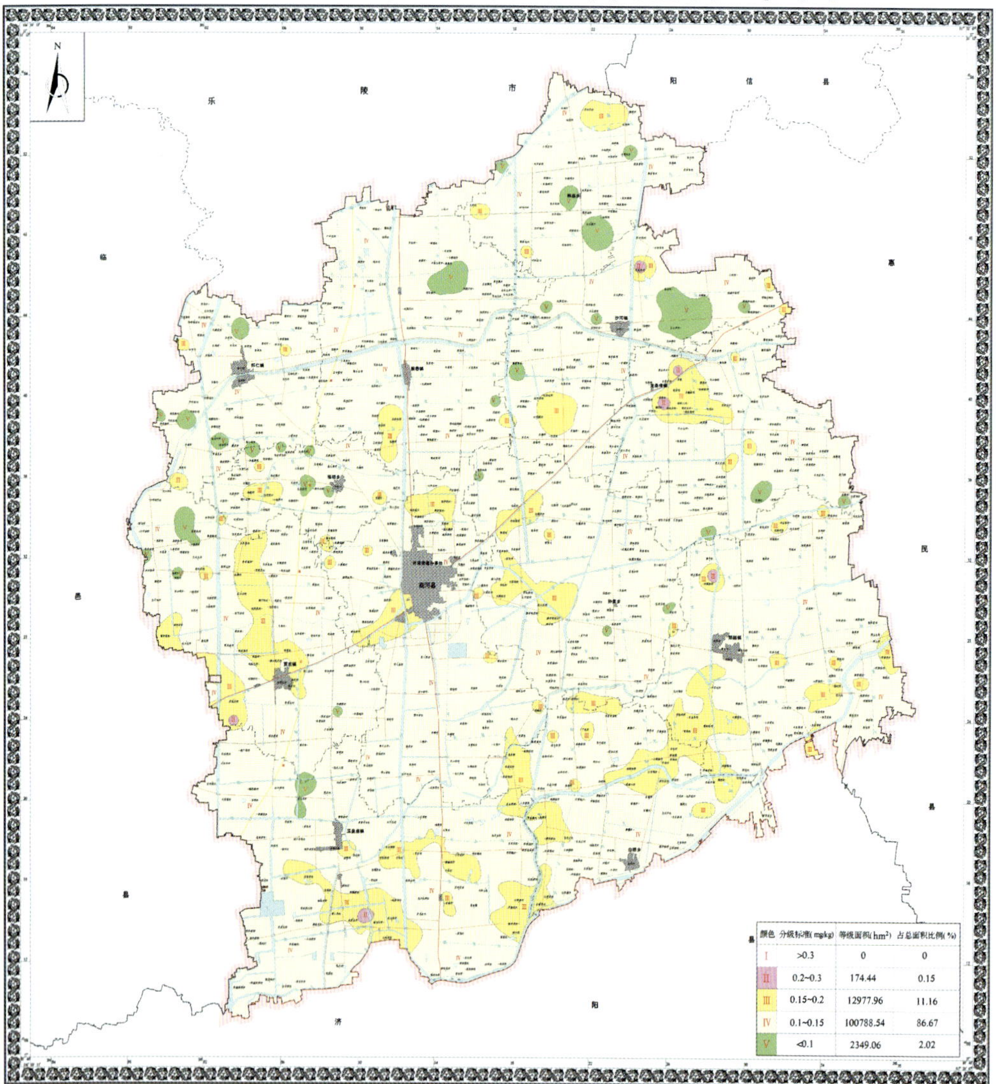


| 颜色 | 分级标准(mg/kg) | 等级面积(hm$^2$) | 占总面积比例(%) |
|---|---|---|---|
| I | >0.3 | 0 | 0 |
| II | 0.2~0.3 | 174.44 | 0.15 |
| III | 0.15~0.2 | 12977.96 | 11.16 |
| IV | 0.1~0.15 | 100788.54 | 86.67 |
| V | <0.1 | 2349.06 | 2.02 |

1954年北京坐标系 1956年黄海高程系　　比例尺：1∶375000

山东农业大学资源与环境学院
山东天地亚太国土遥感有限公司　二〇一〇年十月

# 商河县土壤有效硅含量分布图

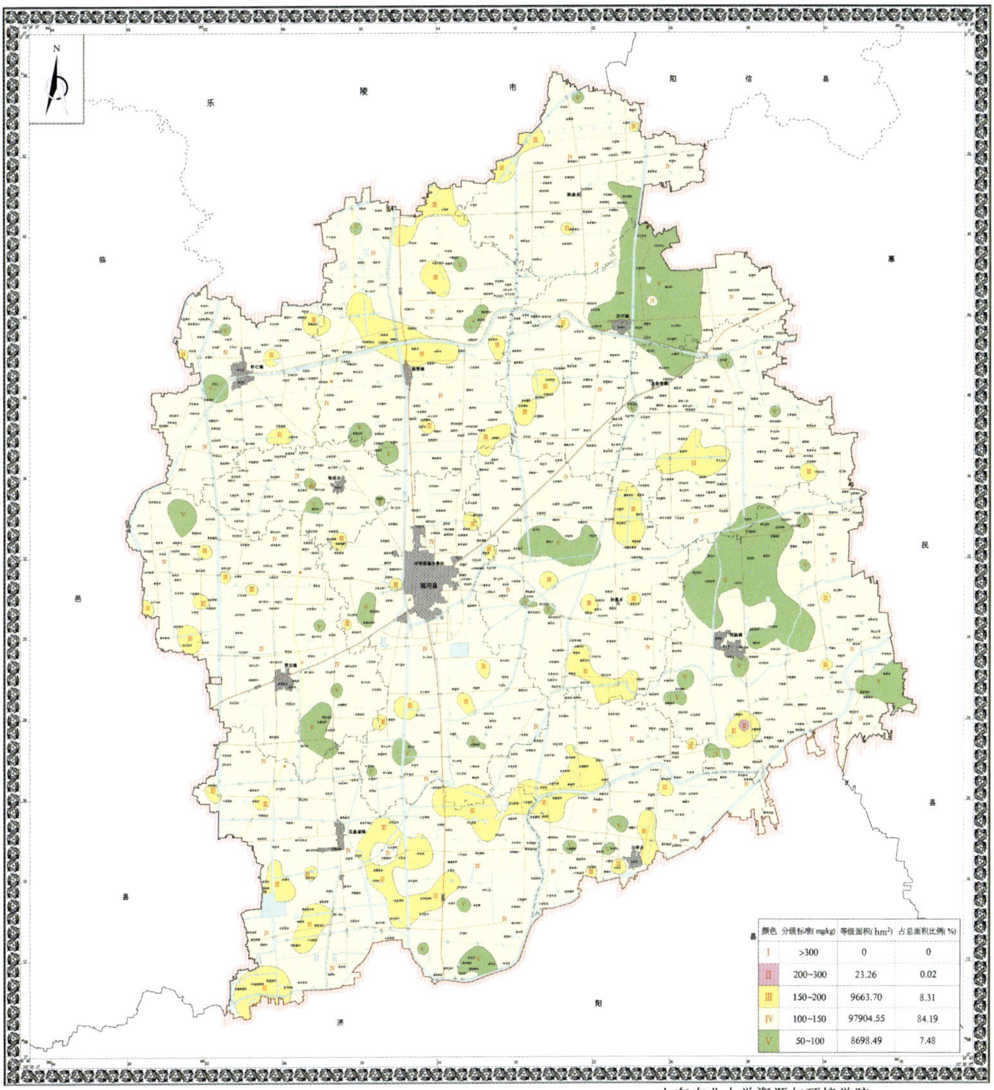


1954年北京坐标系 1956年黄海高程系　　比例尺：1∶375000　　山东农业大学资源与环境学院　山东天地亚太国土遥感有限公司　二〇一〇年十月

# 商河县土壤有效锌含量分布图

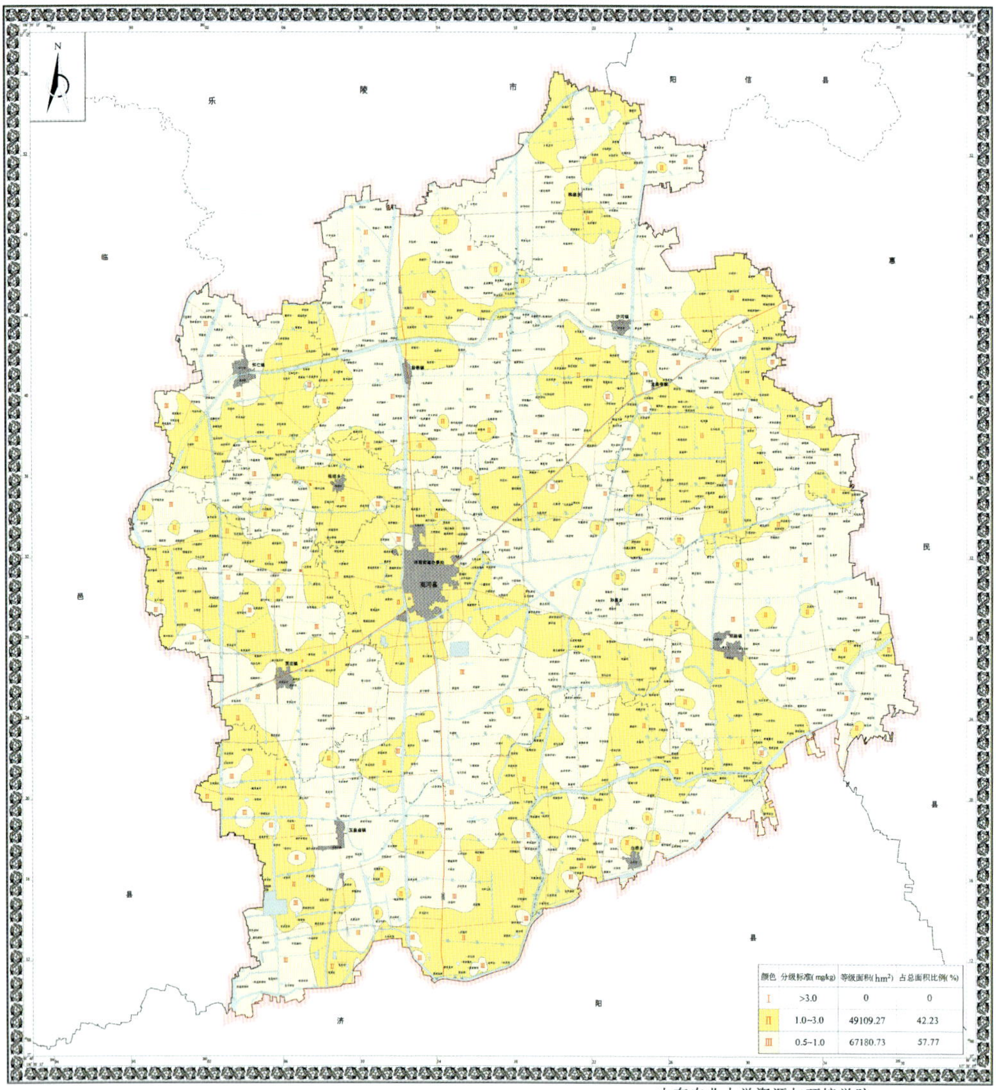


| 颜色 | 分级标准(mg/kg) | 等级面积($hm^2$) | 占总面积比例(%) |
|---|---|---|---|
| Ⅰ | >3.0 | 0 | 0 |
| Ⅱ | 1.0~3.0 | 49109.27 | 42.23 |
| Ⅲ | 0.5~1.0 | 67180.73 | 57.77 |

1954年北京坐标系 1956年黄海高程系

比例尺：1∶375000

山东农业大学资源与环境学院
山东天地亚太国土遥感有限公司
二〇一〇年十月

# 商河县土壤交换性镁含量分布图

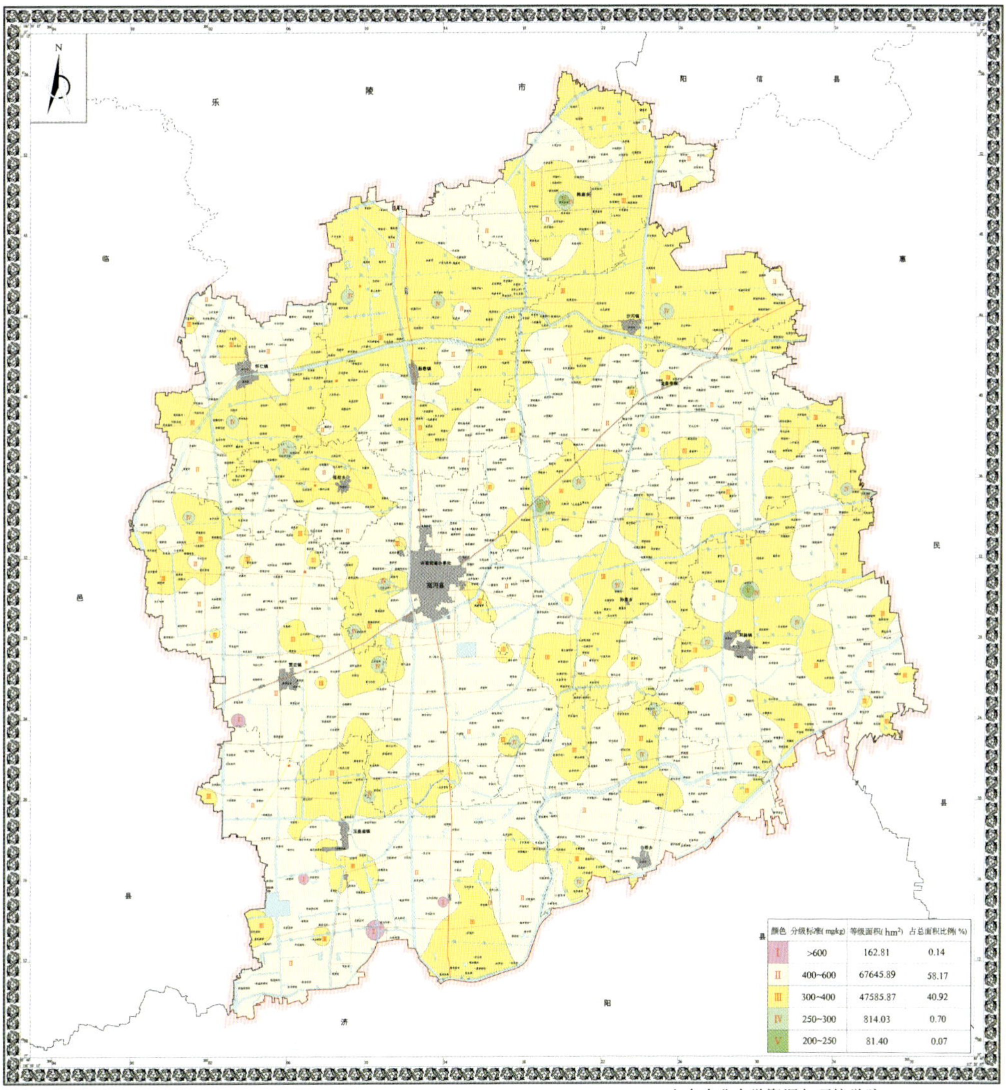


| 颜色 | 分级标准(mg/kg) | 等级面积(hm²) | 占总面积比例(%) |
| --- | --- | --- | --- |
| Ⅰ | >600 | 162.81 | 0.14 |
| Ⅱ | 400~600 | 67645.89 | 58.17 |
| Ⅲ | 300~400 | 47585.87 | 40.92 |
| Ⅳ | 250~300 | 814.03 | 0.70 |
| Ⅴ | 200~250 | 81.40 | 0.07 |

1954年北京坐标系 1956年黄海高程系　　比例尺：1∶375000　　山东农业大学资源与环境学院 山东天地亚太国土遥感有限公司 二〇一〇年十月

# 商河县土壤交换性钙含量分布图

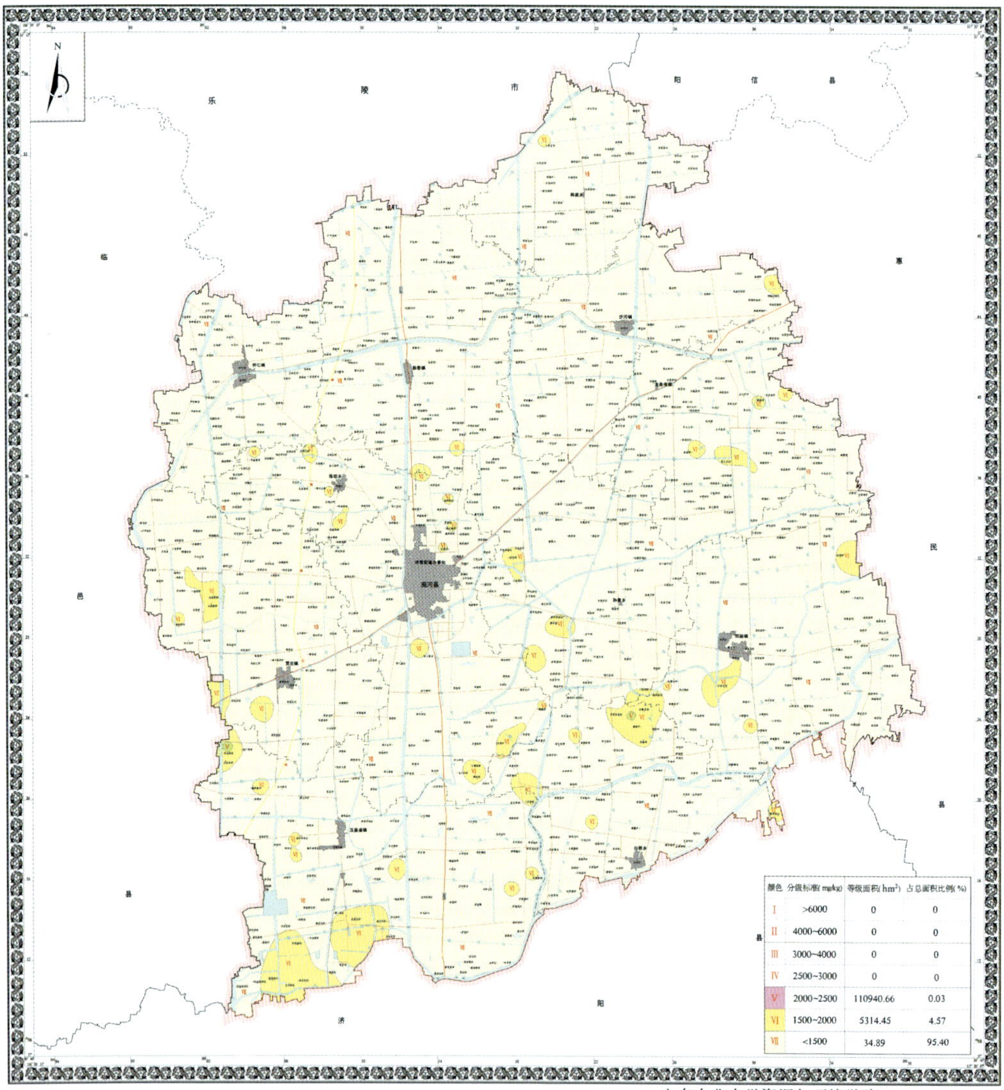


| 颜色 | 分级标准(mg/kg) | 等级面积(hm²) | 占总面积比例(%) |
|---|---|---|---|
| Ⅰ | >6000 | 0 | 0 |
| Ⅱ | 4000~6000 | 0 | 0 |
| Ⅲ | 3000~4000 | 0 | 0 |
| Ⅳ | 2500~3000 | 0 | 0 |
| Ⅴ | 2000~2500 | 110940.66 | 0.03 |
| Ⅵ | 1500~2000 | 5314.45 | 4.57 |
| Ⅶ | <1500 | 34.89 | 95.40 |

1954年北京坐标系 1956年黄海高程系 比例尺：1∶375000

山东农业大学资源与环境学院
山东天地亚太国土遥感有限公司
二〇一〇年十月